reinhardt

Reinhardts Gerontologische Reihe
Band 13

Erich Schützendorf

Das Recht der Alten auf Eigensinn

Ein notwendiges Lesebuch für Angehörige und Pflegende

5. Auflage

Ernst Reinhardt Verlag München Basel

Dipl.-Pädagoge *Erich Schützendorf,* Fachbereichsleiter für Fragen des Älterwerdens und Direktor der VHS Kreis Viersen a.D. Mitglied im Arbeitskreis „Geragogik“ in der Deutschen Gesellschaft für Gerontologie und Geriatrie. Autor mehrerer Bücher zum Thema Älterwerden, Demenz, Altenpflege.

Bibliografische Information der Deutschen Bibliothek

Die Deutsche Bibliothek verzeichnet diese Publikation in der
Deutschen Nationalbibliografie; detaillierte bibliografische Daten sind im Internet
über <http://dnb.ddb.de> abrufbar.
ISBN 978-3-497-02570-1 (Print)
ISBN 978-3-497-60226-1 (E-Book)
ISSN 0939-558X

5. Auflage

Printed in Germany
Satz: Rist Satz & Druck GmbH, D-85304 Ilmmünster
Titelbild: Ausschnitt aus Carl Spitzwegs „Kakteenfreund“

Ernst Reinhardt Verlag, Kemnatenstr. 46, D-80639 München
Net: www.reinhardt-verlag.de Mail: info@reinhardt-verlag.de

Inhalt

Einleitung

Im Kern beschäftigt sich das vorliegende Buch mit der Frage, wie sich zwei Menschen, von denen der eine pflegt und der andere pflegebedürftig ist, begegnen. Die Beschreibung und Analyse dieser Frage geschieht allerdings unter einem bestimmten, nämlich einem pädagogischen Blickwinkel.

Dieser Blickwinkel, der das Handeln der Pflegenden als erzieherisches Handeln begreift, ist zugegebenermaßen ein eingeschränkter Blickwinkel. Mit seiner Hilfe aber werden all die Erziehungsziele und Erziehungsstrategien sichtbar, die von Pflegenden gerne ausgeblendet oder als für das tägliche Geschäft zu vernachlässigende Größe eingestuft werden. Wird nun, wie von mir beabsichtigt, das verdeckte, oft unreflektierte, aber keineswegs ungeplante erzieherische Handeln der Pflegenden ans Licht geholt, werden die Akteure unmittelbar für ihr Tun verantwortlich. Neben ihren vielen anderen Verantwortlichkeiten sollen die ohnehin schon in vielfacher Weise überforderten Altenpfleger eine weitere verantwortungsvolle Aufgabe übernehmen: Sie sollen reflektiert und begründbar entscheiden, bei welchen Anlässen und in welchen Situationen sie erzieherisch auf alte Menschen einwirken wollen oder es eben bleiben lassen.

In den Beispielen, die ich zum Ausgangspunkt meiner Betrachtungen und Analysen gewählt habe, werden die handelnden Menschen, ob Pflegende oder Pflegebedürftige, nicht immer schmeichelhaft dargestellt. Ich will betonen, dass alle Beispiele authentisch und belegbar sind. Dabei handelt es sich keineswegs um besonders negative Beispiele, die ich ausgesucht habe. (Manches, was in der Pflege geschieht, ist einfach schlimm, und vieles, was im Alltag angemessen und selbstverständlich erscheint, wirkt erst durch die Analyse abstoßend und schrecklich.)

Ich habe Beispiele ausgewählt, in denen sich möglichst die Komplexität, die Banalität und das normale, oft unauflösbare Chaos in der Altenpflege widerspiegeln – ungeschönt, wie man so sagt.

Mir ist bewusst, dass viele Pflegende, die zu Hause oder im Heim mit großem Engagement, Menschlichkeit und Warmherzigkeit ihre Arbeit verrichten, angesichts meiner direkten und ungeschminkten Beschreibungen des Pflegealltags irritiert und erzürnt reagieren werden. Möglicherweise fühlen sie sich ertappt und demaskiert.

Insofern ist dieses Buch für Altenpfleger(innen) und pflegende Angehörige – und an diese wendet sich das Buch in erster Linie – keine leicht verdauliche Lektüre. Einiges wird ihnen schwer im Magen liegen. Vieles, was ihnen bisher Sicherheit versprach, wird gegen den Strich gebürstet und erscheint in einem anderen Licht. Denkgewohnheiten, Sicherheiten, Ideale, Menschenbilder und Selbstverständnisse werden infrage gestellt.

Entblößt von professionellen Denkmustern, routinierten Handlungsgewissheiten, von pflegerischen Standards und organisatorischen Rahmenbedingungen wird der Pflegende in diesem Buch unmittelbar als Mensch einem pflegebedürftigen alten Menschen gegenübergestellt. Diese Konstellation lässt den Rückzug auf übliche Gewissheiten und Verbalstrategien nicht mehr zu. Vertraute Aussagen werden als Schutzbehauptung entlarvt. Nach der Lektüre wird der oft verwendete Satz

> *Ich würde mir gerne mehr Zeit für Frau Schmitz nehmen.*
> *Aber leider fehlt mir die Zeit.*

(hoffentlich) wie ein Schutzwall klingen, der einen davor bewahrt, über die Beziehung zwischen sich und Frau Schmitz nachdenken zu müssen.

Für diejenigen Leser, die ihre Schutzwälle nicht niederreißen, sondern im Gegenteil verteidigen wollen, wird dieses Buch ein Ärgernis werden. Denjenigen allerdings, die bereit sind, auf Distanz zu ihren Idealen und Handlungssicherheiten zu gehen, die bereit sind, Ungewohntes auf sich wirken zu lassen und dann eigene Schlussfolgerungen zu ziehen, wünsche ich ein auf- und anregendes Lesevergnügen. Und hoffentlich können diese Leser am Ende des Buches sagen:

> *Es ist nicht die fehlende Zeit.*
>
> *Vielmehr ist es so, dass ich es nicht schaffe, länger als zwei bis drei Minuten bei Frau Schmitz zu verweilen. Länger kann ich die Langeweile, die Langsamkeit, die Angst, das Weinen, die*

Ruhe, die Selbstzufriedenheit, das Nichtstun, die Überheblichkeit … nicht ertragen.

Aber die zwei bis drei Minuten, die ich in ihrer Nähe aushalte, die schenke ich ihr so oft ich kann.

I. Die alltägliche Erziehung, die niemand will

Der Beginn der Erziehung
Frau Schmitz ist nicht mehr die Alte

Kaum jemand will den Begriff „Erziehung“ mit alten Menschen in Verbindung bringen.

Alte Menschen erzieht man nicht,

heißt es kategorisch. Diese Meinung vertritt auch Karin, die 48-jährige Tochter von Frau Schmitz in einem Gespräch mit mir. Die Erziehung alter Menschen scheint ihr unwürdig und widersinnig. Kinder und Jugendliche erzieht man. Aber doch nicht die Alten!

Und überhaupt,

beharrt Karin,

die Alten lassen sich doch gar nicht mehr erziehen.

Das mag so sein. Aber zu dieser Erkenntnis wird Karin erst nach vielen fehlgeschlagenen Erziehungsversuchen gekommen sein.
Ich gehe davon aus, dass nicht nur die Mutter von Karin erzogen wird, sondern überall und jeden Tag Menschen, die als alt angesehen werden, vielfältigen Erziehungsbemühungen ausgesetzt sind. Gnadenlos wird in das Leben alter Menschen eingegriffen, werden Entscheidungen über ihre Köpfe hinweg getroffen und Rahmenbedingungen geschaffen, die ihren Entscheidungsspielraum und ihr Recht auf Selbstbestimmung einschränken. Meist fallen die Erziehungsakte als solche nicht mal auf, weil sie in der Logik des alltäglichen Handelns notwendig, folgerichtig und natürlich erscheinen. Sie ergeben sich gewissermaßen von alleine, weil es eine weitverbreitete Übereinkunft gibt, dass alte Menschen das Kümmern, Anleiten und Abnehmen von Entscheidungen brauchen, ja erwarten. Also lautet die Gegenfrage von Karin:

Was soll man denn tun, wenn die Alten nicht mehr einsichtig sind, ihre Dinge nicht mehr verlässlich regeln, wenn sie auf Hilfe angewiesen sind?

Dann stellt sie fest:

Man muss doch etwas tun.

Richtig. Aber bei dem, was so getan wird, will niemand von Erziehung reden. Erziehung klingt nach Reglementierung, Bevormundung, Gängelung und Bestrafung. All dies will keiner, aber genau dies geschieht.

Man tut doch alles für Mutter, zu ihrem Schutz und zu ihrem Besten,

erklärt Karin. Sicher, die Tochter von Frau Schmitz handelt nicht in böser Absicht; aber gerade die gute Absicht macht das Wesen des erzieherischen Handelns aus. Das erzieherische Einwirken auf alte Menschen ist ja nicht grundsätzlich zu verurteilen, wenn es darum geht, alte Menschen vor Schaden zu bewahren, sie von Verhaltensweisen, die andere belästigen oder gefährden, abzuhalten oder ihnen Entwicklungsmöglichkeiten zu erschließen, von denen man annehmen darf, dass sie zu ihrem Wohlergehen beitragen und in ihrem Interesse liegen könnten.

Insofern sind die Motive für Karins Handeln anzuerkennen. Die gute Absicht gerät jedoch leicht zur bösen Tat. Was zum Wohle der Mutter gedacht war, schlägt bei der Umsetzung ins Gegenteil um: Karin setzt die Mutter unter Druck, reglementiert und bevormundet sie. Dies geschieht, so behaupte ich, weil Karin ihr Handeln nicht als Erziehung begreift und deshalb nicht über die Absichten, Ziele und Wirkungen ihrer Bemühungen nachdenkt. Sie fragt sich beispielsweise nicht, wo die Grenzen liegen, bis zu deren Erreichung sie sich bei einer Gefährdung oder Belästigung zurückhalten sollte, oder nach welchen Kriterien sie entscheidet, was im Interesse der Mutter liegt.

Karin begreift die (An-)leitung ihrer Mutter als eine selbstverständliche Pflicht, der sie sich nicht entziehen darf, und dieses Selbstverständnis erlaubt es ihr, unbedacht und unüberlegt auf die Mutter einzuwirken.

> „Wenn Erzieher nicht aufhören können zu erziehen, so deshalb, weil sie nie autorisiert waren zu beginnen.“
>
> N. Luhmann[1]

Die Geschichte von Karin, die ihre Mutter erzieht, beginnt eines Tages, als Karin von einer Bekannten gefragt wird:

Wie geht es deiner Mutter?

Früher hätte Karin solche Fragen nicht sehr ernst genommen und geantwortet:

Der geht es so weit gut. Die kommt zurecht.

Sie hatte sich nie Sorgen um ihre Mutter gemacht. Bei ihren letzten Besuchen war Karin allerdings aufgefallen, dass die Kräfte ihrer Mutter nachgelassen hatten, sie wirkte wehleidiger, passiver, vergesslicher und unkonzentrierter. Deshalb antwortete sie der Bekannten:

Ich glaube, Mutter wird alt.
Sie ist nicht mehr die Alte.

Von diesem Moment, in dem Karin sich über den Zustand ihrer Mutter besinnt, ist Frau Schmitz für ihre Tochter nicht mehr die Mutter, die ihr Leben meistert, sondern eine alte Frau, die man beobachten muss.
Karin erlebt nun den Umgang mit ihrer Mutter als immer schwieriger werdend. Ihr scheint, dass Mutter in vielen Dingen interesseloser geworden ist und immer häufiger starrsinnig reagiert. Auch scheint die Ordnungsliebe und Sauberkeit der Mutter nachzulassen. Gut gemeinte Vorschläge von ihr führen bei der Mutter zu Trotzreaktionen oder Wutausbrüchen. Die Gespräche mit der Mutter werden von Besuch zu Besuch erregter:

„Mutter, komm uns mal besuchen."
„Ich fühl mich nicht gut."
„Du fühlst dich nie gut."
„Heute geht es mir ganz schlecht."
„Dir geht es immer ganz schlecht."
„Lass mich!"

Eines Tages nimmt Karin den Geruch von Verbranntem in der Wohnung ihrer Mutter wahr. Frau Schmitz muss zugeben, dass sie vor einigen Tagen vergessen hatte, die Herdplatte auszuschalten und so das Fleisch in der Pfanne angebrannt war. Die Pfanne sei ja nun nicht mehr zu gebrauchen, befindet Karin. Frau Schmitz ist anderer Meinung; immerhin hat die Pfanne jahrelang gute Dienste getan, und

ihr verstorbener Mann, Karins Vater, habe immer gesagt, dass diese Pfanne ihr Geld wert wäre.
Karin lässt die Pfanne in der Mülltonne verschwinden. Abends bespricht sie die neue Entwicklung ihrer Mutter mit ihrem Mann.

Natürlich,

erregt sich Karin, als ihr Mann den Vorfall mit der vergessenen Herdplatte herunterspielt,

natürlich vergesse ich auch hin und wieder, die Kaffeemaschine auszuschalten. Aber wann ist mir das zuletzt passiert? Dir ist das doch auch schon passiert. Außerdem ist das etwas ganz anderes. Mutter ist alt. 73 Jahre. Das ist keine normale Vergesslichkeit. Vergesslichkeit im Alter ist doch wohl bedrohlicher, als wenn wir mal was vergessen.

Da gibt ihr Mann ihr recht. Man müsse damit rechnen, dass Mutter nun öfter etwas vergesse.

Was da alles passieren kann,

sorgt sich Karin. Und dann setzt sich ein Gedanke bei ihr fest, den sie nicht zu Ende denken will:

Was da alles auf uns zukommen kann.

Karin ist in Sorge um ihre Mutter und sie beschließt, die Mutter aufmerksamer als bisher zu beobachten. Sie will sich nicht mehr darauf verlassen, dass Mutter alleine zurechtkommt. Leicht fällt ihr die Gewissheit, für die älterwerdende Mutter verantwortlich zu sein, nicht. Ihr Leben wird sich mit der neuen Verpflichtung verändern, und sie fürchtet sich vor den kommenden Belastungen. Frau Schmitz wird nun täglich von ihrer Tochter angerufen oder besucht. Die Tochter ist voller Sorge:

Wie fühlst du dich heute?
Denkst du auch an den Herd?
Vergiss nicht, das Bügeleisen auszuschalten.
Hast du deine Tabletten genommen?
Was sagt der Arzt?
Was hast du heute getan?
Ruf mich sofort an, wenn etwas ist.

Frau Schmitz reagiert gereizt:

Sag mal, glaubst du eigentlich, dass ich ein kleines Kind bin?
Ich komme noch ganz gut alleine zurecht.

Karin ist irritiert:

Ja, nein, …
sicher, Mutter, kommst du alleine zurecht.
Ich mein ja nur …
Ja, also, dann bis morgen.

Abends bei ihrem Mann beklagt sich Karin:

Mutter will nicht einsehen, dass sie Hilfe benötigt.

Die besorgte Tochter versteht die Welt nicht mehr. Sie meine es gut, gebe sich alle Mühe und dann reagiere Mutter in dieser unverständlichen Weise.

So kann es doch wohl nicht weitergehen.

Also führt die Tochter in der Folgezeit ernsthafte (zermürbende und quälende) Gespräche mit der Mutter:

Mutter, mit dem Herd, das war doch nicht das erste Mal, dass du etwas vergessen hast.

Überleg doch mal!

Wie konntest du das nur vergessen.

Es gibt doch Essen auf Rädern.

Du kannst doch auch mal bei uns essen.

Hier bist du immer alleine.

Überhaupt, seit Vaters Tod gehst du kaum unter Leute. Geh doch mal in den Altenclub. Ich bring dich dort mal hin. Tante Elisabeth geht auch dahin. Das ist doch nett, mal 'ne Abwechslung.

Was sagt denn dein Arzt? Es gibt doch bestimmt ein Mittel gegen Durchblutungsstörungen.

Du hast doch früher nichts vergessen.

Ich versteh das nicht.

Ich spüle nachher mal alles.

Irgendwie, ich weiß nicht, also früher, da warst du immer so ordentlich. Sieh mal hier die Tasse, die hab ich gerade aus dem Schrank geholt, sind noch Ränder vom Kaffee drin.

Hast du einen Termin beim Arzt?

Nein? Das musst du aber.

Gut, wenn du nicht willst, kann ich dir nicht helfen.

Du musst selber wissen, was du willst.

Aber das ist sehr unvernünftig. Ich werde Dr. Anders bitten, dir einen Termin zu geben.

Wie komm ich überhaupt an dein Konto, wenn dir etwas passiert? Ich erkundige mich mal bei der Bank.

Ich bleib jetzt ein paar Tage bei dir und bring den Haushalt mal in Ordnung.

Morgen fahren wir dann zu Dr. Anders.

Du hast ja Bauchspeck eingekauft! Wie kann man in deinem Alter so fette Sachen essen. Und dann in Butter braten! Was glaubst du, was Dr. Anders dazu sagt.

Kein Wunder, dass du dich so schlecht bewegen kannst.

Frau Schmitz mag diese Gespräche nicht. Sie fühlt sich unter Druck gesetzt, bevormundet, in ihrer Entscheidungsfreiheit, die ihr immer sehr wichtig war, eingeschränkt und nicht mehr ernst genommen. Sie lässt die Fragen, Anweisungen, Ermahnungen und Vorwürfe ihrer Tochter meist stumm über sich ergehen und sagt zu guter Letzt:

„Warte mal, bis du alt bist."

Oder

„Ich komme ganz gut alleine zurecht."

Oder:

„Kümmere du dich um dich, ich kümmere mich um mich."

Früher hatte Frau Schmitz Karin die Fragen gestellt und Antworten erwartet, heute ist es umgekehrt.

„Zwischen dem, der befiehlt, und dem, der gehorchen muss, besteht keine so radikale Ungleichheit wie zwischen dem, der das Recht hat, eine Antwort zu verlangen und dem, der die Pflicht hat zu antworten."[2]

Karin will etwas gegen den drohenden Abbau der Mutter unternehmen und versteht es nicht, wenn diese nicht mitzieht oder sich gar zur Wehr setzt.

Man kann es ihr nicht recht machen,

beklagt sie sich öfter bei ihrem Mann und zunehmend auch bei ihrem Bruder. Der jedoch begreift nach Meinung von Karin nicht den Ernst der Lage und verteidigt die Mutter. Er rät ihr sogar, die Entscheidungen der Mutter einfach hinzunehmen.

Wenn Mutter Bauchspeck essen will, dann lass sie doch,

sagt er. Da ist Karin aber ganz anderer Meinung.

Du hast gut reden,

entgegnet sie aufgebracht,

und wer hat anschließend die Arbeit?
Kümmerst du dich um Mutter?

Dann, eines Nachts, wird Karin von ihrer Mutter angerufen. Frau Schmitz ist aufgeregt, sie habe Geräusche gehört und befürchte Einbrecher:

Ich bin mit den Nerven fertig.
Bitte komm sofort!

Aufgeschreckt fährt Karin mit ihrem Mann zur Mutter. Dort findet sich keine Spur von einem Einbrecher. Frau Schmitz beruhigt sich wieder. Karin aber erregt sich immer mehr, je ruhiger die Mutter wird. Sie hat den bösen Verdacht, dass Mutter den Einbrecher vorgeschoben hat, weil sie nicht allein sein wollte. Sie sieht nicht ein, für derartige Kindereien um die Nachtruhe gebracht zu werden, zumal ihr Mann morgen früh zum Dienst muss.

So geht es nicht weiter,

teilt Karin der Mutter am nächsten Tag mit. Sie spricht mit dem Hausarzt und legt einen Termin für die Mutter fest. Am besagten Termin holt sie die Mutter ab:

Mutter, hast du dich sauber gewaschen?
Überall?
Mit diesem Kleid gehst du nicht vor die Tür.

Zieh dir bitte ein anderes Kleid an.
Mir ist egal, welches Kleid du anziehst, aber dieses nicht.
Was ist denn noch, Mutter?
Nein, du brauchst keinen Schmuck.
Hast du den Krankenschein?
Zeig mal!

Seit dem nächtlichen Anruf wird Frau Schmitz jeden Mittwoch Nachmittag in den Altenclub gefahren. Anfangs hatte sich Frau Schmitz gewehrt:

Was soll ich bei den Alten?

Bald jedoch sagt sie sich, dass die Nachmittage eine nette Abwechslung seien. Den anderen Besuchern erzählt sie gerne, wie aufmerksam ihre Tochter ihr gegenüber sei. Eine bessere Tochter könne sie sich nicht wünschen. Ihre Tochter tue alles für sie. Ihr Sohn wohne ja leider weiter weg, aber der kümmere sich auch um sie; er rufe fast täglich an und frage, wie es ihr gehe.

Ja, ja,

wiederholt sie sich,

es ist gut, wenn man Kinder hat, die für einen sorgen.

Wenn die Tochter sie gegen 17.00 Uhr im Altenclub abholt, führt sie vor, wie freundlich, hilfsbereit und folgsam ihre Tochter ist.

Kind, hol mir den Mantel,

weist sie Karin an.

Frag mal nach, wann wir uns nächste Woche treffen.
Wo hast du das Auto abgestellt?
Komm, gib mir den Arm.

Karin lächelt und schweigt. Sind Mutter und Tochter alleine, bittet Frau Schmitz nur selten Karin um einen Gefallen. Eine der wenigen Ausnahmen ist ihre als Frage verkleidete Forderung, zum Friedhof gefahren und zum Grab des Mannes begleitet zu werden:

Warst du schon an Vaters Grab?
Ob die Blumen noch Wasser haben?

Fahren die beiden dann auf dem Weg zum Friedhof am Altenheim vorbei, schüttelt Frau Schmitz jedesmal den Kopf:

Die armen Leute, die da wohnen müssen.
Man bekommt alles von den Kindern zurück.

Karins Antwort lautet jedesmal gleich:

Ja, ich weiß, Mutter.

Karin ist es längst leid, diesen immer gleichen Kommentar zu hören. Sie würde es nie über das Herz bringen, ihre Mutter in ein Altenheim abzugeben. Aber in solchen Momenten wünscht sie sich, dass ihre Mutter einmal wenigstens das Leben im Altenheim erfahren müsste, damit sie endlich wüsste, wie gut sie es bei der Tochter hat.
Früher, wenn Karin nicht gehorsam gewesen war, hatte die Mutter manchmal gedroht:

Denk mal an die armen Kinder im Waisenhaus. Die haben es nicht so gut wie du.

Wahrscheinlich hat Frau Schmitz recht: irgendwie bekommen die Eltern alles von den Kindern zurück.
Die Gespräche am Grab des Vaters erträgt Karin nur mühsam. Für Mutters Standardspruch

Ach, wär ich doch da, wo Vater ist.

hat sie nur ein vorwurfsvolles

Bitte, Mutter!

übrig. Wenn Frau Schmitz dann auch noch den Sohn erwähnt, der regelmäßig anruft, um sich nach ihrem Befinden zu erkundigen, geht Karin schon mal Wasser für die Blumen holen, damit sie ihre Mutter nicht anbrüllen muss.
Schritt für Schritt übernimmt Karin den Haushalt ihrer Mutter. Sie macht nun auch die Wäsche für die Mutter. Dabei fällt ihr auf, dass die Mutter ihre Leibwäsche wohl zu selten wechselt. Karin besteht auf täglich frische Wäsche und entdeckt, dass der Mutter mancher Tropfen Urin in die Hose geht. Karin ist beunruhigt und stellt die Mutter zur Rede:

Wie lange hast du das schon?
Warum hast du nie etwas davon gesagt?

Mutter schweigt. Karin nimmt Kontakt mit der Sozialstation auf, denn nun droht ihr allmählich die Arbeit mit Mutter über den Kopf zu wachsen; zwei Haushalte versorgen und die Mutter zusätzlich baden. Das ist ihr zu viel.
Als die Krankenschwester zum ersten Mal ins Haus kommt, um Frau Schmitz zu baden, hat die alte Dame noch Hemmungen. Aber die Schwester versteht ihr Handwerk:

Frau Schmitz, haben Sie schon mal überlegt, was alles in der Badewanne passieren kann? Was glauben Sie, wie viele Oberschenkelhalsbrüche ich bei alten Menschen gesehen habe, die im Bad ausgerutscht sind.

Nein, das ist schon richtig, dass Ihre Tochter uns geholt hat.

Sie werden sehen, wie gut das geht.

Die Schwester scheint eine gesunde Portion Humor zu besitzen. So ermuntert sie die zögernde Frau Schmitz:

Ein junger Mann wäre Ihnen wohl lieber, der Ihnen den Rücken wäscht.

Beide lachen, das Eis scheint gebrochen. Frau Schmitz versucht ein Gespräch einzufädeln:

Die alten Menschen, zu denen Sie gehen, sind sicher nicht alle einfach, oder?

Die Schwester gibt zu bedenken:

Es gibt da schon ein paar, aber da kenn ich mich aus. Mit der Zeit weiß man, wen man vor sich hat und wie man mit Menschen umgehen muss.

Wir zwei kommen bestimmt gut miteinander aus,
was, Frau Schmitz?

Na sehen Sie.

Karin ist beruhigt. Die Krankenschwester scheint bei der Mutter den richtigen Ton zu treffen. Dieses Problem wäre vorerst gelöst.
Die Geschäfte von Frau Schmitz werden in der Zwischenzeit alle von Karin erledigt. Die Tochter hat sich eine Vollmacht geben lassen und kümmert sich um die Rente, Bankauszüge und alle Zahlungen. Der Mutter legt sie regelmäßig Bargeld in eine Schublade des Wohn-

zimmerschrankes. Karin will ihrer Mutter auf keinen Fall das Gefühl zumuten, die Tochter um Geld anhalten zu müssen. Mutter soll mit dem Geld, das die Tochter ihr gibt, tun und lassen können, was sie will.

Fehlt ein Betrag in der Schublade, was nicht oft vorkommt, erkundigt sich Karin, ob sich Frau Schmitz denn was Hübsches gekauft habe, oder was sie denn wohl so ausgegeben hätte.

Seit Tagen ist ein Brief vom Finanzamt überfällig. Er müsste längst eingegangen sein. Karin verdächtigt die Mutter, den Brief verlegt zu haben:

Mutter, wo ist der Brief vom Finanzamt?

Mutter gibt sich erstaunt:

Welcher Brief?
Mir schreibt doch sowieso niemand.

Karin ist ungehalten:

Mutter! Bitte!
Der Brief muss da sein. Wo hast du ihn hingelegt?

Frau Schmitz will von einem Brief nichts wissen, da ihr doch nie einer schreibe. Karin beginnt unterdessen alle denkbaren Verstecke zu durchsuchen. Schließlich findet sie das Schreiben:

Hier ist der Brief, Mutter. Warum sagst du nicht, wo du ihn hingelegt hast?
Ja, da wirst du ihn da gerade hingelegt haben. Ich weiß von keinem Brief,

gibt sich Frau Schmitz gekränkt. Karin ist wütend:

Mutter, das ist doch die Höhe. Du lässt mich hier bis zum Verrücktwerden suchen, und dann tust du so, als habe ich den Brief hier hingelegt. So nicht, Mutter. Überleg, was du sagst.

In solchen Situationen fühlt sich Karin missbraucht, ausgenutzt und erniedrigt. Sie ist der Mutter überdrüssig und kann sie nicht mehr ertragen. Karin ist verzweifelt und mit ihrer Kraft am Ende. Meistens kommt alles zusammen. So auch heute: Mutter hat mal wieder alle Schubladen aus- und dann falsch eingeräumt. Solch unnötige Arbeiten kommen für Karin noch dazu.

Eine Nachbarin berichtet, dass die Mutter jetzt im Hochsommer mit Mantel und Pelzmütze spazieren gegangen sei. Karin findet das Gespräch peinlich, glaubt Vorwürfe zu hören, dass sie die Mutter so herumlaufen lasse. Sie schämt sich und hat Angst, dass ihrer Mutter etwas passieren könne. Ihren Mann fragt sie nach der Haftung, wenn Mutter einen Unfall verursacht. Der aber hat keine Zeit, er macht sich fertig für seinen Schützenverein und bittet Karin, ihm beim Ankleiden zu helfen. Sie legt ihm den Hut mit der Feder und das Holzgewehr mit der Blume bereit. Dann entlässt sie ihren so ausstaffierten Mann mit seinen Freunden auf die Straße.
Eines Abends ruft die Nachbarin an und berichtet, dass Frau Schmitz zu später Stunde um das Haus läuft. Karin will nach diesem Vorfall die Mutter auf keinen Fall mehr alleine lassen. Ihr Mann macht jedoch unmissverständlich klar, dass er die Schwiegermutter nicht auf Dauer in seinem Haus haben will.
Nach vielen Gesprächen in der Familie und im Bekanntenkreis und qualvollen Überlegungen entschließt sich die Tochter, Frau Schmitz in einem Altenheim anzumelden. Karin sucht das Altenheim aus, erledigt alle Formalitäten, verhandelt mit dem Sozialamt und der Heimleitung. Frau Schmitz überlässt alles ihrer Tochter. Als der Heimleiter Frau Schmitz bittet, den Heimvertrag zu unterschreiben, deutet sie auf ihre Tochter und bittet um Verständnis, wenn die Tochter alles für sie erledigt.
Am Tag des Einzuges in das Heim ist alles für Frau Schmitz geregelt, sie braucht sich um nichts zu kümmern. Die Mitarbeiterinnen auf der Station, auf der Frau Schmitz leben soll, haben sich Gedanken gemacht, mit welchen Bewohnern Frau Schmitz wohl am besten am Tisch zusammensitzt, und stellen nun Frau Schmitz den alten Bewohnern an dem Tisch vor. Als sich die Tischnachbarn nach wenigen Tagen über den Uringeruch von Frau Schmitz beklagen, sind es wieder die hilfreichen Mitarbeiterinnen, die überlegen, an welchen Tisch sie denn jetzt Frau Schmitz hinsetzen sollen.
Dienstags ist ein Lichtbildervortrag angekündigt. Eine freundliche Pflegerin holt Frau Schmitz in der Sitzecke ab.

Frau Schmitz, gehen Sie mal mit. Unten ist ein schöner Dia-Vortrag. Der wird Ihnen gefallen.

Im Tagesraum ist Frau Schmitz mit zwölf anderen Bewohnern zu-

sammen. Alle sitzen auf Stühlen, keiner sagt ein Wort. Mancher wird von einer Pflegerin mit dem Stuhl in die richtige Position geschoben, damit er alles auf der Leinwand sehen kann. Der Referent ist jung und nett. Frau Schmitz kennt ihn aus dem Altenclub. Derselbe Vortrag. Aber nun ja, so geht die Zeit vorbei.
Auf der Station gilt Frau Schmitz als pflegeleicht. Sie macht keine Schwierigkeiten, lässt alles mit sich machen. Die Tochter kommt fast täglich ins Heim, um Frau Schmitz Gesellschaft zu leisten oder ihr beim Essen zu helfen. Zu den Mitarbeiter(inne)n ist sie freundlich, passt aber auf, dass alles mit Mutter so geschieht, wie sie es sich für Mutter wünscht.
Das führt gelegentlich zu Auseinandersetzungen mit den Mitarbeiter(inne)n. Denn Karin fühlt sich nach wie vor für ihre Mutter verantwortlich, und sie will sich nicht ihre Entscheidungsbefugnisse über Mutter nehmen lassen. Die Mitarbeiter(innen) fühlen sich ihrerseits für Frau Schmitz verantwortlich, und sie wollen selbstverständlich die Frau Schmitz betreffenden Entscheidungen im Team ohne Beteiligung der Tochter treffen.
So wissen am Ende alle, was für Frau Schmitz gut ist. Karin bezieht ihr Wissen aus der gemeinsamen Lebensgeschichte, die Stationsleitung und einige examinierte Kräfte berufen sich auf ihre Professionalität, und die Hilfskräfte glauben aufgrund ihrer Erfahrung und ihres Alltagsverständnisses vom Umgang mit alten Menschen zu wissen, was Frau Schmitz gut tut.
Und was entscheidet Frau Schmitz?

Anlässe zur Erziehung
Um alte Menschen muss man sich kümmern

Obwohl wir nicht genau wissen, wer alt ist, wann das Alter beginnt, und obwohl uns die Alternsforschung nachhaltig versichert, dass es das Alter gar nicht gibt, haben wir doch eine ungefähre Vorstellung im Kopf, wann wir einen Menschen als alt ansehen und ihn versteckt oder offen mit dem Etikett „alt“ versehen.
Ein Onkel von mir beispielsweise, ein gebildeter und weit gereister Mann, der charmant und geistreich erzählen konnte, war der Mittelpunkt unserer Familienfeste. Wir mochten ihn, nicht nur wegen seiner finanziellen Großzügigkeit. Seinen Geschichten aus der Kriegsgefangenschaft, von seinen erfundenen oder tatsächlichen Liebschaften und über seine Reisen hörten wir gerne zu.

Heinrich, erzähl doch noch mal jene Geschichte.

Und Onkel Heinrich erzählte. Ich selbst habe seine Geschichten dutzendfach gehört und kenn sie alle. Gelangweilt haben sie mich nie. Onkel Heinrich ist nun 80 Jahre, geistig auf der Höhe, aber eben doch alt geworden. Er ist nicht mehr so behende, muss schon mal überlegen, was er sagen will, zittert ein wenig mit den Händen. In seiner angestammten Rolle als Erzähler, der sich in der Bewunderung der Familie sonnt, gefällt er sich immer noch. Er ist sich treu geblieben. Wir jedoch lassen ihn nicht mehr den sein, der er war und für den er sich zu Recht halten durfte. Beginnt er eine seiner Geschichten, mit denen wir uns früher gerne unterhalten ließen, gestehen wir ihm einige Minuten zu – aus Anstand und Schonung. Bevor er jedoch richtig in Schwung kommt, bremsen wir ihn:

Sag mal, willst du noch ein Stück Kuchen?

Dann übernehmen mein Schwager und ich die angestammte Rolle von Onkel Heinrich. Er versucht noch einige Male, seine Geschichten an den Mann zu bringen und verabschiedet sich vorzeitig aus unserer Runde mit dem Hinweis, er habe Schmerzen. Sicherlich hätte er die Schmerzen nicht bemerkt, wenn wir ihn hätten erzählen lassen. Onkel Heinrich ist alt geworden und wir nehmen ihn nicht mehr so ernst wie früher. Statt ihm zuzuhören, lenken wir lieber das Gespräch auf seine Gesundheit und werden selbst zum Gesprächsführer und Fragesteller. Statt ihn zum Erzählen zu ermuntern, fragen wir ihn:

Wie geht es dir?
Was sagt dein Arzt?
Meinst du nicht, dass du für dein Alter zu viel isst?
Ist es eigentlich gut, wenn du noch rauchst?

Derartige Fragen habe ich ihm gegenüber früher nicht gestellt. Was gibt mir eigentlich das Recht, nun, da er alt geworden ist, anders mit ihm umzugehen, ihn nicht mehr ernst zu nehmen und ihn dies gelegentlich spüren zu lassen?

Nichts und niemand geben mir dieses Recht. Aber ich tue es, und zwar ungestraft. Übrigens nicht nur bei Onkel Heinrich. Begegne ich einem alten Menschen – wobei es nicht darauf ankommt, ob der Mensch alt ist, sondern ob ich ihn als alt erlebe – scheint er mir unterlegen. Es geht keine Bedrohung und Gefahr von ihm aus, nicht mal eine erotische Spannung, die mich bei jüngeren Menschen auf Distanz hält. Und so nehme ich mir das Recht heraus, diesen Menschen anzufassen, ihn mit dem Stuhl an den Tisch zu rücken, ihm ungefragt Ratschläge zu erteilen oder ihn nach intimen Dingen zu fragen.

Die Veränderungen bei Onkel Heinrichs Erscheinungsbild und bei meinem Verhalten ihm gegenüber haben irgendwann unmerklich begonnen, und sie setzten sich schleichend und fast unauffällig fort, bis sie mir eines Tages unübersehbar wurden.

Da war es schon zu spät. Ich hatte mir längst Onkel Heinrich zum alten Mann gemacht. Wahrscheinlich hat dieser schleichende unmerkliche Prozess, in dessen Verlauf Menschen alt gemacht werden, so auch bei Karin und ihrer Mutter stattgefunden.

Am Anfang sind da kleine Entdeckungen von Altersanzeichen und versteckte Anspielungen. Mit der Zeit werden die Schwächen deutlicher und die Verächtlichmachungen unverhohlener. Wird dann Karin der eingetretene Abbau mit allen Konsequenzen bewusst, beginnt sie mit der Erziehung. Sie nimmt Einfluss auf das Leben der Mutter, respektiert nicht mehr alle Willensäußerungen der Mutter, trifft Entscheidungen für die Mutter und bestimmt, was diese zu tun hat. Die Gründe, die zu dem lenkenden Eingreifen führen, sind oft ein Gemisch aus

- Liebe *(Ich will nicht, dass Mutter leidet),*
- Fürsorge *(Mutter kann es nicht mehr alleine),*
- Verpflichtung *(Mutter muss geholfen werden),*
- Belastung *(Wenn ich nichts unternehme, wird der Zustand von Mutter schlimmer, und ich habe die Arbeit),*
- Rücksicht *(Alles wird für Mutter zu viel),*
- Normen *(Ich muss etwas tun – was sollen die Leute sagen).*

Nun wird möglicherweise Karin auch früher schon Erziehungsphantasien gegenüber ihrer Mutter gehabt haben. Tatsächlich, und das ist der entscheidende Punkt, beginnt sie mit der Erziehung erst, nachdem sie Mutter als alte Frau erlebt. Jetzt, da Mutter nicht mehr im Vollbesitz ihrer Kräfte ist, übt Karin die Rolle einer Erziehenden aus, fängt sie an, ihre Vorstellungen, wie Mutter sein soll, in die Tat umzusetzen. Karin übernimmt die Macht über ihre Mutter und drückt die Mutter in die Rolle des Zöglings, der einsehen soll, dass er der Führung bedarf. Als Zögling hat Frau Schmitz nur noch die Wahl als leicht führbar (pflegeleicht) oder als schwierig zu gelten. Denn einmal in der neuen Rolle, wird das Verhalten des alten Menschen nicht mehr daran gemessen, ob er durchsetzungsfähig oder kompromissbereit ist, ob er sich selbst behaupten kann oder entscheidungsfreudig ist, sondern ob er sich einsichtig, folgsam, willig und umgänglich verhält. Die Eigenschaften des alten Menschen erscheinen durch den Rollenwechsel in einem anderen Licht. Vergesslichkeit, Eigensinn, Beharrlichkeit, Genauigkeit, List gelten nicht länger als Charaktereigenschaften, die man einem Menschen zugesteht oder unter denen man leidet, sondern als Alterserscheinungen, denen es entgegenzutreten gilt.

Als die 75-jährige Frau Schmitz vergisst, die Herdplatte abzustellen, hat diese Vergesslichkeit eine andere Qualität als die Vergesslichkeit bei der 48-jährigen Tochter, die die Kaffeemaschine nicht ausschaltet.

In beiden Fällen ist die Vergesslichkeit ärgerlich, aber bei der Tochter bleibt der Vorfall ohne erzieherische Konsequenzen. Bei der

Mutter ist er Anlass genug, sie zu ermahnen und zu kontrollieren. Selbst wenn sich Frau Schmitz im Vollbesitz ihrer geistigen Kräfte befindet und sie sich vornimmt, in Zukunft sorgfältiger auf die Elektrogeräte im Haushalt zu achten, haftet ihr nun der Makel an, nicht mehr hundertprozentig zu funktionieren. Die Tochter wird sich nicht länger vorbehaltlos auf die Fähigkeiten der Mutter verlassen. Sie beginnt, nach der Mutter zu sehen. Bei diesem „Nachsehen" geraten schnell weitere alltägliche Vergesslichkeiten bei der Mutter in den Blick. Bislang wären sie übersehen worden, jetzt bestätigen sie die Richtigkeit und Notwendigkeit der Überwachung und Kontrolle. Vergesslichkeiten, die früher nicht auffielen, werden zum Anlass genommen, der Mutter mehr und mehr die Verantwortung für sich selbst zu entziehen.

Greift Frau Schmitz zu einer List, um sich der Überwachung durch die Tochter zu entziehen, wird auch dies nicht mehr als normale Reaktion verstanden, sondern als der unverständliche Versuch einer alten Frau, sich vernünftigen Maßnahmen zu entziehen. Die List meines 40-jährigen Kollegen wird dagegen anders gedeutet. Dieser Kollege hatte einen Herzinfarkt erlitten, und er erzählte mir nach dem Kuraufenthalt folgende Geschichte: Rauchen in der Klinik wäre streng verboten gewesen. Hätte man ihn beim Rauchen erwischt, hätte er die Kur abbrechen und die Kosten seiner Krankenkasse erstatten müssen. Da er auf seine Zigarette nicht verzichten konnte, er aber aus verständlichen Gründen auch nicht ertappt werden wollte, setzte er sich beim Rauchen vor die laufende Dusche. Dadurch erzielte er den doppelten Effekt, dass sich zum einen der Rauch rasch verflüchtigte und er zum zweiten darauf bauen konnte, dass niemand sein Zimmer betrat, weil man ihn unter der Dusche vermuten musste. Wir haben beide über den listigen Einfall, mit dem sich mein Kollege dem Erziehungsversuch der Klinik entzog, gelacht.

Man stelle sich vor, mein Kollege würde seine Taktik mit 80 Jahren im Altenheim anwenden. Er würde ganz gewiss nicht mehr als der für sich selbst verantwortliche Erwachsene betrachtet, der sich behauptet. Wahrscheinlich hätte er mit seinem Rauchen vor laufender Dusche den endgültigen Beweis geliefert, dass er noch strenger beaufsichtigt werden muss.

Wenn ich Hausbesuche bei alten Menschen mache, die mit Kindern zusammenleben, redet meistens die Tochter mit mir über Mutter oder Vater. Bitte ich die Tochter, mir die Möglichkeit zu geben, ohne ihre Einmischung mit Mutter oder Vater zu sprechen, reagiert diese mit Unverständnis.

Aussage eines Sozialarbeiters

Erzieherisches Einwirken auf alte Eltern ist in unserer Gesellschaft so selbstverständlich, dass Karin über die Legitimation ihres Handelns nicht nachzudenken braucht. Sie muss niemandem ihre Erziehungsbemühungen begründen, im Gegenteil: Sie erhält für ihr Kümmern um die Mutter Anerkennung und Lob.

Schön, dass Sie sich um Ihre Mutter kümmern.
Die Alten wissen oft nicht, was gut für sie ist.
Alleine käme Ihre Mutter nicht zurecht.
Was würde aus Ihrer Mutter ohne Sie.

Karin versteht ihr Handeln als Fürsorge. Sie fühlt sich für die Mutter, die nicht mehr wie gewohnt funktioniert, verantwortlich. Dabei kippt jedoch die gut gemeinte Fürsorge in eine die Entscheidungsfreiheit der Mutter einschränkende Vorsorge um. Die Fürsorge wird zum „fürsorglichen Zwang“ . Bevormundungen und Demütigungen werden nicht mehr erkannt.

Wie alle Erziehenden hat auch Karin eine Vielzahl von Erziehungszielen im Kopf, von denen einige eher allgemein, andere sehr präzise gehalten sind:

Mutter soll anständig gekleidet auf die Straße gehen.
Mutter soll sich gesund ernähren.
Mutter soll alles vermeiden, was sie krank machen könnte.
Mutter soll geistig fit bleiben.
Mutter soll sozialen Kontakt haben.
Mutter soll sich bewegen.
Mutter soll sich nicht aufregen.
Mutter soll Freude am Leben haben.
Mutter soll sich nicht hängen lassen.

Mutter soll nicht mit ihrem Gebiss spielen.
Mutter soll nicht rauchen.

Damit Karin ihre Ziele erreicht, arbeitet sie mit den aus der Kindererziehung bekannten Mitteln:

- Wörtliche Zuwendung wie Lob, Anweisung, Gebote, Verbote.
- Emotionale Zuwendung wie Liebe, Zärtlichkeit und deren Entzug.
- Arrangements der Umwelt wie Verstecken, Abschließen, Verheimlichen, Vereinbarung von Terminen, Ermöglichung oder Verhinderung von Kontakten.

Karin sieht das alles ganz anders. Sie behauptet, sie wolle ihre Mutter nicht erziehen und sie erziehe ihre Mutter auch nicht. Sie handle zum Wohle der Mutter, und dazu müsse sie sich eben bei der Mutter durchsetzen. Man müsse halt die Mutter gewissermaßen zu ihrem Glück zwingen. Und so sieht es beispielsweise aus, wenn Karin die Mutter zu ihrem Wohle zwingen will, sich zu freuen:
Karin betritt die Wohnung der Mutter und findet die alte Dame im dunklen Wohnzimmer sitzend. Alle Jalousien sind heruntergezogen. Noch bevor Karin die Mutter richtig begrüßt, eilt sie zu den Fenstern, um die Jalousien hochzuziehen.

Siehst du,

sagt sie fröhlich und beschwingt,

jetzt kommt die Sonne herein. Da fühlst du dich doch direkt besser. Na,

packt sie die Mutter an den Schultern und streichelt sie,

besser so? Jetzt mach mal ein anderes Gesicht.

Aber Mutter freut sich nicht. Sie braucht den dunklen Raum, der ihr Schutz und Geborgenheit gibt, in dem sie sich zurückziehen kann. Die Tochter hätte ihr eine Freude bereitet, wenn sie sich zu der Mutter in den dunklen Raum gesetzt hätte. Karin kann sich nicht vorstellen, dass für die Mutter gut ist, was der Tochter nicht gefällt. Die Mutter darf sich nicht hängen lassen und wehleidig werden, die Mutter soll sich freuen. Jammert oder weint Frau Schmitz, wenn die Tochter die Wohnung betritt, heitert Karin sie auf:

Nun freu dich doch, wenn ich komme.
Sonst kann ich auch wieder gehen.

Wer sich als Sohn oder Tochter, ehrenamtlicher oder professioneller Helfer nicht klar macht, wie schnell und leicht sie oder er in die Rolle des Erziehenden gegenüber dem alten Menschen gerät und diese Rolle nicht reflektiert, der erzieht meist in einer sehr negativen Weise: Er oder sie engt den Entscheidungsspielraum des alten Menschen ein, bevormundet und reglementiert ihn. Er erzieht dann unbeabsichtigt den alten Menschen zu Eigenschaften und Verhaltensweisen, die das Gegenteil von dem darstellen, was er als fürsorglicher Betreuer erreichen will. Statt die Eigenschaften, Fähigkeiten und Interessen des älteren Menschen zu erhalten, macht er den Menschen alt, eigensinnig, verwirrt, aggressiv, apathisch, komisch, hilflos, unberechenbar, feindselig.

Wie so viele Kinder, Helfer und Pfleger will Karin nicht zusehen, wie sich die geliebte Mutter verändert, wie sie interesseloser, hinfälliger wird und sich von dem Zustand einer selbstständigen, für sich selbst sorgenden Person, die man schätzt, entfernt.

Wird jedoch das Verfolgen von durchaus nachvollziehbaren Erziehungszielen im Einzelfalle nicht bedacht und begründet, dann gerät der fürsorglich betreute alte Mensch langsam, aber sicher in einen Teufelskreis, aus dem er kaum noch entrinnen kann. Viele seiner Reaktionen werden in diesem Teufelskreis als zusätzlicher Beweis für die Notwendigkeit seiner Betreuung, Lenkung und Erziehung betrachtet. Wehrt sich Frau Schmitz gegen die Ermahnungen ihrer Tochter, glaubt diese, dass die Mutter uneinsichtig und starrsinnig ist. Sie wird ihren fürsorglichen Druck verstärken. Duldet dagegen Frau Schmitz die Belehrungen ihrer Tochter, wertet diese den fehlenden Widerspruch als Beweis, dass die Mutter ohne sie ihr Leben nicht mehr alleine führen kann.

Einmal in dem Teufelskreis gefangen, liefert der alte Mensch ständig selber den Nachweis, dass er nicht mehr ohne Hilfe auskommt, er alleine nicht mehr entscheiden kann und zuletzt beaufsichtigt werden muss.

Die Spirale der Alterserziehung (Abb. 1, S. 33) scheint international zu wirken. Während einer gerontopsychiatrischen Tagung wurde folgende Geschichte von einem niederländischen Referenten vorgetragen:

Eine Frau bekam im Alter von 70 Jahren Diabetes. Der Hausarzt sorgte dafür, dass eine Gemeindekrankenschwester eingeschaltet wurde, um der Frau täglich eine Spritze zu geben. Die Krankenschwester kam dann auch. Nach einer Woche teilte sie mit, dass die Insulinspritze auch von der Frau selbst oder von ihrem Mann gesetzt werden könnte. Die Frau hatte starke Bedenken, und ihr Mann meinte: „Ich habe meiner Frau noch nie weh getan, und ich trinke schon mal gern einen, wodurch ich eine etwas unsichere Hand bekommen habe." Die Gemeindekrankenschwester war jedoch der Ansicht, dass das Ehepaar selbstständiger handeln könnte, und forderte daher weiterhin, dass der Mann die Insulinspritze geben sollte. Als er sich jedoch immer noch hartnäckig weigerte, führte die Gemeindekrankenschwester als Argument an: „Aber das sollten Sie doch wirklich für Ihre Frau übrig haben. Ich werde eine Sozialarbeiterin hinzuziehen, sodass Sie Ihre eheliche Beziehung verbessern können."

So kam dann eine Sozialarbeiterin und sprach mit den beiden über das Eheproblem. Die 70-jährige Frau und ihr 75-jähriger Mann hatten nie gelernt, über ihre Beziehung zu sprechen. Sie sprachen schon seit ihrem Kennenlernen 1939 und ihrer Hochzeit 1941 über viele alltägliche Dinge, über ihre Arbeit, über die Nachbarn, über die Geschäftsleute im Dorf, über die Predigt des Pfarrers, über ihre fünf Kinder, die alle nach 1945 geboren wurden, aber nie über ihre Beziehung, geschweige denn über ihre Gefühle füreinander und über Sex.

Durch die Worte der Gemeindekrankenschwester und die Gespräche mit der Sozialarbeiterin begannen sie an ihrer Ehe zu zweifeln und wurden depressiv. Sie grübelten über ihr Leben und ihre Beziehung nach. Auf ihren Haushalt verwendeten sie weniger Energie. Das Ehepaar vernachlässige sich selbst, meinte die Sozialarbeiterin. Sie befand, dass das Haus nicht mehr richtig saubergehalten und den Mahlzeiten zu wenig Aufmerksamkeit gewidmet wurde. Sie zog die Familienfürsorge hinzu, um drei Vormittage in der Woche den Haushalt zu versorgen und Essen zu kochen.

Den Nachbarn war nicht entgangen, dass die Gemeindekrankenschwester jeden Tag kam, die Familienhelferin dreimal wöchentlich und die Sozialarbeiterin einmal in der Woche. Das Ehepaar ging zweimal täglich mit dem Hund spazieren und wurde dabei mit Fragen konfrontiert: „Wie geht es Ihnen mit der Zuckerkrankheit? Haben Sie genügend Hilfe? Was sind das eigentlich für Leute, die immer zu Ihnen kommen?" Den beiden waren diese Fragen peinlich, denn sie wollten nicht sagen, dass die Spritze und ihre eheliche Beziehung den Helferinnen zufolge der Grund für die Besuche waren. Sie schafften den Hund ab, um den unangenehmen Fragen der Nachbarn auszuweichen. Die Sozialarbeiterin meinte, das grübelnde Ehepaar würde vereinsamen und müsste aktiviert werden. Die beiden wurden zu einer Tagesbehandlung im Pflegeheim überwiesen. Das Aktivierungsprogramm bestand aus einigen Haushalttätigkeiten und sozialen Kontakten, die ihnen somit also von den Hilfskräften abgenommen wurden.[4]

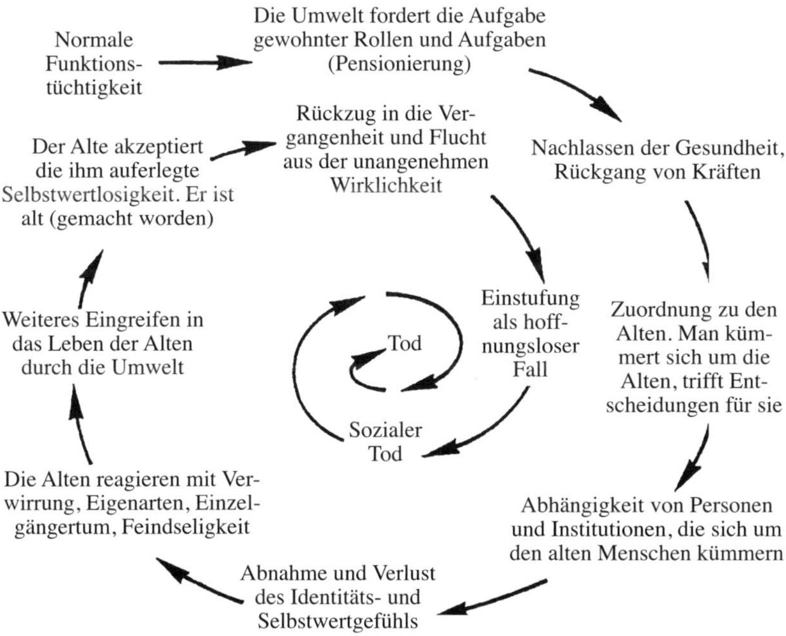

Abb. 1: Die Spirale der Senilität (das Schaubild ist angelehnt an „Spiral of Senility", Barn/Sack/Shore 1973)

Nicht oft, zugegeben, aber doch gelegentlich kommt es vor, dass die Selbstständigkeit eines alten Menschen den Kindern oder Pfleger(innen) ein Dorn im Auge ist. Sie warten dann geradezu darauf, Anzeichen für das Alter, für nachlassende Kräfte zu entdecken, um erzieherisch (disziplinierend, reglementierend) eingreifen zu dürfen. In ihrem Eifer, endlich erziehen zu wollen, deuten sie logisches und vernünftiges Verhalten eines alten Menschen als krankhaft.
Frau Bolle war eine von diesen selbstbewussten alten Damen, die keinen Anlass bot, sie mit dem Etikett „alt und hilfsbedürftig" zu versehen. Sie hatte sich aus Gründen der Bequemlichkeit entschlossen, ein Altenheim zu beziehen. Sie pflegte sich, war tadellos gekleidet. In ihrer Gewandtheit, ihrem Ausdrucksvermögen und ihrem Selbstbewusstsein war sie allen Mitarbeiter(innen) des Heimes überlegen. Die meisten Pfleger(innen) mochten sie nicht besonders leiden, da sie von ihnen ein jederzeit korrektes Verhalten erwartete. Ungeschicklichkeiten oder Unachtsamkeiten ließ sie nicht kommentarlos durchgehen.
Eines Tages entdeckte eine Pflegerin beim Säubern des Kleiderschrankes dort deponierte Nahrungsmittel. Dieser Fund galt ihr und allen Kollegen sofort als Beweis, dass mit Frau Bolle etwas nicht mehr stimmt. Die Mitarbeiter(innen) atmeten auf. Nun müsste man sich nicht mehr die Zurechtweisungen von Frau Bolle gefallen lassen, nun wäre es an der Zeit, den Spieß umzudrehen und ihr zu sagen, wie sie sich in einer großen Gemeinschaft, wie sie ein Altenheim darstellt, zu verhalten habe.
Ich sprach damals mit Frau Bolle über den Fund in ihrem Kleiderschrank, und sie erklärte mir: „Diese fürchterliche Hauswirtschafterin scheint ja die Marmeladentuben sackweise einzukaufen. Wochenlang gibt es die gleiche Marmelade. Gibt es Erdbeermarmelade, setzen sich die Nüßchen unter mein Gebiss. Das vertrag ich nicht. Ich sammle die anderen Sorten, damit ich gerüstet bin, wenn es wieder wochenlang Erdbeermarmelade gibt." Tatsächlich hatte die Pflegerin ausschließlich kleine Tuben mit Marmelade in dem Schrank gefunden.

Die Legitimation der Erziehung
Wenn Alter zum abweichenden Verhalten wird

Wenn alte Menschen von Angehörigen, Betreuer(inne)n und Pfleger(inne)n erzogen werden dürfen, ohne dass es zu einem Aufschrei kommt, so ist dies nur deshalb möglich, weil die Altenerziehung von unserer Gesellschaft geduldet und sogar für richtig und notwendig erachtet wird. Entgegen allen Beteuerungen, Altenerziehung sei unwürdig und obwohl sie in Gesetzeskommentaren ausdrücklich untersagt wird[5], existiert ein breiter Konsens, dass alte Menschen erzogen werden dürfen, wenn sie sich wesentlichen Normen unserer Gesellschaft entziehen oder widersetzen. Zu den wesentlichen Normen unserer Gesellschaft zählen etwa: Funktionalität, Nützlichkeit, Plan- und Berechenbarkeit, Verwertbarkeit, Rationalität und Schnelligkeit. Wer, ob jung oder alt, von diesen Normen, die das reibungslose Funktionieren unserer Gesellschaft sichern sollen, abweicht, wird zwar bis zu einer gewissen Grenze toleriert, bei Überschreitung dieser Grenze jedoch zum Objekt von Erziehungsmaßnahmen gemacht. Derartige Maßnahmen zielen zunächst auf die Wiederanpassung und die Einhaltung der Normen. Erweist sich ein Mensch als „erziehungsresistent", weil er auf seine Abweichung beharrt oder weil er zur Anpassung nicht fähig ist, wird er zum Störfall. Er wird ausgegrenzt.

Dieser gnadenlose Mechanismus erklärt, warum alte Menschen, die langsamer werden, die unökonomisch und unlogisch handeln, die nutzlose Dinge tun, deren Fähigkeiten nicht mehr verwertbar sind und die aufgrund ihrer Gebrechen den Gesetzen eines störungsfreien Funktionierens nicht mehr genügen, zunächst belehrt und geleitet und später, wenn sie sich als unbelehrbar erweisen, kontrolliert, diszipliniert und überwacht werden. Dabei spielt es keine Rolle, ob ein alter Mensch bewusst und willentlich abweicht oder – was häufiger der Fall ist – aufgrund körperlicher, seelischer und geistiger Minderungen die Normen nicht mehr einhalten kann.

„Einer Gesellschaft wie der unsrigen, die so sehr darauf bedacht ist, Wirklichkeit in den Griff zu kriegen, die alles plan- und berechenbar machen will, in der das Widerspenstige Unterwerfung erheischt und eine Ordnung herrscht, die reibungsloses Funktionieren zur fortwährenden Pflicht für alle macht, einer Gesellschaft, die sich durch Linearität auszeichnet, den Fort-schritt ohne Rück-sicht riskiert, den kritischen Dialog mit ihrer Vergangenheit scheut, einer solchen Gesellschaft ist das Alter unversöhnlich … Von den Alten droht Enthüllungsgefahr: Sie enthüllen, daß sich der Mensch nicht dauerhaft instrumentalisieren läßt, daß die Beherrschbarkeit menschlichen Lebens Grenzen hat, daß das Unterdrückte sich letztlich rächt, aber auch, daß die Abkehr vom Üblichen im Denken, Reden, im Erfahren von Wirklichkeit zu einem befreienden Erlebnis werden kann. Das Alter provoziert, rüttelt an Gewißheiten, sprengt Tabus, es stört und verstört … So wird das Alter in seiner Lebendigkeit doppelt gefährlich: einmal, weil es von der zerstörerischen Wirkung einer Leben verhindernden Ordnung kündet und zum anderen, weil es Möglichkeiten zum Anderssein aufzeigt. Der alte Mensch stellt lebenslange Bemühungen um Konformität in Frage, provoziert den Widerspruch, weckt möglicherweise grenzüberschreitende Wünsche, liefert Anhaltspunkte für ein Leben gegen den Strich.“[6]

In unserem Alltag finden sich hundertfach Belege dafür, wie das abweichende Verhalten eines alten Menschen die Lust weckt, ihn zu erziehen. Zur Veranschaulichung mag die folgende kleine Geschichte genügen, in der eine alte Dame mit den Normen „Du sollst schnell sein und die Zeit zügig nutzen“ nicht mehr Schritt halten kann oder will und dadurch zum Störfall wird.

Ich stehe in einer Schlange vor der Kasse eines Supermarktes. Vor mir eine Mutter mit einem Kind, das ständig nach Süßigkeiten greift. Davor eine für ihre Familie gut sorgende Frau mit einem entsprechend vollgeladenen Einkaufswagen.

An der Spitze der Schlange sucht eine alte Dame nach Kleingeld. Für ihre zwei bis drei eingekauften Kleinigkeiten muss sie einen Betrag von € 9.98 bezahlen. Die Kassiererin hat längst die zwei Cent als Rückgabe in ihrer Hand und wartet darauf, von der alten Dame den Zehneuroschein ausgehändigt zu bekommen, den sie in der Geldbörse der alten Dame ausgemacht hat. Die alte Dame denkt aber nicht daran, den Geldschein auszuhändigen. Stattdessen sucht sie in ihrer Börse nach dem letzten Cent, um der Kassiererin den verlangten Betrag in die Hand zu zählen. Der Kassiererin fällt es sichtlich schwer, der alten Dame nicht in die Geldbörse zu greifen und den Geldschein herauszuziehen. Sie lächelt uns, die in der Schlange warten, verlegen und nervös an. Es wird wohl nicht mehr allzu lange dauern, bis sie ihre Selbstbeherrschung verlieren wird. Wahrscheinlich erhofft sie von uns Wartenden irgendeine Form der Unterstützung in ihrem Kampf gegen die Langsamkeit der alten Dame.

Ich signalisiere der Kassiererin mein Mitgefühl, indem ich die Augen verdrehe. Warum hält die alte Dame den Verkehr auf? Ein Blick zu den Nachbarkassen verrät mir, dass ich dort auch nicht schneller vorankomme. Die junge Frau, die mit dem Kind vor mir in der Schlange steht, stöhnt leise:

Muss die ausgerechnet jetzt einkaufen,

und etwas lauter,

andere Leute haben nicht so viel Zeit.

Ich neige dazu, der jungen Dame recht zu geben. Zwar habe ich, der sich beruflich für ein Recht auf Langsamkeit im Alter einsetzt, grundsätzlich Verständnis für die alte Dame, aber jetzt, da ich befürchten muss, einen Termin zu verpassen, müssen meine Ideale zurückstehen. Die alte Frau könnte doch wirklich einkaufen, wenn sonst niemand einkaufen muss. Dann wäre sie alleine und hätte Zeit. Hausfrauen, die ihre berufstätigen Ehemänner zu versorgen haben, Mütter, die mit ihren Kleinkindern ohnehin keine Zeit finden, und Berufstätige, die sowieso rennen müssen, um alle Einkäufe tätigen zu können, sollte man doch wirklich von alten Damen, die Zeit im Überfluss haben, verschonen.

Die alte Dame an der Kasse lässt sich nicht aus der Ruhe bringen, und als sie endlich bezahlt hat, lächelt sie uns an und wünscht uns einen guten Tag. Da hätte nur noch gefehlt, dass sie vergessen hätte, ihre zwei Bananen auszuwiegen und einen von uns gebeten hätte, das Versäumnis für sie zu erledigen!

Warum stört mich, die Kassiererin und die anderen Kunden die Langsamkeit der alten Dame? Sie stört uns, weil sie uns, die wir alles schnell erledigt haben wollen, aufhält. Der Zeitfaktor kann allerdings nicht der alleinige Grund sein. Die junge Frau mit dem übervollen Einkaufswagen vor mir kostet mich sehr viel mehr Zeit, als es die alte Frau mit ihrer Suche nach dem Kleingeld tut. Es ist also nicht der objektive Zeitverlust, der meine Geduld auf die Probe stellt, denn die alte Dame benötigt keine ganze Minute für ihre Suche, die Hausfrau dagegen verbraucht mit dem Aus- und Einladen des Einkaufswagens gut drei Minuten meiner Zeit.

Der entscheidende Grund für die Verstörung der eiligen Kunden ist demnach in dem fehlenden Willen und der nicht erkennbaren Bereitschaft der alten Dame begründet, Rücksicht auf uns zu nehmen und sich zu beeilen. Das Fehlverhalten der alten Frau wiegt umso schwerer, als sie die Zeit nur für sich und ihre Bedächtigkeit verwendet. Wir anderen dagegen haben wichtigere Dinge zu tun. Ich muss zu einem Termin, die Mutter vor mir muss das Essen für die Familie auf den Tisch bringen, und die Kassiererin will möglichst schnell den nächsten Kunden bedienen.

Die alte Dame, die vor unseren Augen dermaßen verschwenderisch und unökonomisch mit ihrer Zeit umgeht und dabei unsere kostbare Zeit beansprucht, ist ein Ärgernis. Sie verstößt mit ihrer unbekümmerten Langsamkeit gegen mehrere Regeln unseres auf reibungsloses Funktionieren ausgerichteten Alltags: Man soll sich bei seinen Verrichtungen beeilen, man soll seinen Mitmenschen keine Zeit stehlen, man soll sich zurückhalten, wenn man keine erkennbare Funktion ausübt. Wer sich nicht an diese Regeln hält, ist ein potenzieller Kandidat für Belehrungen und Erziehungsmaßnahmen. In unserem Beispiel an der Kasse halten sich die eiligen Kunden mit Belehrungen zurück. Man kann sich aber die Erziehungsphantasien der anderen Kunden vorstellen:

Warum sagt der keiner, dass sie sich beeilen soll.

Wenn das meine Mutter wäre!

Wenn der jetzt eine Münze hinfällt, soll sie sehen, wie sie die aufhebt. Mich braucht sie nicht zu bitten. Ich werde sie nicht aufheben.

Glücklicherweise wurden bisher noch keine Erziehungsprogramme für alte Menschen, die zu ungünstigen Zeiten einkaufen, entwickelt. (Obwohl ich mir nicht ganz sicher bin, ob es nicht bei der ein oder

anderen Geschäftsleitung Überlegungen gibt, alte Kunden zu verkaufsschwachen Zeiten in die Läden zu locken.)
Bei der Langsamkeit alter Menschen im Straßenverkehr sieht die Sache schon anders aus. Gegenüber dieser Form des abweichenden Verhaltens nehmen die jungen, schnellen, gesunden erwerbstätigen Menschen schon lange keine Rücksicht mehr. Allenthalben werden alte Menschen belehrt:

In Ihrem Alter sollten Sie nicht mehr Autofahren.
Sie sollten freiwillig auf den Führerschein verzichten.

Die Verkehrsexperten wissen, dass viele Alte die „Geschwindigkeit des rollenden Verkehrs von Kraftfahrzeugen und Bahnen völlig falsch einschätzen und Unfälle verursachen, für die die Autofahrer nicht verantwortlich gemacht werden können“[7]. Weil sie das wissen, lassen sie es nicht bei Appellen an die Einsicht der Alten, sondern sie haben sich Gedanken gemacht, wie die Alten zu einer korrekten Teilnahme am Straßenverkehr erzogen werden können:
„Hier bedarf es offensichtlich intensiver Aufklärungsarbeit bei den älteren Mitbürgern, wie es ja bereits gehandhabt wird. Da sie aber nur zum Teil über ihre Gemeinschaften oder das Altenheim zu erreichen sind, sollte das Gespräch über die Gefahren des Straßenverkehrs in der Familie beginnen. Den Senioren sollte gesagt werden, dass sie sich verkehrsarme Zeiten für den Einkauf aussuchen.“[7]

Achtung: Frei herumlaufende Alte

Ich habe es eilig, und in dem Auto vor mir fährt ein alter Mann, natürlich mit Hut und Zigarre, spazieren. Der gehört doch nicht mehr auf die Straße. Der gefährdet den Verkehr.

Aussage meines Bekannten

Wenn sich trotz aller Aufklärung, Belehrung und Schulung die Alten als nicht mehr erziehbar für den Straßenverkehr erweisen und beispielsweise ungehemmt bei Rot über die Ampel laufen, dann werden sie endgültig aus dem Verkehr gezogen. Diese Aussicht ist durchaus keine Horrorvision, sondern längst Realität. Alte Menschen, die sich den Regeln eines auf Schnelligkeit ausgelegten Straßenverkehrs nicht mehr anpassen können, werden zu Hause und in Heimen gehindert, auf die Straße zu gehen.

Der Hinweis der Verkehrsexperten auf die Altenheime und die Familie ist somit keineswegs zufällig. Familie und Heim haben dafür zu sorgen, dass der Straßenverkehr störungsfrei ablaufen kann. So haben sich Angehörige und Pflegekräfte allerlei Maßnahmen einfallen lassen, um alte Menschen, die nicht mehr funktionieren, nur unter Beaufsichtigung am Verkehr teilnehmen zu lassen. Die freundlichste Maßnahme scheint noch die zu sein, dass man den Alten anbietet, sie dort hinzubringen, wo sie hinwollen, und sie ermahnt, nicht ohne Begleitung das Haus zu verlassen. Am Ende des Maßnahmenkatalogs steht das Einsperren der Alten, wie das folgende Zitat belegt:

„Die vielfältigen, verdeckten Ausgangssperren durch mechanische Vorrichtungen oder auch persönliche Interventionen des Personals sind ja gerade darauf angelegt, die betroffenen Menschen nicht merken zu lassen, dass man ihren Bewegungsspielraum bewußt und gezielt begrenzt. Daß damit diesen Menschen die bittere Erkenntnis ihrer Lage erspart werde und sie selbst ebenso wie das Heimpersonal vor aufreibenden und sinnlosen Konflikten bewahrt würden, machte den Kern einer fürsorglich motivierten Begründung des verdeckten Handelns aus. Daneben wurde darauf verwiesen, daß es sich oft nur um kurzfristige oder doch vorübergehende Maßnahmen handele. Gleichwohl wurde eingeräumt, daß nicht wenige Menschen regelmäßig über Jahre hinweg, zum Teil bis an ihr Lebensende von diesen Maßnahmen betroffen seien.“[8]

Für denjenigen, der einen reibungslosen Verkehr nicht gefährden will, scheint die hier nachgezeichnete Logik von Erziehung, Ausgrenzung und Einsperren vernünftig zu sein. Wer nicht funktioniert, stört, und wer stört, muss weg – so einfach ist das.

Aber wäre es nicht genauso vernünftig, die Verkehrsexperten aufzufordern, ihren Begriff von der Verkehrserziehung endlich ernst zu nehmen und den Verkehr zu erziehen, beispielsweise zur Langsamkeit? Dann könnte man die noch nicht schnell genug funktionierenden Kinder und die langsamen und unberechenbaren Alten über die Straßen spielen und laufen lassen. Die Notwendigkeit zur Verkehrserziehung für Senioren ergibt sich also nicht von alleine, sondern

lediglich aus der Logik eines Denksystems, das an Planbarkeit, Schnelligkeit, Nützlichkeit und Ökonomie ausgerichtet ist.
Wie sehr die meisten Menschen in ihrem Denksystem verhaftet sind, zeigt eine Entwarnungsmeldung für Autofahrer, die der Verkehrsfunk des WDR II sendete: „Die Gefahr durch spielende Kinder auf der Autobahn ist vorbei.“[9]
Bisher war von der Langsamkeit als einer eher harmlosen Form der Abweichung alter Menschen die Rede. Der Leser mag selbst überlegen, welche Erziehungsphantasien und Erziehungspläne er entwickelt, wenn er auf alte Menschen trifft, die im Sommer Winterkleidung tragen, deren Hose von getrocknetem und feuchten Urin befleckt ist, die wirres Zeug reden, dieselbe Frage mehrfach wiederholen, die einkoten und fürchterlich stinken, die mit dem Gebiss spielen, die ungeniert onanieren, die schreien, die weinen, die teilnahmslos im Bett liegen, die nur Schmerzen haben wollen …
Da ist beispielsweise die Mutter eines befreundeten Ehepaares. Diese kann ihr Wasser nicht mehr halten und riecht penetrant nach Urin. Ich für meinen Teil habe volles Verständnis, wenn die Freunde ihre Mutter vor unserer Ankunft schon zu Bett gebracht haben, und ich bin sehr dankbar, wenn sie ihre Mutter beim Gegenbesuch alleine zu Hause gelassen haben.
Bei unseren Gesprächen tauschen wir uns gerne über die richtigen Erziehungsmaßnahmen für die Mutter aus, in ähnlicher Manier, wie wir das früher über die Erziehungsprobleme mit den Kindern getan haben.

Geh doch mal zu einem Neurologen.

Hast du es schon mit Gummitüchern probiert?

Lass sie einfach nicht mehr ins Wohnzimmer.

Das brauchst du dir nicht gefallen zu lassen.

Sage ihr doch mal, sie dürfe nicht mehr an den gemeinsamen Mahlzeiten teilnehmen.

Du musst konsequent sein.

Manchmal fordern wir uns auch auf, nicht zu großzügig mit den alten Eltern umzugehen und härter durchzugreifen:

Das ließe ich mir nicht gefallen.
Mit mir würde die das nicht machen.

Oder da ist die 85-jährige Nachbarin in unserer Einfamilienwohngegend. Die alte Dame verhielt sich immer merkwürdiger, bis sie eines Tages in einem unserer Vorgärten beobachtet wurde. Sie hockte sich hin und versuchte die Hose herunterzulassen. Allen Nachbarn war klar, was Frau Schrefen beabsichtigte, und alle waren froh, dass die Tochter ihre Mutter rechtzeitig einfing, schimpfend in die Wohnung abführte und fortan nicht mehr unbeaufsichtigt durch die Nachbarschaft spazieren ließ.
Samstags vormittags, wenn wir unsere Vorgärten vom Hundekot befreien, reden wir unter Nachbarn über die verwirrte alte Frau Schrefen und ihre Tochter:

Die Tochter hat es nicht leicht.

Wenn Hunde in die Vorgärten kacken, gut, Hunde haben ja keinen Verstand.

Schön ist es ja nicht, wenn die Tochter ihre Mutter anbrüllt. Andererseits, sie kann die Mutter auch nicht rumlaufen lassen.

Obwohl ich ja sagen muss, dass unser Hund nachts nicht bellt.

Reine Erziehungssache.

Unsere Nachbarin kann man keinem Menschen zumuten.

Da wird die Tochter noch Arbeit haben.

So ist das:

Wer oder was nicht funktioniert, stört.

Wer oder was stört, muss weg.

Von meinen Nachbarn wissen alle, was sich gehört, und jeder hat Verständnis für die Tochter, die nicht gerade zimperlich mit der Mutter umgeht. Einige ermuntern die Tochter von Frau Schrefen, sie solle sich keine Gewissensbisse machen. Sie könne die Mutter nicht anders behandeln.
Was aber wäre, wenn die Tochter die ihr zugedachte Erziehungsrolle nicht erfüllte, wenn sie die harmlose Mutter durch unsere Vorgärten laufen ließe? Wahrscheinlich würden meine Nachbarn kein Verständnis mehr für die Tochter haben, sie vielmehr an ihre Erziehungspflicht erinnern. Niemand will so genau wissen und hinsehen, mit

Abschiebung in die Beruhigung

Eine vom Gesundheitsministerium NRW bei der AOK Kreis Mettmann in Auftrag gegebene Studie besagt, dass rund zwei Drittel der insgesamt verschriebenen Beruhigungsmittel, Schlafmittel, Antidepressiva und Psychostimulanzien von den über 60-Jährigen eingenommen werden.[10]

welchen Methoden die Tochter Frau Schrefen erzieht. Hauptsache, die Vorgärten bleiben sauber.

Bemerkenswerterweise sind es nicht nur die konkret beschreibbaren Normabweichungen, die es legitim erscheinen lassen, in das Leben alter Menschen einzugreifen. Das Älterwerden selbst wird heutzutage bereits als abweichendes Verhalten gedeutet, dem es gegenzusteuern gilt. Auf diesen Aspekt will ich nun in besonderer Weise eingehen.[11] Ein potenzieller Erziehungskandidat ist der Mensch, der erkennbar alt wird, der abbaut, vergesslich, hilfsbedürftig wird und der nicht mehr leistet, was er leisten konnte oder könnte.

Den theoretischen Hintergrund für diesen beklagenswerten Umstand lieferte in den 70er und 80er Jahren die gerontologische Forschung, als sie ein neues Altersbild vom aktiven, kompetenten, gesunden und leistungsfähigen alten Menschen entwarf.[12]

Die Alternsforschung erklärte die gängige Vorstellung, der Mensch baue im Alter mit seinen Kräften ab, für falsch. Sie hatte das Alter dermaßen gründlich analysiert, bis sich herauszustellen schien, dass es das Alter gar nicht gäbe. Das Phänomen „Alter“ hatte sich aus gerontologischer Sicht verflüchtigt und aufgelöst. Das Alter wurde zum Altern, zum lebenslangen Prozess, der grundsätzlich beeinflussbar, sogar planbar schien.

Abbau im Alter gilt seither als eine unerwünschte Erscheinung, die es zu verhindern und zu beheben gilt. Der gesunde, aktive, kompetente alte Mensch, der die Verantwortung für sich und sein Alter übernimmt und einer an Leistung, Profit und Erfolg orientierten Gesellschaft nicht zur Last fällt, wurde zur Norm erhoben.

Seither wird dem alten Menschen der gnädige Rückzug auf ein wie immer geartetes Altersschicksal verwehrt. Meine Großmutter, die

1960 starb, durfte ihre Minderungen als natürlichen Verschleiß verstehen und konnte sie als solche annehmen.

Das bringt das Alter so mit sich,

pflegte sie zu sagen, oder auch:

Das ist so, wenn man alt ist.
Warte mal, bis du in mein Alter kommst.

So konnte meine Großmutter in Ruhe alt werden, denn sowohl sie als auch ihre Familie, die Nachbarn, der Arzt und Pastor wussten, dass man gegen die zunehmenden Minderungen, Verluste, Defizite und Defekte nichts unternehmen konnte. Großmutter konnte sich jederzeit das Recht auf ihre Vergesslichkeit, ihre Muße, ihre Schläfrigkeit, ihr Unbeteiligtsein am Treiben der Jüngeren nehmen.

Lass Oma in Ruhe,

hieß es oft. Großmutter hatte allerdings genauso das Recht, jederzeit von den Jüngeren Dienste einzufordern, die sie selbst in jungen Jahren geleistet hatte. Sie hatte während ihres Lebens ihren Teil der Arbeit getan und durfte im Alter erwarten, dass sie etwas zurückbekam. Meine Mutter redet und denkt als 70-Jährige noch in der gleichen Weise wie ihre Mutter vor etwa 30 Jahren. Aber sie darf wie ihre gesamte Generation nicht mehr die Hände in den Schoß legen und einfach zusehen, wie sich die Welt bewegt.

Du musst etwas tun, damit du fit bleibst,

muss sie sich sagen lassen, und:

In deinem Alter ist es zu früh, sich hängen zu lassen.

Das neue Altersbild bestreitet die Zwangsläufigkeit von Minderungen, Verlusten und Abbau beim Älterwerden. Es macht den älterwerdenden Menschen selbst für die Art und Weise seiner Verluste verantwortlich.

Wer sich fit hält, bleibt gesund.
Wer rastet, der rostet.
Wer abbaut, ist selber schuld.

Wer nichts für (oder gegen) sein Alter tut, ist selber schuld, wenn er abbaut und sich nicht mehr helfen kann. Wer sich nicht bewegt, sich geistig nicht fit hält, wer sich nicht bewusst ernährt und sich dem sozialen Wandel und technischen Fortschritt verschließt, wer sich zurückzieht und keine neuen Kontakte knüpft, darf sich nicht beklagen, wenn er krank, einsam und hilflos wird.

Der Mensch im Alter, so lautet heute die Botschaft, kann sehr wohl sein Älterwerden beeinflussen. Alter ist kein unabwendbares Schicksal, sondern es hängt von dem Menschen selbst ab, wie seine Entwicklung im Alter verläuft.

Die Entwicklung der körperlichen, seelischen, geistigen und sozialen Kräfte und Fähigkeiten sind von einer Vielzahl von beschreibbaren Bedingungen abhängig, die grundsätzlich beeinflussbar sind und die sich entsprechend positiv oder negativ auf das Älterwerden auswirken.

Wer, so lautet eine Faustregel in allen möglichen Seniorenratgebern, sich geistig und körperlich fit hält und Hobbys und Kontakte pflegt, der muss im Alter nicht fürchten abzubauen. Aktivsein ist der Schlüssel, um gesund, jung, leistungsfähig und erfolgreich zu bleiben. Es liegt an jedem selber, ob er diese Regel beherzigt und etwas tut.

Wenn es aber an jedem Einzelnen liegt, ob und wie er abbaut, dann ist schnell der Umkehrschluss gezogen, und der älterwerdende Mensch wird verpflichtet, alles zu tun, um einem möglichen oder drohenden Abbau vorzubeugen und entgegenzuwirken. Wer dann dennoch abbaut, hat möglicherweise nicht genug für den Erhalt seiner körperlichen und psychischen Kräfte getan. Am Ende gilt der hilfs- und pflegebedürftige alte Mensch als ein bedauernswertes Opfer, das die Folgen seines individuellen Versagens tragen muss.

Die sozialpolitischen Konsequenzen des Modells vom selbstverantworteten Alter könnte für meine Generation fatal sein. Ich frage mich, ob ich im Jahr 2030 als 80-Jähriger – 70 Jahre nach dem Tod meiner Großmutter – bei der Beantragung des Pflegegeldes einen Fragenkatalog vorgelegt bekomme. Darin habe ich dann anzukreuzen, ob ich meinem Alterungsprozess ausreichend vorgebeugt habe und was ich unternommen habe, meine Pflegebedürftigkeit zu verhindern. Vielleicht werde ich sogar Zertifikate über den Besuch von Gymnastikkursen, Kursen zur richtigen Ernährung und Kurse zum Training des Gedächtnisses vorlegen müssen. Ich befürchte jetzt schon, dass man mein Pflegegeld kürzen wird, weil ich die entsprechenden Belege nicht vorweisen kann.

Ob solche Spekulationen eines Tages zutreffen werden, mag dahingestellt sein. Sicher ist, dass die neue Verantwortlichkeit für das eigene Älterwerden als eine entscheidende Grundlage für die Altenerziehung angesehen werden muss. Wer weiß, dass er etwas gegen seinen Altersabbau unternehmen kann und dies unterlässt, der verhält sich unangemessen und falsch. Ein solcher Mensch darf, ja muss ermuntert, ermahnt und mit allerlei Tricks und Strategien auf den richtigen Weg geführt werden.

Die älterwerdende Frau Schmitz darf nicht in Selbstgenügsamkeit verfallen und sich in ihren Minderungen einrichten, sie darf ihr Interesse nicht vornehmlich auf das Grab ihres verstorbenen Mannes oder ihren Gesundheitszustand richten. Sie darf sich nicht einfach hinsetzen und beobachten, wie das Gras wächst, oder zusehen, wie die Wäsche trocknet. Frau Schmitz soll in vielfacher Weise aktiv sein und am Leben teilnehmen, damit ihre Kräfte möglichst lange erhalten bleiben. Sie soll alles dafür tun, dass sie bis zu ihrem Tod ein selbstständiges Leben führen kann und niemandem zur Last fällt.

Wünschen wir Jungen uns die Selbstständigkeit der Alten, weil wir unsere Verantwortung für die Alten und die damit verbundene Belastung scheuen?

Vorsorge und Aktivität werden zur fortwährenden Pflicht für den alten Menschen. Wer sich dieser Pflicht entzieht, muss damit rechnen, dass Angehörige und ehrenamtliche oder hauptberufliche Helfer(innen) die Verantwortung für ihn übernehmen. Wer der Verpflichtung zur Selbsterziehung nicht nachkommt, der wird erzogen.

Für die Übernahme dieser Verpflichtung durch Dritte bedarf es nicht einmal der ausdrücklichen Zustimmung des alten Menschen. Ja selbst der Widerspruch eines alten Menschen gegen seine Behandlung kann unberücksichtigt bleiben. Scheinbar siedeln nicht wenige Angehörige und Helfer das Recht und die Verpflichtung zum Erhalt der körperlichen und seelisch-geistigen Gesundheit und Leistungsfähigkeit höher an als das uneingeschränkte Recht auf Selbstbestimmung. Wer sich gegen die neue Norm entscheidet und sein Recht auf Abbau und Krankheit einklagt, verliert leicht sein Selbstbestimmungsrecht.

Derartige Entrechtlichungen geschehen geräuschlos. Wenn die Tochter von Frau Schmitz der Meinung ist, das Rauchen von Zigaretten sei für die Mutter ungesund, dann enthält sie der Mutter die Zigaretten, die diese nicht selbst besorgen kann, vor. Frage ich eine Pflegerin im Altenheim, warum sie Frau Schmitz nicht deren Wunsch nach einer Zigarette erfüllt, erwidert sie mir nach einem tiefen Zug aus der Zigarette:

Rauchen ist nicht gut für die Gesundheit von Frau Schmitz.

Fördern durch fordern, heißt der Erziehungsauftrag, und verbieten, was krank macht. Meistens kommt die Altenerziehung auf leisen Sohlen daher und wird als Prophylaxe, Rehabilitation und Therapie angekündigt. Erfüllt von der Gewissheit, dass kein alter Mensch jemals hinter die von ihm erreichten Möglichkeiten zurückfallen will, wurden in der Altenpflege Maßnahmen und Methoden entwickelt, die in der Lage zu sein scheinen, einem Altersabbau vorzubeugen oder bereits eingetretene Defekte wieder rückgängig zu machen. Diese Maßnahmen wurden Ende der 70er Jahre als Interventionsmaßnahmen[13] vorgestellt und hielten rasch und dauerhaft Einzug in den Einrichtungen und Diensten der Altenhilfe. Begründet scheint mir der Siegeszug dieser Maßnahmen in der Altenpflege durch die Aussicht, die negativen Erscheinungen des Älterwerdens in den Griff bekommen zu können.

Keineswegs will ich die Interventionsmaßnahmen in Bausch und Bogen verurteilen, ich halte sie für eine durchaus sinnvolle Errungenschaft. Werden sie aber nicht auch als Erziehungsmaßnahmen verstanden, die bei ihrer Anwendung in jedem Einzelfall auf ihren Zweck überprüft werden, dann mutieren sie bei pflegebedürftigen alten Menschen, die sich kaum wehren können, zu unmenschlichen Aktivierungsmethoden.

Bei uns liegt niemand in den Betten, meldet manche Stationsleitung Vollzug. Gnadenlos wird mobilisiert und bis zum Verrecken aktiviert. Wo ein Recht auf Alter, Abbau, Verluste, Krankheit, Langsamkeit und Unselbstständigkeit fehlt, ist selten ein Unrechtsbewusstsein anzutreffen, wenn Menschen erzogen werden, die sich das Recht nehmen, alt zu werden.

Eine bekannte und weitverbreitete Interventionsmethode ist das Realitätsorientierungstraining (ROT). Die Abkürzung ROT scheint mir geradezu symbolhaft auf die Signalfarbe „rot“ hinzuweisen und assoziiert bei mir die Vorstellung von einem Warnschild:

Vorsicht: Realität

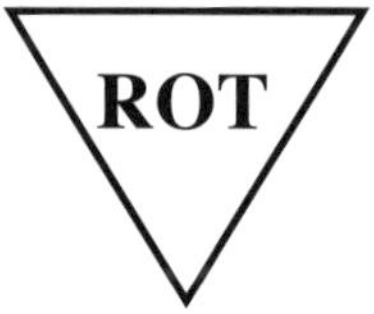

Dass diese Assoziation nicht ganz unbegründet ist, mag eine Szene verdeutlichen, die ich einer Videokassette entnommen habe, in der die ROT-Methode vorgestellt wird.[14]
Die Szene spielt in einem Altenheim. Der Therapeut (!) hat sieben Bewohnerinnen in einem Raum um einen Tisch versammelt. Er erinnert sie zu Beginn der Therapiestunde an die Uhrzeit, den Wochentag und an den Namen des Heimes, in dem sie sich befinden. Die Teilnehmerinnen sollen sich an das Datum ihres Geburtstages erinnern, und der Therapeut rechnet ihnen vor, wie alt sie heute sind.
Nicht alle der anwesenden Damen scheinen die Bemühungen des Therapeuten, die auf die Verbesserung ihres Erinnerungsvermögens abzielen, ernst zu nehmen. Sie lassen den jungen Mann generös gewähren. Sie wollen ihm, der sich so große Mühe macht, wohl einen Gefallen erweisen. Der Therapeut arbeitet ruhig, langsam, verständnisvoll. Er spricht jede Bewohnerin persönlich an und nimmt sich für jede Einzelne ausreichend Zeit.
Sein Programm für die Therapiestunde hat er systematisch wie eine Unterrichtsstunde aufgebaut. Er lässt die Teilnehmerinnen das Datum mit Wochentag und Monat korrekt benennen und beginnt dann sein Thema, das „winterliche Jahreszeit“ lautet. Zum Einstieg zeigt er allen das Bild eines Baumes in winterlicher Landschaft.
Eine Bewohnerin fragt den Therapeuten, was das denn für eine Baumart sei, die er da zeige. Der Therapeut antwortet: „Das ist ein Baum, typisch für die winterliche Jahreszeit.“ Diese spontane Antwort verrät geradezu karikaturhaft, dass der Therapeut nicht in einen Dialog mit seinen Klientinnen eingetreten ist. Er sieht nicht die einzelne Person mit ihren individuellen Defekten bei sich sitzen, sondern er hat defi-

Lebensmut, Kontakte und Freude fördern die Gesundheit

Ältere Menschen wollen nicht als „Betreuungsfall“, sondern als kompetente Bürger betrachtet werden. Deswegen müssen ihnen eine Vielzahl von Angeboten zu Aktivitäten zur Verfügung gestellt werden. Aber auch die älteren Menschen selbst sind aufgerufen, die gebotenen Chancen zu nutzen und vielleicht selbst etwas aufzubauen.

Kompetenz fördern

Abb. 2: Aus dem Presse- und Informationsdienst der Bundesregierung 1991

zitäre alte Menschen vor sich, deren Defekte er abschwächen, beheben oder zumindest nicht verschlimmern lassen will.

Mit diesem Aufgabenverständnis glaubt der Therapeut, nicht die ausdrückliche und freiwillige Zustimmung der Bewohnerinnen für sein Training an ihnen einholen zu müssen, wahrscheinlich ist er sogar der Meinung, er dürfe die Bewohnerinnen nicht nach deren Einverständnis fragen, um sie mit einer Entscheidung nicht zu überfordern.

Wer einen Menschen vor sich hat, den er als defizitär definiert – und sei es nur, weil dieser Mensch sich nicht an alle Daten und Jahreszeiten erinnern kann – der neigt schnell zu der Annahme, von diesem Menschen keine Entscheidung darüber erwarten zu können, ob er seine Defizite beheben lassen will.

Die Quintessenz aus dieser Therapiestunde lautet: Wenn der alte Mensch kein Recht auf Veränderungen hat, die in unserer Gesellschaft als defizitär definiert werden, dann darf, ja muss er geschult, erzogen und trainiert werden; oder anders formuliert: Wenn der alte Mensch verpflichtet ist, einem Abbau vorzubeugen, damit er der Gesellschaft nicht zur Last fällt, dann darf, ja muss er als nicht einsichtiger alter Mensch zur Schulung und zum Training verpflichtet werden. So weit kann es kommen, wenn Gesundheit, Leistungsfähigkeit, Lebensmut und Freude zur Norm für den alten Menschen erhoben werden (Abb. 2).

Leider kommt es manchmal noch schlimmer. Frau Grämlich musste das am eigenen Leibe erfahren. Diese alte Dame weicht in einem

Pflegeheim von der Regel ab, die besagt, dass es nur dem Menschen gut gehen kann, der Zufriedenheit äußert und der sich glücklich machen lässt:
„Ganz wichtig dafür, ob wir als ältere Menschen gesund bleiben und uns gesund fühlen, ist unsere Einstellung zum Leben und zu unserer Gesundheit. Wer Anteil nimmt am Leben, Kontakte und Freundschaften pflegt, die vielfältigen Möglichkeiten nutzt, Sinnvolles und Nützliches zu tun, sich zu engagieren und auch die schönen Dinge und Erfahrungen des Lebens jeden Tag zu genießen, der ist weniger anfällig für Krankheiten bzw. wird schneller wieder gesund.“ [15]

Es ist doch so schön mit Menschen,

sagt Kathi,

wenn die ein freundliches Wort finden, sich auch mal bedanken, einen Witz verstehen. Dann fühl ich mich an dem Tag direkt besser.

Manche alten Menschen aber verweigern sich einfach, freundlich zu sein, den Mühseligkeiten noch positive Seiten abzugewinnen, mit sich und ihrer Welt zufrieden zu sein.

Frau Grämlich ist so eine Person. Geht man morgens zu ihr ins Zimmer, hat man den ganzen Tag keine Lust mehr. Man kann machen, was man will,

sagt Dieter,

niemals ein nettes Wort, immer nur: Bah!

Wie oft sei Frau Grämlich schon gefragt worden, ob sie mal Appetit auf dieses oder jenes Essen habe. Nichts, nur Ablehnung. Wie viel Mühe habe sich schon jeder Pfleger gegeben.

Man kann Frau Grämlich einfach keine Freude machen, die Frau ist mit sich selbst unzufrieden. Sie will alles negativ finden, sie erzählt nichts Schönes oder Lustiges.

Die macht es sich ja selber schwer,

wissen die sie pflegenden Mitarbeiter(innen).

Die soll sich doch mal eine Freude machen lassen,

fordern sie.

Aber alle Erziehungsversuche in diese Richtung sind gescheitert. Gestern habe Kathi es nochmal probiert und ihr Blumen mitgebracht. Wieder nichts! Frau Grämlich habe die Blumen einfach nicht beachtet. Sie hätte doch wirklich mal lächeln können oder „Danke“ sagen können.
Wer wie Frau Grämlich die vielfältigen Möglichkeiten nicht nutzen und die schönen Dinge des Lebens nicht genießen will, der hat selber Schuld, und wenn man alles versucht hat, und nichts führt zum Erfolg, dann muss er eben die Konsequenz tragen.
Bei Frau Grämlich sieht die Konsequenz folgendermaßen aus: Niemand spricht mehr mit ihr. Morgens betritt Dieter, Monika oder Kathi wortlos ihr Zimmer und stellt das Tablett ab.

Es ist doch egal, ob ich was sage oder nicht.

Nach knapp einer Stunde wird das Tablett wieder kommentarlos abgeholt. Hat Frau Grämlich zu wenig gegessen oder getrunken, ärgern sich die Mitarbeiter(innen). Sie sagen jedoch in Gegenwart von Frau Grämlich nichts mehr. Sie wollen jetzt abwarten, ob Frau Grämlich was zu ihnen sagt, denn, so meinen sie, jetzt sei Frau Grämlich an der Reihe nachzugeben.
Diese Prozedur wiederholt sich mittags und am Abend. Wird die Bettwäsche gewechselt, so geschieht auch dies wortlos. Frau Grämlich wird gar nicht mehr beachtet.

Das lohnt sich doch gar nicht,

sagt Kathi.

Ich hab alles probiert, aber heute geht die mir am Arsch vorbei,

bleibt Dieter hart.

Ich muss nach außen auch freundlich sein, ob mir danach ist oder nicht,

verteidigt sich Monika und ergänzt sich:

Das muss von beiden Seiten kommen.

Eine alltägliche Erziehungssituation
Herr Müller soll in der Gemeinschaft frühstücken

1. Tag

Herr Müller, etwas über 80 Jahre alt, lebt seit wenigen Jahren im Wohnbereich eines Altenheimes. Aufgrund seiner charmanten Art ist er bei dem Personal sehr beliebt. Eines morgens erscheint er nicht wie üblich zum Frühstück im Speisesaal. Die Heimleiterin wundert sich und fragt auf der Station bei der Pflegerin Anne nach, was mit Herrn Müller wäre. Anne ist ahnungslos und sucht nach dem Gespräch mit der Leiterin das Zimmer von Herrn Müller auf. Sie sieht Herrn Müller noch im Bett liegen.

Anne:	Guten Morgen, Herr Müller. Sie sind noch im Bett?
Herr Müller:	Ja, lassen Sie mich noch was liegen.
Anne:	Aber unten warten schon alle auf Sie, Herr Müller. Sie gehen doch sonst immer zum Frühstück.
Herr M.:	Lassen Sie mich liegen.
Anne:	Was sollen denn die anderen sagen?
Herr M.:	Mir egal.
Anne:	Herr Müller. Die Frau Schmitz und wer weiß ich, alle freuen sich doch, wenn sie Sie sehen.
Herr M.:	Dann kommen die ohne mich aus.
Anne:	Die Heimleiterin hat schon nach Ihnen gefragt.
Herr M.:	So?
Anne:	Sie sagte, ich soll mal sehen, was mit Ihnen los ist.
Herr M.:	Nichts ist mit mir los. Ich möchte heute im Bett liegen bleiben. Sagen Sie ihr das.
Anne:	Hm … Na ja. Bleiben Sie mal liegen. Es ist ja auch schon spät. Soll ich Ihnen denn das Frühstück bringen?
Herr M.:	Nein, danke. Ich komme einmal ohne Frühstück aus.
Anne:	Sie müssen was essen. Ich bring Ihnen was.
Herr M.:	Nein. Danke.

Anne versucht in dieser Szene Herrn Müller zum Aufstehen zu bewegen. Dem eindeutig formulierten Willen des alten Herrn, nicht aufstehen zu wollen, schenkt sie keinerlei Beachtung. Sie fragt nicht einmal nach den Gründen, die Herrn Müller veranlassen, liegen zu bleiben. Sie verfolgt ihr Ziel, ohne dass der Bewohner eine echte Chance hat, mit ihr in einen Dialog einzutreten. Das Gespräch ist ein Scheindialog über eine Entscheidung, die längst gefallen ist und bei der Herr Müller als Verlierer feststeht. Derartige Scheindialoge finden sich oft bei Eltern mit Kleinkindern und eben bei Pflegenden mit alten Menschen.

Scheindialoge

mit Kindern	**mit Alten**
Gehst du mit dem Papa einkaufen?	Wollen Sie das trinken?
Nein.	Nein, ich will nicht.
Ich kann dich nicht alleine lassen.	Sie müssen was trinken.
Doch.	Nein.
Komm bitte mit.	Wollen Sie lieber Saft?
Nein.	Nein.
Was willst du denn?	Was wollen Sie denn?
Hierbleiben.	Nichts.
Das geht nicht.	Nichts gibt es nicht.

Die Art und Weise, wie Anne vorgeht, um ihr Ziel zu erreichen, lässt keinen Zweifel daran, dass sich Anne gegenüber Herrn Müller in einer überlegenen Position befindet. Es hängt alleine von ihr ab, ob Herr Müller aufstehen muss oder liegen bleiben darf. Sie kann beliebig Druck auf Herrn Müller ausüben, und das tut sie auch. Zuerst arbeitet sie mit dem Mittel des sozialen Druckes („Was sollen denn die anderen sagen?").

Als dieses Mittel keinen Erfolg zeigt, verweist sie mit dem Unterton der Drohung auf die Heimleitung. Als sie sich schließlich entschließt, Herrn Müller liegen zu lassen, demonstriert sie noch einmal ihre ganze Macht: sie erteilt ihm die Gnade, liegen bleiben zu dürfen. Es besteht kein Zweifel: Würde Anne es darauf anlegen, bekäme sie Herrn Müller aus dem Bett. Anne, das belegt ihr ganzes Handeln, bedient sich im Umgang mit Herrn Müller eines autoritären Erziehungsstils.

Der autoritäre Pfleger[16]

- bestimmt weitgehend ohne Beteiligung des alten Menschen, was geschieht und wie es geschieht;
- dirigiert durch Scheinfragen, die keinen Entscheidungsspielraum für den alten Menschen lassen, durch Vormachen und der Aufforderung zum Nachmachen;
- bewertet, ob der alte Mensch etwas richtig, gut, erfolgreich gemacht hat;
- arbeitet vorwiegend mit Anweisungen, Befehlen, Forderungen, Androhungen und Strafen, aber auch mit persönlichem Lob und Hervorhebung eines Bewohners, der sich seinem Stil anpasst;
- hat eine überwiegend pessimistische Auffassung von den Fähigkeiten und Eigenschaften des alten Menschen, traut ihm wenig Kompetenzen und Eigenverantwortlichkeit zu.

Der sozial-integrative bzw. demokratische Pfleger

- handelt das Was und Wie seines Vorgehens mit dem alten Menschen aus;
- bietet echte Alternativen an, um den alten Menschen an Entscheidungen zu beteiligen, schafft Entscheidungsspielräume;
- ermuntert den alten Menschen, ihn, den Pflegenden, zu beurteilen;
- stellt echte Fragen, arrangiert Handlungsspielräume für den alten Menschen, versucht Drohungen, Strafen und andere Zwangsmittel zu vermeiden;
- hat eine überwiegend optimistische Auffassung von den Möglichkeiten und Eigenschaften des alten Menschen und traut ihm zu, Entscheidungen in Eigenverantwortung treffen zu können.

(Beobachtung, 2007)
Frau Ruhig liegt im Bett eines Pflegeheimes und bittet die Pflegerin, ihr ein Nutellabrot zu bringen. Die Pflegerin: „Das Nutellabrot wartet auf Sie im Speiseraum."

Selbstdarstellung einer autoritären Pflegerin
(Tonbandprotokoll einer Teambesprechung, 1993)

Heide: Ich weiß gar nicht, warum Ihr Euch über Frau Meisig so aufregt. Frau Meisig tut das, was ich möchte. Das ist die liebste Frau bei mir.

Protokollant: Sie haben keine Probleme mit Frau Meisig?

Heide:
Frau Meisig ist sehr kritisch, aber man muss eine gewisse Taktik aufbringen, um mit ihr umzugehen. Die hab ich irgendwie 'raus, im Grunde, dass ich mit Frau Meisig umgehen kann.
Ich kenne jetzt genau ihren Rhythmus, was sie gerne hätte, und der läuft dann automatisch ab, und ich drück ihr alles in die Hände, was sie selbst tun kann. Das macht sie sofort. Also sie kennt das jetzt, und ich geh' genau auf sie ein und ich mach' sie fertig, so wie sie es möchte.
Wenn die sagt, ich hätte gerne das Kleid oder das Kleid. Ich sag: „Das Kleid ziehen Sie an. Das Kleid ist wunderbar. Das würde ich heute anziehen", und „Komm, ziehen wir das an". Sie zieht es an. Sie braucht den bestimmenden Ton, den braucht sie irgendwie, und den bestimmenden Ton, den braucht sie selbst auch irgendwie. Den bestimmenden Ton.
Genau, wenn sie sagt: „Nee, ich geh nicht nach unten, ich hab mein Abendessen für oben bestellt." Ich sag: „Frau Meisig!" Ich sag: „Ihr Abendessen steht unten." Also bleibt ihr nichts anderes übrig, als dass sie runtergeht. Ich sag: „Hier oben haben wir nichts zu essen."
Ich hab es (das Essen) aber vorher runtergebracht. Es war hier oben. Ich hab gedacht, die isst nicht hier oben, die ist nicht krank, die Frau, und die kann runtergehen. Und sie ging runter.
„Ja ist gut", sagt sie. „Ja gut", sagt sie, „geh ich runter." War alles klar, ne.
Sie braucht den bestimmenden Ton, den braucht sie.

Die Herrin der Sprudelwasserflasche

Herr Kaiser ist fertig gewaschen und angekleidet, und er nimmt sich nun eine Flasche Sprudelwasser, die er ein wenig umständlich zu öffnen versucht.
Marlies nimmt ihm die Flasche vorsichtig aus der Hand. Da greift Herr Kaiser zu einer anderen Flasche. Marlies entwendet ihm auch die zweite Flasche und erläutert:

Machen wir erst mal eine auf. Schauen Sie! Die ist schon auf hier.

Sie füllt ein Glas mit Mineralwasser, während Herr Kaiser sich wieder an der zweiten Flasche zu schaffen macht. Marlies stellt die zweite Flasche außer Reichweite von Herrn Kaiser und drückt ihm das Wasserglas in die Hand. Sie kommentiert ihr Vorgehen:

Die tun wir besser weg.

Herr Kaiser ist offenbar sehr durstig und trinkt das Glas Wasser sofort leer. Marlies schaut ihm zu, wobei sie sich – die Flasche mit der rechten Hand umklammernd – an dieser aufstützt. Sie fragt Herrn Kaiser:

Noch? (etwas Wasser)

Ohne eine Antwort abzuwarten füllt sie ihm ein zweites Mal das Glas. Als auch dieses geleert ist, sagt sie zu Herrn Kaiser:

Jetzt dürfen Sie sich setzen. Das Frühstück kommt gleich.

---

2. Tag

Als Anne Herrn Müller tags darauf wieder zur Frühstückszeit in seinem Bett liegend vorfindet, ist sie verärgert. Sie hatte wohl gehofft, Herr Müller wäre einsichtig genug, es nicht auf eine Kraftprobe ankommen zu lassen, zumal sie ihm tags zuvor seinen Willen gelassen hatte.

Anne: Herr Müller, Sie liegen ja schon wieder im Bett.
Herr M.: Schwester, lassen Sie mich liegen.

Anne: Sind Sie krank? Ist Ihnen nicht gut?

Herr M.: Nein, nein. Lassen Sie mich doch liegen.

Anne: Aber Herr Müller. Es ist in Ihrem Alter gar nicht gut, wenn man liegen bleibt. Stehen Sie mal auf, machen Sie sich zurecht. Sie wissen doch, wie sich die Frauen an Ihrem Tisch freuen. Wenn Sie rasiert sind und angezogen sind, sehen Sie richtig gut aus. Zum Verlieben. So wie jetzt gefallen Sie mir gar nicht.

Herr M.: Es ist doch nur für heute.

Anne: Hier sind Sie doch alleine, keine Menschenseele. Wenn Sie mit runterkommen, sind Sie unter Leuten. Die sind doch alle sehr nett, und die freuen sich auch, wenn Sie kommen. Nun geben Sie sich einen Ruck. Ich helfe Ihnen.

Herr M.: Ihnen zuliebe, Schwester. Vielleicht ist es wirklich besser, wenn ich aufstehe.

Anne: Na sehen Sie, es geht doch. Ich wusste, dass Sie uns keine Schwierigkeiten machen.

An diesem zweiten Tag begrüßt Anne ihren „Pappenheimer" mit einem Tadel. Fraglos scheint ihr Herrn Müllers Weigerung aufzustehen nach wie vor nicht in Ordnung zu sein. Wiederum fragt sie nicht nach, warum Herr Müller im Bett bleiben will. Stattdessen nennt sie ihm den einzigen Grund, den sie für einen Verbleib akzeptieren würde, nämlich Krankheit und Unwohlsein.

In der anschließenden Argumentation verrät uns Anne ihre Erziehungsziele, an denen sie ihr Handeln an Herrn Müller orientiert: Die Pflegerin nimmt an, dass es gut und richtig für Herrn Müller ist, wenn er mobilisiert wird, wenn er soziale Kontakte hat und Anregung in der Gemeinschaft findet. In der guten Absicht, Herrn Müller zu fördern und ihn vor den gesundheitlichen Gefahren einer Immobilität zu bewahren, glaubt sich Anne ohne jeden Zweifel berechtigt, ihr Ziel auch gegen den Willen von Herrn Müller durchsetzen zu dürfen, ja zu müssen. Anne sieht keine Veranlassung oder Notwendigkeit zu überprüfen, ob das Ziel für die Person Herr Müller und für die konkrete Situation angemessen ist. Losgelöst von der Person und der Situation wird das abstrakte Ziel der Aktivierung und damit die gute Absicht zum bloßen Legitimationsmittel für Machtausübung.

Weiterhin verrät uns die Argumentation von Anne eine wichtige

Erziehungsmethode des Heimes, in dem sie tätig ist: das gemeinsame Essen im Speisesaal.
Geht man – wie das in dem Heim, in dem Anne arbeitet, der Fall zu sein scheint – davon aus, dass es gut für die Bewohner ist, wenn sie aufstehen, sich waschen und anziehen, ihr Zimmer verlassen und mit anderen Menschen zusammenkommen (und das alles in der richtigen Reihenfolge), dann erweist sich das gemeinsame Frühstück als ein geeignetes Mittel zu überprüfen, ob die Erziehungsziele erreicht werden. Ein Blick in den Speiseraum verrät, wer seine Aufgaben erledigt hat und bei wem nachgeholfen werden muss.
Im Falle von Anne und Herrn Müller verselbstständigt sich die Erziehungsmethode. Das gemeinsame Essen im Speisesaal wird von Anne nicht mehr als Methode zur Erreichung übergeordneter Ziele erkannt. Die Methode wird selbst zum Erziehungsziel. Die Pflegerin richtet ihr Handeln nicht mehr an der Frage aus, was gut für Herrn Müller sein könnte, sondern an der Frage, ob Herr Müller aufsteht und in den Speisesaal geht. Wer also, so darf man aus diesem Beispiel schließen, seine Erziehungsziele im alltäglichen Handeln nicht daraufhin überprüft, ob sie für eine Person und eine Situation angemessen sind, der reglementiert, diszipliniert, kontrolliert und der bewirkt oft genau das Gegenteil von dem, was er beabsichtigt.
Leider geschieht es in der Altenpflege relativ oft, dass die gut gemeinten Erziehungsziele aus dem Blick geraten und die Methoden zum Ziel werden.
Auf einer Station beispielsweise hat man ein „therapeutisches“ Frühstück mit dementen Bewohnerinnen eingerichtet. Die Ziele sind schnell genannt: Das Frühstück in der Gemeinschaft soll die Bewohnerinnen anregen. Sie erhalten neue Eindrücke, die Gemeinschaft trägt zum Wohlbefinden bei und veranlasst die alten Damen, auf ihr Äußeres und ihre Tischmanieren zu achten. In der Gruppe ist es leichter, die Bewohnerinnen zum möglichst selbstständigen Frühstücken anzuhalten. Sie nehmen Rücksicht auf die anderen Bewohnerinnen. Und überhaupt macht es mehr Spaß, an einem schön gedeckten Tisch zusammen mit anderen als alleine vor einem Frühstückstablett zu essen.
So weit so gut. Was geschieht?
Die Bewohnerinnen werden ab 6.30 Uhr geweckt, gewaschen, angezogen und im Frühstücksraum abgesetzt. Dort sitzen sie bis zu zwei

Stunden vor einem schön eingedeckten Tisch. Manche spielen mit dem Geschirr, manche beschimpfen sich, andere sind wieder eingeschlafen. Kurz vor 8.00 Uhr werden Speisen und belebende Getränke in den Frühstücksraum geschoben. Gegen 8.30 Uhr betreten zwei Mitarbeiterinnen den Raum, begrüßen die Bewohnerinnen sehr freundlich und beginnen mit dem „therapeutischen" Frühstück.

Erziehungsziele

- *Selbstständigkeit.* Alte Menschen sollen die täglichen Verrichtungen selbstständig durchführen.
- *Normalisierung.* Alte Menschen sollen sich wie normale Erwachsene verhalten dürfen.
- *Orientierung.* Alte Menschen sollten sich in ihrer Umgebung zurechtfinden können.
- *Gemeinschaftsfähigkeit.* Alte Menschen sollen in der Gemeinschaft mit anderen Menschen Rücksicht nehmen.
- *Anpassung.* Alte Menschen sollten sich in der Gemeinschaft anpassen können.
- *Funktionalität.* Alte Menschen sollen die Notwendigkeiten der Pflege einsehen und akzeptieren.
- *Gesundheit.* Alte Menschen sollen sich viel bewegen, richtig ernähren, nicht rauchen, wenig Alkohol trinken.
- *Teilhabe am gesellschaftlichen und kulturellen Leben.* Alte Menschen sollen sich für die alltäglichen Ereignisse ihrer unmittelbaren Umgebung und für kulturelle Angebote interessieren.

Fragen zur Überprüfung von Erziehungszielen

- Welche Annahmen über den alten Menschen werden gemacht?
- Welche Annahmen über die Wirklichkeit liegen dem Ziel zugrunde?

– Was soll erreicht werden?
– Wer bestimmt das Ziel?
– Dient das Ziel ausschließlich dem alten Menschen?
– Wem nutzt das Ziel?
– Kann der alte Mensch das Ziel erreichen?
– Womit wird das Ziel begründet?
– Welche Nebenwirkungen werden beabsichtigt oder unbeabsichtigt durch die Verfolgung des Zieles ausgelöst?
– Mit welchen Mitteln soll das Ziel erreicht werden?

Erziehungsziele werden von Menschen in einer bestimmten gesellschaftlichen und historischen Situation gemacht. Sie sind also wandelbar und nie allgemeingültig.

Erziehungsmethoden

Erziehungsmethoden sind Strategien, mit denen der Pflegende seine Erziehungsziele planvoll und systematisch umsetzen will. Er kann dazu *direkt* oder *indirekt* vorgehen, er kann *einschränkende* oder *erweiternde* Maßnahmen ergreifen, und er kann Methoden wählen, mit denen er einseitig *ohne Beteiligung* des alten Menschen oder auch *im Austausch* mit dem alten Menschen seine Ziele und Absichten verfolgt. Die folgende Systematik unterscheidet nur zwischen direkten und indirekten Erziehungsmethoden:

Direkte Methoden: Gespräch, Belehrung, Dialog, Schulung, Training, Unterricht, Übung, Gruppenarbeit.

Indirekte Methoden: Gestaltung des Bettes, des Wohnraumes, des Wohnumfeldes; Auswahl von geselligen, kulturellen, kreativen Angeboten; Strukturierung des Tagesablaufs; Reihenfolge pflegerischen Vorgehens.

5. Tag

Herr Müller hatte am zweiten Tag dem Drängen von Anne nachgegeben und war aufgestanden. Am 3. und 4. Tag hatte er erst gar nicht auf Anne gewartet und fand sich rechtzeitig im Speisesaal ein. Herr Müller hatte damit mehr Anne als sich einen Gefallen getan. Er hatte sich zusammengenommen, um Anne keine Schwierigkeiten zu machen, und wohl auch, um im Haus nicht weiter aufzufallen. Die Ursache, weswegen er sein Bett und sein Zimmer an den beiden Tagen nicht verlassen wollte, war natürlich noch nicht geklärt.
Wie sich später herausstellte, konnte Herr Müller seine drei Tischnachbarinnen und deren Gezänk sowie teilweise unappetitlichen Essgewohnheiten nicht ertragen. Er hatte sich vorgenommen, sich zusammenzureißen und sich nicht über die drei Damen zu beklagen. Deshalb nannte er auch Anne nicht den wahren Grund für seine Weigerung aufzustehen. Seine Zurückhaltung führte ihn aber in das Dilemma, es nun niemandem mehr recht machen zu können, weder Anne noch den drei Mitbewohnerinnen noch sich selbst.
All das ahnte Anne nicht, als sie Herrn Müller drei Tage später wiederum zur Frühstückszeit im Bett liegend antraf.

Anne: Also wirklich, Herr Müller. So geht es nicht weiter.
Herr M.: Bitte, Schwester, lassen Sie mich in Ruhe.
Anne: Herr Müller, ich habe nichts dagegen, wenn Sie ab und zu mal liegenbleiben, aber das darf nicht zur Gewohnheit werden. Sie wissen genau, dass jeder Bewohner zum Frühstück im Speiseraum zu sein hat. Wenn das jeder machen würde.
Herr M.: Und wenn man krank ist?
Anne: Das ist etwas anderes. Wir haben für alles Verständnis, und selbstverständlich nehmen wir auf Kranke Rücksicht. Auch auf Sie nehmen wir Rücksicht, aber irgendwann muss es gut sein.
Herr M.: Ich fühl mich heute nicht wohl. Mir ist nicht gut. Lassen Sie mich liegen.
Anne: Das ist etwas anderes, wenn es Ihnen nicht gut geht. Aber dann muss ich Ihnen Fieber messen, den Blutdruck messen. (Herr Müller reagiert nicht. Anne steht stumm vor ihm.) Soll ich den Arzt rufen?

Herr M.:	Das geht auch schon so wieder vorbei.
Anne:	Ja, ja, das glaub ich. Bleiben Sie mal liegen. Aber gut find ich das nicht, Herr Müller. Sie werden sehen, was Sie davon haben.

Anne kann das Verhalten von Herrn Müller nur als uneinsichtig und widerspenstig interpretieren. Sie ist entschlossen, den Widerstand des unbotmäßigen Bewohners zu brechen. Hatte sie bisher versucht, Herrn Müller mit Schmeicheleien, Bitten und leichtem Tadel zum Aufstehen zu bewegen, so greift sie an diesem Tag zu strengeren Mitteln.

> *Wenn es nicht im Guten geht, dann muss er die Konsequenzen ertragen,*

sagt sie sich. In ihren Augen hat Herr Müller mit seinem uneinsichtigen Verhalten die Grenze überschritten, bis zu der er ein Anrecht auf Verständnis und guten Willen hat. Sie weist Herrn Müller zurecht und droht ihm in massiver Form.
Sie drängt ihn dermaßen in die Enge, dass ihm nichts anderes übrig bleibt, als in die von Anne aufgebaute Falle zu tappen. Herr Müller gibt vor, krank zu sein, weil die Pflegerin Krankheit als einzigen Grund für ein Liegenbleiben akzeptiert. Anne lässt sich zum Schein auf die Verzweiflungsaussage von Herrn Müller ein. Damit zappelt der alte Herr in dem von beiden gesponnenen Netz von Lügen und gegenseitigem Wissen darum, dass sie lügen. An diesem Tag verlässt die Pflegerin Herrn Müller, indem sie ihm eindeutig zu erkennen gibt, dass sie ihn bei einer Lüge ertappt hat und sie ihm in Zukunft nicht mehr mit dem alten Vertrauen begegnen wird. Sie, die Herrn Müller in eine verzweifelte Situation gebracht hat, gibt Herrn Müller die Schuld, wenn die freundschaftliche Beziehung beendet ist und sie in Zukunft weniger Rücksicht auf ihn nehmen wird. Anne verlässt als Siegerin den Raum.

Gewalttätige Erziehungsmittel

Immer wieder wenden Pflegende Gewalt an, um alte Menschen zu lenken und deren Verhalten und Erleben in eine gewünschte Richtung zu beeinflussen.

Kommunikative Erziehungsmittel: Missachtung, Ein- und Überreden, Ermahnung, Drohung, Drohgebärde, Schimpfen, Schweigen, Beleidigung.

Physische Erziehungsmittel: Gitter am Bett, Fixierstuhl, orthopädische Hilfsmittel, Kneifen, Zerren, Anbrüllen, Schlagen, Medikamente Verweigern oder Vertauschen, Einsperren.

Die heimliche und verheimlichte Erziehung
Ein dunkles Kapitel

Wieso, fragt sich der Beobachter der drei Szenen mit Anne und Herrn Müller, glaubt die Pflegerin, in der beschriebenen Art mit dem alten Mann umgehen zu dürfen. Bei der Beantwortung dieser Frage verweisen Pfleger(innen) gerne darauf, dass viele Alten- und Pflegeheime wie „totale Institutionen“[17] organisiert seien. Wäre Anne in ihren Entscheidungen frei gewesen – so argumentieren sie – hätte sie sich gegenüber Herrn Müller nachgiebiger verhalten. Als diejenige, die im direkten Kontakt zum Bewohner steht, müsse sie die Regeln des Hauses durchsetzen. Ihr Handlungsspielraum sei demnach sehr begrenzt.

Der Verweis auf Hierarchien und institutionelle Zwänge reicht mir aber zur Beantwortung der Frage nicht aus. Erzogen wird nämlich auch in der häuslichen Pflege und in Heimen, die die alten Strukturen längst abgebaut haben. Man wird davon ausgehen müssen, dass ein Teil der Menschen, die pflegen, geradezu eine Lust haben zu erziehen. Für mich, der ich seit vielen Jahren Pfleger(innen) und Angehörige bei ihrer Arbeit begleite, ist es immer wieder erschreckend, beobachten zu müssen, wie restriktiv und unbarmherzig manche Pfleger(innen) vorgehen, um bei alten Menschen ein erwünschtes Verhalten zu erzwingen. Die Erziehungsvorstellungen und Erziehungsziele, die leider allzu oft zutage treten, erinnern mich in fataler Weise an die unheilvolle „Schwarze Pädagogik“[18]. Diese Abart der Erziehung war und ist darauf ausgerichtet, den Willen der Kinder konsequent zu brechen, wie das folgende Zitat aus dem Jahre 1899 (Grünewald) eindrucksvoll belegt:

„Da liegt z.B. ein Kind in der Wiege und weint … Ist die Mutter nun stets bemüht, das Weinen zu stillen, dann kommt es dem kleinen Weltbürger allmählich zum Bewußtsein, daß er durch seinen Stimmapparat gewisse äußere Veränderungen hervorzurufen vermag und wird darum oft davon Gebrauch machen. Das Kind wird größer; andere Begehrungen treten auf …

Hier muß eine Radikalkur eingreifen! Den Äußerungen des Eigensinnes darf man keineswegs aus dem Wege gehen; das könnte nur eine laxe Pädagogik lehren. Der Erzieher muß vielmehr bei dem erstmaligen Auftreten des kindlichen Eigensinns mit der ganzen Macht seiner Persönlichkeit denselben zu entkräften versuchen. Beim ersten Auftreten gelingt das zwar erfahrungsmäßig nicht; denn der Eigensinn ist nicht so ‚kurzlebig'. Damit ist eine eiserne Konsequenz, die ‚durch das Gefühl entschiedener Übermacht' den Kinderfehler allmählich beseitigt, von größter Wichtigkeit."[19]

Die Vertreter einer Schwarzen Pädagogik in der Altenpflege scheinen sich immer noch an die Empfehlungen zu halten, die in diesem Zitat vor hundert Jahren ausgesprochen wurden. Sie wollen alles Triebhafte, Unkontrollierbare bei dem alten Menschen austreiben und den Eigensinn, den Willen, ja den Wunsch nach individueller Versorgung der ihnen anvertrauten alten Menschen brechen.

Der individuelle Mensch mit seinen Eigenheiten, Inkonsequenzen, in entgegengesetzte Richtungen verlaufenden Gefühlen gilt ihnen als Bedrohung. Wer sich ihrer Ansicht nach auf die Individualität eines Menschen immer wieder neu einlässt, der schwört Regellosigkeit und Chaos herauf, der zerstört das feste Geländer ihrer Sicherheiten, das sie selbst zwar einengt, ihnen aber auch die Gewissheit gibt, nicht abzustürzen.

Diese Pfleger(innen) richten feste Regeln und Ordnungen auf, damit nichts aus dem Ruder läuft. Sie zurren die Zügel fest, damit keine Zügellosigkeit auftritt. Ihre Vorschriften, Regeln und starren Abläufe im Umgang mit alten Menschen sichern sie ab, indem sie ihr Handeln auf unveränderbare Sachzwänge zurückführen. Sachzwänge, geben sie zu bedenken, könne man eben nicht ändern, selbst wenn sie wollten.

Der Vorteil einer solchen Sichtweise liegt für die Pflegenden darin, dass sie für ihr rücksichtsloses Vorgehen nicht verantwortlich gemacht werden können. So sind sie in der Lage, ihre bewusste und zielgerichtete Erziehungsarbeit hinter selbsternannten Sachzwängen zu tarnen und zu verbergen. Sie erziehen heimlich und tun alles, um ihre Erziehung zu verheimlichen.

In der Schwarzen Pädagogik paart sich die Neigung der Pflegenden zu einem unverrückbaren Regelwerk mit der Vorstellung, dass ein ausgeprägter Wille bei alten Menschen Ausdruck einer krankhaften, triebhaften oder tendenziell bösartigen Natur ist.

> Der *Eigen-Sinn* wird zum *Eigensinn*.

Wenn ein alter Mensch also so ist und schon immer so war, dann muss man durchgreifen. Folgerichtig trifft man überall dort in der Pflege, wo der Eigen-Sinn von Menschen gebrochen werden soll, auf Personenbeschreibungen, die einen Menschen als abgrundtief unzufrieden, egoistisch, verbohrt, unbelehrbar, ekelhaft, feindselig und bösartig charakterisieren.
Mit gutem Willen alleine und mit dem Vertrauen auf die Einsicht des Alten, davon scheinen die Schwarzen Pfleger überzeugt zu sein, wird sich der auf seinem Willen beharrende alte Mensch nicht ändern lassen. Sie sind überzeugt, dass der triebhafte Wille gezügelt, unterdrückt und gegebenenfalls gebrochen werden muss. Wie sollen sie ohne feste Ordnungen und Regeln und ohne Disziplin mit den alten Menschen fertig werden, fragen mich die Vertreter(innen) der Schwarzen Pädagogik. Sie machen es nicht gerne, sagen sie, aber sie seien gezwungen, sich durchzusetzen und durchzugreifen. Würden die Alten tun, was man von ihnen verlangt, würden sie gerne großzügiger sein. Da damit aber nicht zu rechnen ist, haben die Alten selber Schuld. So machen sich die Täter zu Opfern.

Der hat mich zum Schlagen gebracht,

sagt Birgit,

und dafür soll er sich entschuldigen.

Herr Brings hatte nach ihr geschlagen, als sie ihm eine Spritze setzen wollte. Birgit hatte ihm daraufhin nicht allzu fest auf den Handrücken geschlagen und ihn belehrt:

Jetzt spüren Sie mal, wie weh das tut.

Was glauben Sie, was passiert, wenn man jedem seinen Willen lässt?

werde ich oft von derartigen Pfleger(innen) gefragt. Nun, pflege ich auf diese Frage zu antworten, die Pflege würde individueller und damit menschlicher. In solchen Situationen bin ich jedesmal froh, noch keine 80 Jahre alt und noch nicht hilfsbedürftig zu sein, denn ich ahne, was der oder die Fragende nach so einer Antwort gerne mit mir anstellen würde.

Sprüche aus der Welt der Schwarzen Pädagogik

Wer sich nicht benimmt, kann nicht erwarten, dass man Verständnis für ihn aufbringt.

Wenn die/der uns springen lässt, lassen wir die/den tanzen.

Man kann sich nicht alles bieten lassen.

Ich kann auch nicht machen, was ich will.

Entweder so oder gar nicht.

Wenn man Frau/Herrn X den kleinen Finger gibt, will die/der den ganzen Arm.

Das können wir nicht ändern, und dann wollen wir auch nicht hören, wie es zu ändern ist.

Der/die kann auch anders, wenn der/die will.

Wenn man den/die lässt, ist man selbst verloren.

Man kann es nicht nur im Guten versuchen.

Man muss aufpassen, sonst machen die mit einem, was sie wollen.

Die/der weiß genau, was sie will.

Die/der versucht es doch immer wieder.

Mit mir würde die/der das nicht machen.

Das fällt alles auf mich/uns zurück.

Der/die gibt sich nie zufrieden.

Das gibt es bei mir nicht.

Der alte Mensch braucht klare Regeln.

Wenn man die/den nicht bremst, frisst die/der einen auf.

Der/die war immer so.

Mit der/dem kommt niemand zurecht.

Den/die ändern Sie nicht mehr.

Der/die macht das mit jedem.

Die müssen merken, dass man nicht nach deren Pfeife tanzt.

Am meisten wirkt es, wenn man ihnen Sachen wegnimmt, die sie am liebsten haben. Dann sind sie plötzlich wieder ganz lieb.

Das folgende Beispiel, in dem Frau Lessing die Hauptrolle spielt, macht deutlich, wie das Denksystem der Schwarzen Pädagogen funktioniert. Sie argumentieren mit unverrückbaren Sachzwängen und dem unerträglichen Charakter von Frau Lessing. Ihnen geht es nicht darum, sich oder die Bedingungen der Pflege zu ändern, sondern die widerspenstige Frau Lessing zu einem anständigen Verhalten zu erziehen.
Frau Lessing ist Diabetikerin. Da für 8.00 Uhr das Frühstück angesetzt ist, wird sie um 7.15 Uhr geweckt, damit man ihr rechtzeitig eine Insulinspritze verabreichen kann. Niemand auf der Station geht gerne zu Frau Lessing, um sie zu wecken. Frau Lessing erregt sich nämlich jeden Morgen und schreit denjenigen, der sie weckt, an:

Lass mich schlafen, du Drecksau!
Hau ab, du Arschloch!

Manchmal lassen die Pfleger(innen) Frau Lessing schlafen. An solchen Tagen werden sie allerdings in der gleichen Weise beschimpft, wenn sie das Frühstück in ihr Zimmer bringen:

Du blöde Sau, konntest du mich nicht wecken!

Die Pflegerinnen der Station wollen sich die Fäkalsprache von Frau Lessing nicht länger bieten lassen.

Meinen Sie, ich habe drei Jahre gelernt, um mich als Drecksau bezeichnen zu lassen?

fragt mich die Wohnbereichsleiterin. Die Pflegerinnen, die nicht wissen, wie sie weiter mit Frau Lessing umgehen sollen, bitten mich um ein Gespräch. Nach mehreren Gesprächen schlage ich vor, Frau Lessing einen Wecker zu geben, damit sie selber entscheiden kann, zu welcher Zeit sie wach werden will. Nach meiner Einschätzung schiebt Frau Lessing bisher alle Verantwortung für sich den Pflegerinnen nach dem Motto zu: Ihr seid für mich verantwortlich, aber egal, was ihr tut, ihr macht es falsch. Mit dem Wecker würde Frau Lessing die Verantwortung zurückgeben. Meine Überlegung mit dem Wecker wird sofort von den Pflegerinnen verworfen:

Die käme auf die Idee, erst um 9.00 Uhr zu frühstücken.

Auf meine Rückfrage, warum ein Frühstück um 9.00 Uhr nicht möglich wäre, wollte jede Mitarbeiterin zu Wort kommen:

Das wäre ja noch schöner, dann isst die, wann die will.

Das geht ja gar nicht. Um 9.00 Uhr muss die Geschirrspülmaschine eingeräumt sein.

Dann sollen wir also das Frühstück servieren, wann es der gnädigen Frau passt?

Wenn die anderen das sehen, wollen die auch um 9.00 Uhr frühstücken. Nicht weil die dann Hunger haben. Nur um uns zu ärgern.

Was glauben Sie, was passiert, wenn hier jeder isst, wann er Lust hat?

Und dann kommt der Arzt und hört, dass die noch nichts gegessen hat. Das geht doch gar nicht.

Wissen Sie, was passiert, wenn man damit anfängt? Soll ich Ihnen das sagen? Am Ende haben die uns so weit, dass wir das tun, was die wollen.

Nach einer kurzen Pause bemüht sich eine Pflegerin, meine Überlegung sachlich und mit dem Hinweis auf die Biografie alter Menschen zu widerlegen:

Sie müssen ja auch denken, dass die alten Menschen gewohnt sind, pünktlich zu essen. Das sind die ein Leben lang gewohnt. Die haben ja immer um 8.00 Uhr gegessen. Da können wir nicht einfach hingehen und die Zeiten umstellen, wie wir wollen. Und dann: Der Magen stellt sich ja auf eine bestimmte Zeit ein. Der braucht dann sein Essen. Nee, das geht nicht.

Taten aus der Welt der Schwarzen Pflege

Der vergessene Joghurtdeckel

Frau Linkes behauptet, nicht alleine essen zu können. Ute versucht sie zu überreden:

Einen Löffel, Frau Linkes.
Nehmen Sie mal den Löffel.
Hier mit der Hand.

Frau Linkes jammert:

Mein Arm.
Ich kann nicht essen.

Sie sieht Ute wehleidig an. Ute gibt nicht auf:

Bitte Frau Linkes!
Sie können das.
Nehmen Sie mal den Löffel.
Sie schaffen das.

Frau Linkes sitzt gebeugt vor dem Tisch und hält ihren „kranken" Arm fest:

Ich kann das nicht, Schwester.
Mein Arm.

Endlich erfüllt Ute den Wunsch der alten Dame. Sie reicht ihr die Speisen des Hauptgerichtes, und Frau Linkes isst zügig. Als der Teller leer ist, öffnet Ute den Deckel vom Joghurtbecher, den es zum Nachtisch gibt. Kaum ist das geschehen, greift sich Frau Linkes den Becher und einen Löffel und schlürft den Nachtisch gierig in sich hinein. Ute ist aufgebracht und beklagt sich später bei mir:

Wenn es um das Essen geht, kann sie den Arm nicht bewegen. Aber den Nachtisch. Da kann sie alles mit dem Arm. Als wenn sie es extra macht.

Beim Mittagessen am nächsten Tag wiederholt sich der Vorgang – bis auf eine Kleinigkeit. Nachdem Ute Frau Linkes den Hauptgang gereicht hat, „vergisst" sie, den Deckel des Joghurtbechers abzuziehen, bevor sie das Zimmer verlässt. Frau Linkes müht sich, den Becher zu öffnen. Sie schafft es nicht.

Der verrückte Stuhl

Wenn Frau Rech, die nicht mehr ohne Hilfe gehen kann, ihre Mahlzeit beendet hat, drückt sie sich mit dem Stuhl vom Tisch ab, womit sie ein unüberhörbares Geräusch erzeugt. Die Pfleger(innen) interpretieren das Stuhlrücken als die eindeutige Aufforderung von Frau Rech, sie sofort aus dem Speisesaal zu holen und in ihr Zimmer zu begleiten. Eigentlich würden sie Frau Rech gerne den Gefallen tun

und sie sofort abholen. Andererseits sehen sie sich durch zahlreiche unaufschiebbare Verrichtungen daran gehindert.
Wie lösen die Pfleger(innen) diesen Konflikt? In der ersten Zeit bemühten sie sich, ihre Verrichtungen so zu organisieren, dass sie Frau Rech unmittelbar nach Beendigung der Mahlzeit abholten. Mit der Zeit gelang ihnen das aber immer seltener. Sie gerieten unter Zeitdruck und fingen an, Frau Rech zu ermahnen:

Bitte, Frau Rech, können Sie nicht einen Moment warten. Die anderen sind noch lange nicht fertig.

Frau Rech sah die Not der Pflegenden, allen gerecht zu werden, ein, ließ aber von ihrem Stuhlrücken nicht ab. Bald richteten die Mitarbeiter(innen) ihre Tätigkeiten so ein, dass sie sich außerhalb des Speisesaales befanden, wenn Frau Rech ihre Mahlzeit beendete. Frau Rech wartet nun, nachdem sie sich vom Tisch gedrückt hat, etwa 10 Minuten. Dann ruft sie nach einer Schwester. Die Pfleger(innen) zwingen sich, ihr Rufen zu überhören. Das gelingt ihnen durch lautstarkes Reden oder auch indem sie eine x-beliebige Tätigkeit für unaufschiebbar erklären. Als Rosi Frau Rech nach ca. 15 Minuten abholt, kommt es zu folgendem Dialog. Rosi geht auf Frau Rech zu, Frau Rech ist erleichtert:

Schwester Rosi, kommen Sie doch.

Rosi fragt:

Möchten Sie in Ihr Zimmer, Frau Rech?

Frau Rech:

Ja sicher doch.

Rosi äfft die alte Dame nach:

Ja sicher doch.
Ich kann nicht fliegen.

Dann folgen Rosis Belehrungen:

Der Frau Zander muss auch geholfen werden. Genau wie Ihnen. Sie können sich nur beklagen.

Die Vertreter(innen) der Schwarzen Pädagogik in der Pflege rechnen immer damit, dass die Alten mit allerlei Tricks und Täuschungen versuchen, die aufgestellten Ge- und Verbote zu umgehen.
Wenn sie beispielsweise Frau Rey ihren unerfüllbaren Wunsch nach ständiger Zuwendung austreiben wollen, dann müssen sie bei ihren Erziehungsplänen einkalkulieren, dass Frau Rey versuchen wird, die von ihr gewollte Zuwendung durch Vortäuschung von Gebrechen oder Unwohlsein zu erschleichen.

Alten Menschen kann man nicht immer trauen,

sagt Lucy, und sie beschreibt im Abschlussbericht über ihr Anerkennungsjahr als Altenpflegerin ein konkretes Beispiel für ihre Behauptung:

Frau Rey akzeptiert keine Zimmergenossen, sie hat jeden Mitbewohner aus ihrem Zimmer vergrault. Sie will ständig im Mittelpunkt stehen. Sie bewohnt ein Einzelzimmer. Wenn sie sieht, dass man sich mit jemandem unterhält oder sich noch zu ihm setzt, ruft sie einen sofort zu sich. Oder sie kommt immer wieder und muss irgendetwas fragen.

Sie ist schnell eifersüchtig oder fühlt sich zurückgesetzt, obwohl man sich um sie bemüht. Wenn man sich zu ihr setzt und mit ihr spricht, freut sie sich und nimmt einen sofort in Beschlag und unterhält sich gerne.

Frau Rey ist sehr liebebedürftig, und bei mangelnder Zuwendung reagiert sie mit Krankheitssymptomen. Sie sitzt am Tisch und stöhnt und sagt, ihr sei schlecht. Wir legen sie auf ihr Bett, und schon geht es los. Sie hält sich ihre Herzgegend, hyperventiliert und stöhnt. Laut ihrer Aussage tut ihr alles weh. Wenn wir an ihrem Bett sitzen oder stehen, wird alles noch verstärkt. Meist gehen wir dann aus ihrem Zimmer und beobachten sie durch den Türspalt. Sobald wir weg sind und sie uns nicht mehr sieht, hört sie sofort auf und ist völlig ruhig.

Das zu diesem Bericht passende Zitat von 1787 in dem Buch „Schwarze Pädagogik" lautet:
„Man muß also auf das Kind aufmerksam sein, doch aber so, daß es davon nichts merkt, sonst verbirgt es sich, wird mißtrauisch, und es ist ihm gar nicht beizukommen … Wenn man einem Kind (doch

immer unbemerkt) überall, und vornehmlich an heimlichen Orten, nachschleicht, so kann es geschehen, daß man es bei der Tat betrifft."[20]
Überzeugt von den Erziehungstheorien der Schwarzen Pädagogik fragt die 23-jährige Altenpflegerin nicht nach der Ursache und der Absicht des Verhaltens der alten Dame. Sie überlegt auch nicht, ob sie in der konkreten Situation bereit ist, Frau Rey die Zuwendung, die sie sich so dringlich ersehnt, zu geben. Gnadenlos hält sie sich an ihre Strategie, dem Wunsch von Frau Rey nach Zuwendung nicht nachzugeben. Als konsequente Erzieherin nimmt sie sich, nachdem sie Frau Rey verlassen hat, viel Zeit, um ihren Zögling zu überführen. Lucy lässt die Tür einen Spalt offen stehen, um bestätigt zu bekommen, was sie immer schon wusste: Frau Rey kommt alleine ganz gut zurecht, aber sie versucht offenbar, die Pfleger(innen) hereinzulegen, damit sie bekommt, was sie will. Damit wurde durch die Überwachung wieder einmal der Beweis erbracht, dass man der alten Frau nicht trauen kann und ihr deshalb niemals nachgeben sollte.
Mich erinnert die Überwachungsszene an meine frühe Jugend. Mein Vater hatte in meinem Schlafzimmer das Licht ausgeschaltet und mich aufgefordert zu schlafen, damit ich am nächsten Tag für die Schule ausgeruht wäre. Er kannte meine Vorliebe, vor dem Einschla-

Erziehungsziele aus der Welt der Schwarzen Pflege

Alte Menschen sollen, müssen, dürfen,

ordentlich gekleidet sein, wenn Besuch kommt,
sich an Ordnung gewöhnen,
alles essen, was auf dem Teller ist,
lernen, dass sie nicht immer als erste dran sind,
sich nicht aufregen,
sich der Gemeinschaft anpassen,
Tischmanieren einhalten,
sich untereinander verstehen,
nicht verrückt spielen,
sich beherrschen können,
einsehen, dass man ihnen nicht immer nachgeben darf,

begreifen, dass sie nicht immer im Mittelpunkt stehen können,
ihren Egoismus zügeln,
auf Extrawünsche verzichten,
ein freundliches Wort für die Pflegenden finden.

Der Struwwelpeter könnte das Lehrbuch der Schwarzen Pfleger(innen) sein.

fen noch zu lesen. So blieb er vor meiner Schlafzimmertür stehen, gab aber durch festes Auftreten vor, sich zu entfernen. Ich wartete einen Moment ab und schaltete das Licht wieder an. Kaum brannte das Licht, als Vater in der Tür stand. Er sagte nichts. Ich aber fühlte mich ertappt, überführt, gedemütigt und beschämt.
Pflegende, die sich von ihren Schwarzen Erziehungsvorstellungen nicht lösen können, erheben die Selbstbeherrschung sehr oft zum obersten Erziehungsziel für ihre Schutzbefohlenen.

Frau Stolz soll nicht über ihre Schmerzen klagen, sondern akzeptieren, dass sie mit ihren Schmerzen leben muss:

Frau Stolz:	*Schwester, haben Sie eine Tablette für mich?*
Regina:	*Ich möchte einmal den Tag erleben, an dem Sie keine Schmerzen haben.*
Frau Stolz:	*Schwester, eine Tablette.*
Regina:	*Ihre Gürtelrose ist ja auch sowas Dankbares.*

(Frau Stolz hatte vor Jahren eine Gürtelrose, von der sie gerne erzählt.)

Frau Lehr soll nicht über ihre Bauchschmerzen klagen:

Frau Lehr:	*Ich hab so Schmerzen im Bauch.*
Herbert:	*Als Sie eben Schokolade gegessen haben, da hatten Sie aber keine Schmerzen.*
Frau Lehr:	*Ich hab so Schmerzen im Bauch.*
Herbert:	*Tja, da können wir Ihnen keine Schokolade mehr geben.*

Herr Olbrich soll lernen, dass er nicht alles sofort haben kann, sondern warten muss:

Herr Olbrich: *Ich will auch eine Banane.*

Resi: *Moment.*

Herr Olbrich: *Schwester, bringen Sie mir eine Banane.*

Resi: *Einen Augenblick.*

Als Resi das Zimmer verlässt, erinnert Herr Olbrich sie:

Denken Sie an die Banane?

Resi kommt zurück und stellt sich vor das Bett von Herrn Olbrich:

Herr Olbrich, hätten Sie gern eine Banane?

Herr Olbrich: *O ja.*

Resi: *Na dann sehen Sie mal, wo Sie eine herbekommen.*

Bei manchen Pfleger(innen) müssen die Alten sogar lernen, ihren Durst unter Kontrolle zu bringen. Ich kenne Alten- und Pflegeheime, in denen das Mineralwasser im Pflegesatz enthalten ist, und solche, in denen es die Bewohner selbst bezahlen müssen. In beiden Fällen wird das Mineralwasser von den Pflegekräften rationiert und kontrolliert an die Bewohner abgegeben. Die Begründung in dem einen Haus lautet:

> *Wenn man denen (den Bewohnern) freien Zugang zu den Wasserkästen lässt, ist am Ende der Woche kein Wasser mehr da.*

In dem anderen Haus lautet die Begründung:

> *Die Bewohner(innen) haben ja nicht so viel Taschengeld. Die geben alles für Trinken aus, und dann haben die kein Geld mehr für andere Sachen.*

Hier wie da werden in der Argumentation die beiden Kernthesen der Schwarzen Pädagogik verschmolzen: Die Menschen sind triebhaft, und Sachzwänge erfordern eine Kontrolle und Unterdrückung der Triebhaftigkeit.

Offensichtlich ist den Schwarzen Pfleger(innen) Selbstbeherrschung wichtiger als die Gesundheit der Alten. Wenn sie sich in den Kopf gesetzt haben, einen alten Menschen zur Selbstbeherrschung zu erziehen, dann muss zur Erreichung dieses Ziels die ausreichende Flüssigkeitsaufnahme zurückstehen.

In dem Abschlussbericht einer Altenpflegeschülerin nach dem Anerkennungsjahr heißt es:

Das gleiche Problem entsteht oft, wenn wir das Essen verteilen, sie ruft ständig und will als Erste ihr Essen haben und ärgert sich, wenn andere vor ihr bedient werden. Sie steht also gerne im Mittelpunkt, erst dann geht es ihr auch gut.

In der Abschlussprüfung frage ich die Schülerin:

Warum geben Sie denn Frau Arndt nicht einfach das Essen als Erste?

Die Antwort lautete:

Warum? Dann hätte sie ja, was sie will.

Das entsprechende Zitat aus dem Buch der Schwarzen Pädagogik zum Thema Selbstbeherrschung beim einjährigen Kind (1858) lautet: „Eine fernere, in ihren Konsequenzen sehr wichtige Regel ist die: daß auch erlaubtes Begehren des Kindes stets *nur* dann erfüllt werde, wenn das Kind in freundlich harmloser oder wenigstens ruhiger Verfassung ist, *niemals* aber mitten im Schreien oder unbändigem Gebaren. Zuvor muß das ruhige Benehmen zurückgekehrt sein, selbst wenn z. B. das wohlbegründete und rechtzeitige Bedürfnis nach der regelmäßigen Nahrung die Veranlassung wäre – und *dann* erst, *nach einer kleinen Pause,* schreite man zur Erfüllung. Auch die Zwischenpause ist nötig, denn es muß vom Kind selbst der leiseste Schein ferngehalten werden, *als könne es durch Schreien oder unbändiges Benehmen seiner Umgebung irgendetwas abzwingen*. Im Gegenteil erkennt das Kind sehr bald, daß es nur durch das entgegengesetzte Benehmen, durch (obschon noch unbewußte) *Selbstbeherrschung,* seine Absicht erreicht.“[21]
Menschen, die im Alter den Verstand verlieren, sind für die Schwarzen Erzieher besonders dankbare Erziehungsobjekte. Mit ihnen können sie nach Belieben umgehen, weil nie ganz klar ist, inwieweit diese Menschen noch in der Lage sind, sich zu beherrschen. Der ambivalente Zustand der ver-rückenden alten Menschen mit nicht genau abgrenzbaren gesunden und kranken Anteilen lässt ihrem Disziplinierungseifer alle Möglichkeiten offen. Sie können sich diese alten Menschen nach Belieben böse und für ihr Verhalten

verantwortlich oder verrückt und für ihr Benehmen schuldlos machen. Ein und derselbe alte Mensch kann als geistesgestört:

Die weiß nicht, was sie tut.
Die kann man nicht tun lassen, was sie will.

und zugleich als geistig auf der Höhe und für sein Handeln verantwortlich betrachtet werden:

Die weiß genau, was sie will.
Die ist nicht so verrückt, wie sie tut.

Egal, ob absichtlich oder nicht, schuldhaft oder nicht, in beiden Fällen sehen sich die Schwarzen Pfleger(innen) legitimiert und genötigt einzugreifen, die Zügel fest in der Hand zu halten und den Erfolg ihrer Bemühungen durch Bestrafung und Gewaltanwendung zu sichern.
Manchmal werde ich den Eindruck nicht los, dass Schwarze Pfleger(innen) alten Menschen nicht das Recht geben, in andere Welten zu ver-rücken. Gäben sie ihnen nämlich dieses Recht, hätten sie keinen Grund, sich die Menschen böse zu machen, und sie müssten sich und ihr Auftreten ihnen gegenüber ändern. Um dies zu verhindern, bestehen sie darauf, dass ver-rückende alte Menschen für ihr Verhalten verantwortlich sind und deshalb zur Rechenschaft gezogen werden dürfen, ja müssen.
Ein Beispiel für dieses Bewusstsein des Schwarzen Pflegers lieferte mir Maria während einer Fallbesprechung über Frau Zilke. Nach Ansicht von Maria sind die Alten böse bis zuletzt.

Ich: Ich denke, bei Frau Zilke geht der Verstand verloren.
Maria: Au! Das würd ich nicht sagen.
Ich: Gut, Sie müssen sich vorstellen, Teilbereiche ihres Verstandes sind verloren gegangen. In anderen Teilbereichen ist sie bei klarem Verstand. Will sagen: sie ist zugleich normal und verrückt.
Maria: Aber sie weiß noch genau, was sie will.
Sie schimpft ja auch mit anderen Bewohnern. Das find ich nicht gut. Das sag ich ihr dann auch.
Ich: Ach, das würd ich nicht machen. Also, ich würde auf das Schimpfen nicht eingehen.
Maria: Doch! Die fasst das ja auf. Die fasst das genau auf, wenn ich sage: „Hier, Frau Zilke, das ist nicht richtig, das sagt man nicht, ne.“ Sie fasst das ja auf.

Sie fängt nur ein anderes Thema an, damit wir ruhig sein sollen. Sie ist ganz geschickt. Sie ist raffiniert, ne.
Also, das wissen wir alle, dass sie ganz geschickt ist, mit ihrer Situation umzugehen.

Das entsprechende Zitat aus dem Buch der Schwarzen Pädagogik lautet: „Der Eingriff in ein anderes menschliches Wesen läßt sich ... am ehesten dann rechtfertigen, wenn ihm auf irgendeine Weise der normal-menschliche Status abgesprochen werden kann. Praktisch ist es gleichgültig, ob das Kind als ein Monstrum von Bösheit, von Unschuld oder von Dummheit aufgefaßt wird. Ist Kindheit identisch mit psychischer Krankheit, kann sich der Erzieher die unbeschränkte Autorität vom Irrenarzt borgen."[22]
Die Vertreter der Schwarzen Pädagogik in der Altenpflege machen (definieren) sich die Alten maßlos, unberechenbar, böse, verrückt und psychisch krank. Das gibt ihnen die Rechtfertigung, nicht auf individuelle Bedürfnisse, die sie für unangemessen, überflüssig und störend empfinden, eingehen zu müssen. Sie sind überzeugt, dass ein konsequentes Durchsetzen der richtige Weg ist, um alten Menschen individuelle Ansprüche abzugewöhnen.

Wenn man den Leuten sagt, wo es lang geht, dann akzeptieren die das auch.

Ingrid berichtet, wie erfolgreich die Methode der Unnachgiebigkeit ist:

„An einem Abend war es wieder mal so weit. Ich habe Fr. Sch. auf ihr Bett gelegt und ihr gesagt, sie müsse jetzt die Füße hochlegen und tief durchatmen. Aber sie steigerte sich immer mehr in ihrem Verhalten.
Irgendwann wurde es mir zu bunt und ich sagte ihr, wenn sie jetzt nicht sofort versuchen würde, sich zu beruhigen, würde ich aus ihrem Zimmer gehen. Ich hätte genug zu tun, die anderen Bewohner wollten zu Abend essen und benötigen dazu meine Hilfe.
Sie sah mich an und überlegte, ich sagte ihr, ich würde jetzt für eine Weile rausgehen, und wenn sie sich beruhigt hätte und auch zu Abend essen möchte, solle sie sich melden bzw. ich würde nach ihr sehen. Ich beobachtete sie von draußen, und sie beruhigte sich, setzte sich auf, und alles schien wieder in Ordnung zu sein.

Nach ca. 10 Min. bin ich zu ihr gegangen, und sie lachte mich an und sagte ‚Schwester'. Ich fragte, ob sie sich beruhigt hätte und jetzt etwas essen wolle. Beides konnte sie bejahen, und ich brachte ihr das Abendessen auf ihr Zimmer."

Ein besonders unangenehmer Typ des Vertreters der Schwarzen Pädagogik ist jener, der nach dem Motto zu arbeiten scheint

Ich habe meine Kinder groß bekommen,
da werde ich die Alten klein kriegen.

Sie sind ohne jeden Zweifel überzeugt, ihren Kindern mit ihrer Erziehung zu Anstand, Selbstbeherrschung, Ordnung und Gehorsam das Rüstzeug für einen funktionierenden Erwachsenen gegeben zu haben. Wenn sie in der Pflege alte Menschen erleben, die einmal funktionierende Erwachsene waren und die jetzt im Alter diesen Zustand zu verlieren und sich wieder auf den Zustand eines Kindes zurückzuentwickeln drohen, dann wollen sie diesen alten Menschen mit jenen Erziehungsmitteln und -methoden beikommen, die sie bereits bei ihren Kindern erfolgreich angewendet haben.

Da muss man konsequent sein,

sagt Gertrud. Und das war sie auch, als ihre Tochter als kleines unvernünftiges Kind nicht aufhören wollte zu weinen:

Hör auf zu weinen!
Hör sofort auf zu weinen!
Wenn du jetzt nicht aufhörst zu weinen, bekommst du ein paar hinter die Ohren, dann hast du Grund zu weinen.

In ihrem Buch „Am Anfang war Erziehung" vertritt Alice Miller die These, dass man als Erwachsener in der Erziehung das weitergibt, was man als Kind in der Erziehung empfangen hat. „Die Tragik der gut erzogenen Menschen", schreibt sie, „besteht darin, daß sie als Erwachsene nicht merken können, was ihnen angetan wurde und was sie selber tun, wenn sie es als Kinder nicht haben merken dürfen."[23]
Ich denke, Alice Miller hat recht. Trotzdem haben Menschen, die ihre eigene Schwarze Erziehung unreflektiert weitergeben, in der Altenpflege nichts zu suchen. Es gibt genügend Berufe, wo sie Maschinen kaputt machen können.

Entlastung durch Erziehung?

Die unerträglichen Alten und das doppelte Leiden der Pflegenden

Bei weitem nicht alle Menschen, die pflegen, besitzen eine ausgeprägte Neigung, erzieherisch zu wirken. Auch führen sich erfreulicherweise nicht alle Pflegenden wie die Vertreter der Schwarzen Pädagogik auf.

Viele – vielleicht die meisten – Angehörige und Pflegende wollen im Gegenteil jegliche erzieherische Intervention vermeiden. Es kommt dann aber häufig doch zu Erziehungsmaßnahmen, weil die Pfleger(innen) an den alten Menschen leiden.

Sie leiden an und unter den Eigenarten, Wünschen und Defekten der alten Menschen, die sie nicht aushalten, abstellen oder reparieren können. Sie beginnen, nachdem sie das Unerträgliche lange genug ausgehalten haben, gegenzusteuern, sie wollen den Menschen, an und unter dem sie leiden, weg- und umerziehen.

Frau Kleefisch soll nicht mehr weinen.
Herr Weiser soll nicht immer „Schwester" rufen.
Frau Herzog soll nicht immer ihren Arm zeigen, der ihr so viele Schmerzen bereitet.
Herr Konrad soll nicht immer hinter einem herlaufen.
Frau Schwarz soll aufhören, Angst zu haben.
Herr Mundt soll keinen Alkohol mehr trinken.
Frau Kranz soll alleine essen.
Herr Siebert soll beim Essen nicht sein Gebiss herausnehmen.
Frau Hochstätter soll nicht an der Scheide spielen.
Herr Walter soll nicht mit seinem Kot spielen.
Frau Graf soll beim Essen nicht immer so große Pausen einlegen.
Herr Noll soll „Bitte" und „Danke" sagen.

Pflegestationen mit ihrer Ansammlung alter Menschen, die sich nicht mehr an die Regeln der Plan- und Berechenbarkeit, Nützlichkeit, Funktionalität, Ökonomie, Leistung und des Erfolges halten können, sind geradezu ein Ort des Leidens und des Leidenlassens

und deshalb auch ein „idealer" Nährboden für Erziehungsprogramme. Wem diese Behauptung übertrieben vorkommt, der möge mich auf die Pflegestation eines durchschnittlichen Alten- und Pflegeheimes begleiten.
Stellen Sie sich also vor, Sie befinden sich am Linken Niederrhein. Es ist ein wunderschöner Morgen. Die Uhr zeigt auf 7.00 Uhr. Nebelschwaden schweben über Wiesen. Kopfweiden tauchen auf, recken ihre Äste aus dem Dunstschleier wie Geister ihre Arme. Eine verzauberte Landschaft. Hier könnten Elfen und Feen tanzen.
Kurz nach 7.00 Uhr betrete ich die Station: kein geheimnisvoller Nebel, keine Schleier; stattdessen ein beißender Geruch, schrille Töne und Schreie; keine Elfen und Feen, sondern eher Schrate und Hexen.
Mit Doris, einer Pflegerin, betrete ich als erstes das Zimmer von Frau Meier. Frau Meier liegt im Bett. Sie ist von oben bis unten mit Kot beschmiert. Sie streichelt ihren Körper und fühlt sich offenbar wohl. Oder genauer: Sie war bis zu unserem Erscheinen mit sich im Reinen. Das plötzliche grelle Licht und das sanfte

Guten Morgen, Frau Meier

holt sie aus ihrer harmonischen Welt. Frau Meier schreit schrille Töne. Sie gestikuliert mit ihren kotverschmierten Händen. Kot spritzt in meine Richtung. Doris meint:

Da kann man im Moment nichts machen.
Gehen wir zuerst mal zu Frau Schmitz.

Mit diesem Vorschlag bin ich sehr einverstanden. Auf dem Flur weiß ich nicht, wohin mit meinen Händen. Ich möchte sie waschen. Doris hat schon das Zimmer von Frau Schmitz betreten. Frau Schmitz schläft noch. Das eingeschaltete Licht hat sie nicht wachgemacht, aber es macht auch bei ihr die Spuren der Nacht sichtbar: zerknäuelte, befleckte Taschentücher, verschmutzte Bettwäsche.
Seitdem ich das Buch „Die Unsterblichkeit" von Milan Kundera gelesen habe, fällt mir bei solchen unfreiwilligen Anblicken immer jene Stelle des Buches ein, an der ein Mädchen morgens in der Wohnung von Bekannten die Spuren ihrer Monatsblutung entdeckt. Sie schlich heimlich ins Badezimmer und holte einen feuchten, eingeseiften Waschlappen, doch der Fleck wurde nur noch größer,

sie schämte sich zu Tode, wegen des unerträglichen Gefühls, dass ihre Erniedrigung von überall zu sehen wäre.[24]
Warum, frage ich mich jedesmal, können die Alten nicht sanft, ohne dieses grelle „Spotlight“, das die Spuren der Nacht ausleuchtet, geweckt werden? Doris nimmt die Spuren nicht zur Kenntnis.

Man sieht halt, was man weiß,

denke ich. Doris weckt Frau Schmitz zärtlich:

Wie haben Sie geschlafen?

Frau Schmitz jammert mit monotoner Stimme:

Gar nicht.
Ich hab gar nicht geschlafen.
Ich hab überall Schmerzen.
Schwester, mir ist so schlecht.

Die Mitbewohnerin, Frau Weiß, meldet sich zu Wort:

Ist heute Montag?
Nein,

antwortet Doris,

heute ist Dienstag, gestern war Montag.

Ich nutze die Unterbrechung durch Frau Weiß, um ebenfalls Frau Schmitz zu begrüßen:

Guten Morgen, Frau Schmitz.

Die alte Dame sieht mich nur für einen Augenblick an. Dann beklagt sie sich über die Mitarbeiter(innen):

Die lassen mich immer alleine.

Doris tröstet Frau Schmitz:

Ja, Frau Schmitz, Sie haben es gar nicht leicht.

Frau Weiß fragt:

Ist heute Montag?

Doris bleibt gelassen:

Dienstag, Frau Weiß.

Frau Schmitz jammert:

Ich bin ganz alleine. Keiner hilft mir.

Doris fängt schon mal an, den Unterleib zu waschen. Danach ruft sie Elke, die ihr helfen soll, Frau Schmitz vom Bett in den Rollstuhl zu setzen. Bei jeder Berührung jammert Frau Schmitz:

Ich kann nicht.
Ihr tut mir überall weh.

Frau Schmitz lässt sich hängen wie ein Sack Kartoffeln. Sie knickt in den Knien ein und scheint mit Gewalt auf die Erde fallen zu wollen. Doris wuchtet sie auf den Rollstuhl, den Elke unter das Gesäß von Frau Schmitz zwängt. Endlich im Rollstuhl, sieht Frau Schmitz mich böse an:

Was willst du denn hier!
Hau ab!

Sie greift sich vom Nachttisch einen Becher und schmeißt ihn in meine Richtung. Doris bittet mich, sie nicht mit Frau Schmitz alleine zu lassen. Später erklärt sie mir, dass meine Anwesenheit Frau Schmitz davon abgehalten habe, sie (Doris) beim Waschen zu schlagen.

Normalerweise brauchst du ihr nur den Zahnbecher falsch anzureichen, schon schmeißt sie ihn dir um die Ohren,

sagt Doris. Gewaschen und fertig angezogen wird Frau Schmitz in den Speisesaal geschoben. Im Flur höre ich die Schreie von Frau Meier aus dem Bad. Man ist wohl dabei, sie von ihrem Kot zu befreien.
Da kommt Frau Riedle auf mich zu. Sie lächelt mich an. Es gibt sie also doch: gütige sanfte, zauberhafte alte Feen. Ich lächle zurück, und ein Gefühl von Wärme durchfließt mich. Frau Riedle könnte ich sofort in den Arm nehmen.
Ich widerstehe dieser Versuchung. Gott sei Dank, denn unmittelbar vor mir stehend beginnt Frau Riedle, ihren Pullover und ihr Unterhemd auszuziehen. Sie steht mit nackten Brüsten vor mir. Ich weiß nicht, wohin ich sehen soll. Monika tritt hinzu und fasst Frau Riedle um die Schulter:

Kommen Sie, Frau Riedle, ich zeig Ihnen in Ihrem Zimmer ein schönes Kleid.

Frau Riedle lächelt und lässt sich gerne von Monika in ihr Zimmer führen. Dort freut sie sich über das neue Kleid, das ihr angezogen wird. Auf dem Flur höre ich immer noch die wilden Schreie von Frau Meier aus dem Bad. Die Pflegerinnen, die Frau Meier waschen, sind derart gereizt, dass ich es vorziehe, das Bad nicht zu betreten.
Mit Andrea betrete ich nun das Zimmer von Frau Herrlich. Frau Herrlich wartet schon ungeduldig. Sie will wie jeden Morgen sofort auf den Nachtstuhl gesetzt werden. Dort verbringt sie sehr gerne ihre Zeit. Nachdem Andrea ihr den Wunsch erfüllt hat, schildert die Pflegerin mir das Problem: Frau Herrlich will unbedingt mit den anderen Bewohnern um 9.00 Uhr gemeinsam frühstücken, andererseits ist sie aber nicht bereit, sich rechtzeitig waschen und ankleiden zu lassen, weil sie unbedingt ihre Zeit auf dem Nachtstuhl verbringen will. Sie will beides und beklagt sich fortwährend, dass das Personal ihr keinen Wunsch erfüllt. Während ich Andrea zuhöre, sehe ich am anderen Ende des Flures Frau Riedle. Sie hat sich auch das zweite Kleid ausgezogen und legt sich nun nackt auf den Fußboden.
An dieser Stelle will ich den Ausflug in die Welt der Pflege beenden und auf die Ausgangsfrage zurückkommen: Woran und worunter leiden die Pflegerinnen?
Bei oberflächlicher Betrachtung scheinen Doris, Monika und Andrea die Eigenarten der alten Damen sehr ruhig und gelassen hinzunehmen. Sie lassen Frau Meier zunächst mit deren Kot spielen und waschen sie nach einer angemessenen Frist. Sie ziehen Frau Riedle immer wieder neu an, um die alte Dame vor Nacktheit zu schützen. Sie lassen das Gejammere von Frau Schmitz über sich ergehen und beklagen sich nicht über Frau Herrlich, die es ihnen mit ihren unerfüllbaren Wünschen nicht leicht macht.
Kratzt man an der Fassade der Gelassenheit, wird das Leiden der Pflegerinnen sichtbar. Sie leiden an Frau Meier, die sich eingekotet körperlich Lust verschafft. Sie möchten nicht, dass sich Frau Meier mit ihrem Kot beschmiert und den Vorgang auch noch genießt. Sie würden die alte Dame gerne von ihrer Gewohnheit abhalten und ihr ein Vergnügen mit angenehmen Dingen verschaffen. Den Gedanken, dass die Spielerei mit Kot für Frau Meier mit Lust verbunden sein könnte, wollen sie sich nicht vorstellen. Sie sind überzeugt, Frau Meier bedient sich dieser abnormen Verhaltensweise, weil sie zu viel alleine ist und zu wenig Anregung erhält. Also versuchen sie, Frau

Meier Stoffe, Kuscheltiere, Plastikknete und vieles andere anzubieten, damit die alte Dame von ihrer Unart ablässt. Aber all ihre Bemühungen bleiben erfolglos, ja sie müssen oberdrein noch die wüsten Schreie und das wilde Schlagen von Frau Meier ertragen, wenn sie ihr was Gutes tun wollen. Die Pflegerinnen leiden mit Frau Meier, weil sie nicht wollen, dass eine alte Frau sich dermaßen erniedrigt.

> *Ich will jedenfalls nicht, dass man mich mal mit meiner Kacke spielen lässt,*

sagt Doris sehr ernst.

> *Ich bete jetzt schon, dass man mich davor bewahrt.*

Weiterhin leiden sie, weil es ihnen nicht gelingt, Frau Meier von ihrer unwürdigen Spielerei zu befreien und sie mal wieder in der „Scheiße" liegen lassen zu müssen; sie leiden an ihrem Unvermögen, was umso schlimmer wiegt, weil es ihrer Meinung nach Frau Meier besser ginge, wenn sie Erfolg mit ihren Umerziehungsmaßnahmen hätten.
Ich behaupte, dass die Pflegerinnen auch an dem Gestank, dem Ekel und an der Arbeit und Mühe, die mit dem Entfernen des Kotes verbunden sind, leiden. Dies aber würden die Pflegerinnen, spräche ich sie darauf an, verneinen. Eines ihrer Ideale besagt ja, dass ihnen der Schmutz und der Gestank in der Pflege nichts ausmachen darf. So leiden sie an dem Widerspruch von dem, was sie ertragen wollen und was sie ertragen können.
Unterdessen findet sich bei genauer Betrachtung noch eine vierte Leidensform, die sich aus der Unvereinbarkeit von zivilisierter Vernunft und Empathie ergibt. Der Gedanke, dass Frau Meier Lust an ihrer Tätigkeit empfinden könnte, widerspricht zutiefst ihren Vorstellungen von vernünftigem und zivilisiertem Verhalten. Andererseits spüren sie wohl die Befriedigung, die Frau Meier bei ihrem Tun genießt, und tatsächlich setzen sie sich hin und wieder über ihre Bedenken hinweg und lassen Frau Meier bei ihrem Spiel alleine. Dann aber stehen sie vor dem Problem, dass sie Frau Meier dennoch über kurz oder lang säubern müssen. Sie können die alte Dame ja nicht auf Dauer in ihrem Zustand belassen. Irgendwann ist der Kot so fest mit der Haut verklebt, dass er nur mit großer Mühe für die Pflegenden und mit großen Schmerzen für Frau Meier zu entfernen ist.
Egal, was sie unternehmen, ob sie die Spielerei durchgehen lassen oder

verhindern, sie müssen Frau Meier leiden lassen. Doris, Monika, Andrea und all die anderen von der Station finden keinen Weg, mit dem sie sich selbst und zugleich Frau Meier gerecht werden könnten.
Es ist für alle Beteiligten ein Leiden ohne Ende.
Die Pfleger(innen) leiden, lassen leiden und leiden, weil sie leiden lassen.
Ähnlich wie bei Frau Meier verläuft die Leidensspirale bei Frau Riedle und Frau Schmitz.
Alle auf der Station mögen Frau Riedle, die sich so gern auszieht und sich nackt in einen Sessel auf dem Flur setzt. Keiner will, dass die alte sanfte und liebenswerte Dame leidet. Aber sie tut ihnen so leid, wenn sie sich auszieht und sie in ihrer Nacktheit den Blicken der anderen Bewohner und Besucher ausgesetzt ist. Die Pflegerinnen möchten Frau Riedle gerne davor bewahren, sich zu entblößen. Aber sie schaffen es nicht. Drei-, viermal ziehen sie ihr neue Kleider an, dann geben sie auf und sehen zu, dass Frau Riedle ihr Zimmer – sie haben längst für ein Einzelzimmer gesorgt – nicht verlässt.
An manchen Tagen sind sie stinkwütend über die anderen Bewohner und Besucher und deren blöde Blicke und Kommentare. Wenn sie sich so fühlen, möchten sie Frau Riedle am liebsten nackt herumlaufen lassen. Das tun sie aber doch nicht. Stattdessen reden sie mit der Landesärztin, dass sie Frau Riedle mal wieder in die Psychiatrie überweist zur besseren medikamentösen Einstellung. Ist Frau Riedle in der Psychiatrie, sind die Pflegerinnen traurig, weil sie glauben, dass es die alte Dame bei ihnen besser hätte. Hinzu kommt, dass sie es mal wieder nicht geschafft haben, eine Lösung für einen angemessenen Umgang mit Frau Riedle zu finden.
Kommt Frau Riedle nach vier Wochen aus der Psychiatrie zurück auf die Station und verhält sie sich ruhiger und apathischer als vor dem Klinikaufenthalt, leiden sie mit Frau Riedle, weil sie nicht mehr in der Lage ist, sich auszuziehen. Sie vermissen das sanfte Lächeln der alten Frau, die nackt in ihrem Sessel auf dem Flur sitzt. Neuerdings zieht Frau Riedle wieder ihre Kleidung aus. Jetzt aber setzt sie sich nicht mehr in den Sessel, sondern sie legt sich völlig entblößt auf den Boden und lässt alles unter sich gehen.

Es ist so furchtbar,

sagt Doris,

wir würden ihr so gern helfen.

Bald wird sie wieder die Landesärztin anrufen.
An der jammernden Frau Schmitz, die am liebsten im Bett liegt und für nichts Interesse empfindet, leiden die Pflegerinnen, weil sie ihr nie eine Freude bereiten oder sie für irgendetwas interessieren können. Die Schläge, die sie regelmäßig von Frau Schmitz erhalten, machen ihnen angeblich nichts aus. Im Gegenteil:

Da sieht man doch, dass sie noch einen eigenen Willen hat,

sagt Andrea. Die Schläge geben den Pflegerinnen die Hoffnung, dass sie es schaffen können, den verkümmerten Lebensmut von Frau Schmitz zu wecken. Und so probieren sie weiter, bei Frau Schmitz eine Freude oder eine Eigeninitiative auszulösen.

Monika: *Möchten Sie heute Mittag eine leckere Suppe, Frau Schmitz?*

Frau Schmitz: *Ich hab so Schmerzen.*

Monika: *Was würde Ihnen denn schmecken?*
Sagen Sie mal.
Sie haben doch bestimmt auf irgendwas Hunger?

Frau Schmitz: *Mir tut der Bauch weh.*

Monika: *Ich glaub, ich weiß, was Sie mögen.*
Ihnen hat doch der Fisch so gut geschmeckt.

Frau Schmitz: *Nein, ich hab Schmerzen.*

Sie haben schon alles probiert und sind bisher noch mit allem gescheitert.

Wäre das nicht toll, wenn Frau Schmitz mal nicht jammern würde, wenn sie einmal ein freundliches Wort fände für all die Mühe, die man sich bei ihr macht?

fragt Monika.

Aber nein.
Sie hat Schmerzen.
Dabei hat sie gar keinen Grund.

Doris ergänzt:

Einen Grund wird sie schon haben.
Aber welchen?

An uns kann es nicht liegen.
Manchmal denk ich, sie wartet nur, bis wir bei ihr sind, damit sie jammern kann.
Wenn keiner bei ihr ist, jammert sie auch nicht.
Wie kann man ihr eine Freude machen?
Sie hat ja so gar nichts vom Leben.
Ich find das furchtbar.

Die Pflegerinnen leiden und haben sich zur Abwehr längst die alte Frau Schmitz böse gemacht. Sie geben der Bewohnerin die Schuld, wenn sie nicht gerne zu ihr hingehen, wenn man sie beim Waschen mal härter anfasst, wenn sie ihr schnippische Antworten geben, wenn sie sie nachäffen oder wenn sie sie stumm und ohne eines Blickes zu würdigen pflegen.
Aber diese Spielarten des Leidenlassens beenden nicht ihr eigenes Leiden. Vielmehr verstärkt sich dadurch ihr Leiden noch, weil sie sich danach schlecht fühlen und ein schlechtes Gewissen haben.
In ihrem Leiden erinnern mich Pflegende zum einen an den Kleinen Prinzen, der es mit seiner Rose auch nicht leicht hat. Wie der Kleine Prinz seiner Rose, so begegnen Pflegende zu Beginn einer Pflegebeziehung einem alten Menschen mit viel gutem Willen, Bewunderung und sogar Liebe. Bald aber fühlen sie sich durch Eigenarten des alten Menschen, die zunächst belanglos scheinen, gestört. Da wird die anfänglich rührende Eitelkeit der Rose für den Kleinen Prinzen zur Qual, als er sie bei einer einfältigen Lüge ertappt und die Rose zwei- oder dreimal hustet, um den Kleinen Prinzen ins Unrecht zu setzen. „So hatte der kleine Prinz trotz des guten Willens seiner Liebe rasch an ihr zu zweifeln begonnen, ihre belanglosen Worte bitter ernst genommen und war sehr unglücklich geworden.“[25]
Auch Susanne hatte anfangs die freundliche Höflichkeit von Frau Schumacher bewundert und genossen. Bald aber fing sie an, unter den in Bitten gekleideten Forderungen und Ansprüchen zu leiden. Die Formulierungen der alten Dame:

Hätten Sie die Güte, …
Würden Sie bitte so freundlich sein, …
Ach, Liebes, Sie sind gerade da, würden Sie bitte …
Seien Sie doch so gut, …

kann Susanne nicht mehr hören.

Irgendwann beschließt Susanne, Frau Schumacher merken zu lassen, dass sie mit ihrer „Höflichkeitstour" nichts erreicht. Von da an verfolgt Susanne im Umgang mit Frau Schumacher mehrere eher diffuse Ziele. Frau Schmacher soll:

- sich ihre Formulierungen abgewöhnen,
- Rücksicht auf die Verfassung von Susanne nehmen,
- ihre Ansprüche zurückstecken,
- bescheidener werden.

Susanne weiß, dass sie keines ihrer Ziele je erreichen wird. Das hindert sie aber nicht, konsequent an einer Umerziehung von Frau Schumacher zu arbeiten:

- Susanne betritt das Zimmer von Frau Schumacher nur noch zu bestimmten Zeiten und Anlässen.
- Vorgetragene Bitten werden mehrfach überhört oder ignoriert.
- Noch bevor Frau Schumacher eine Bitte vortragen kann, stellt Susanne der alten Frau eine als Bitte verkleidete Forderung.
- Nach einer Bitte, die Susanne nicht überhören kann, wird Frau Schumacher belehrt, dass man im Leben nicht alles sofort bekommen kann und dass Susanne nicht nur für Frau Schumacher da ist.

Susanne verhält sich nun nicht mehr anders als die Schwarzen Erzieher(innen). Auch sie benutzt zu ihrer Rechtfertigung den unheilvollen Spruch:

Wenn man Frau Schumacher nachgibt, frisst die einen auf.

Dennoch kann man Susanne nicht zu den Vertreter(innen) der Schwarzen Pädagogik rechnen. Die Pflegerin ist nämlich nicht darauf aus, den triebhaften Willen eines Menschen zu bändigen, sie will sich vielmehr selber schützen. Susanne befürchtet, der Beanspruchung durch Frau Schumacher nicht gewachsen zu sein. Sie will sich nicht bis an die Grenze ihrer Belastbarkeit treiben lassen, denn sie weiß, dass sie sich nicht mehr beherrschen kann, wenn diese Grenze überschritten wird. Dann wäre das Ende ihrer Friedfertigkeit erreicht, sie würde sich „vergessen" und zu Mitteln der Gewaltanwendung greifen, die sie mit ihren Idealen über den Umgang mit Menschen nicht vereinbaren könnte.

Das Ergebnis ist, dass Susanne sich Frau Schumacher erziehen und mit ein bisschen erzieherischer Gewalt einen eigenen Gewaltausbruch verhindern will.
Die Tragik der Pflegenden liegt darin, dass sie sich nur vor Frau Schumacher schützen kann, indem sie sie leiden lässt. Sie will zugleich sich und Frau Schumacher gerecht werden. Das eine scheint aber das andere auszuschließen, und so gerät sie in eine ausweglose Situation.
Keine ihrer Bemühungen und Aufopferungen, kein Zureden, keine Geduld, keine Liebe hat ihr bei Frau Schumacher geholfen, nichts von dem, was sie von schlauen Lehrern oder aus schlauen Büchern erfahren hat, keine Fortbildung und keine Supervision haben ihr Problem gelöst und ihre Leiden gelindert.
Nichts kann ihr helfen. So bleiben Susanne, Doris, Andrea und Monika nur noch das Leiden. Jeden Tag sitzen sie zusammen und erzählen sich tagein, tagaus die gleichen Geschichten über Frau Schumacher, Frau Meier, Frau Riedle und Frau Schmitz:

Frau Schmitz hat heute wieder mal …

In dieser Lage erinnern mich Pflegende auch an eine zweite Geschichte, nämlich an Johann Peter Hebels Geschichte vom Bauern, der einen Esel nach Hause reitet[26]:

Seltsamer Spazierritt

Ein Mann reitet auf seinem Esel nach Haus und lässt seinen Buben zu Fuß nebenherlaufen. Kommt ein Wanderer und sagt: „Das ist nicht recht, Vater, dass Ihr reitet und lasst Euern Sohn laufen; Ihr habt stärkere Glieder.“ Da stieg der Vater vom Esel herab und ließ den Sohn reiten. Kommt wieder ein Wandersmann und sagt: „Das ist nicht recht, Bursche, dass du reitest und lässest deinen Vater zu Fuß gehen. Du hast jüngere Beine.“ Da saßen beide auf und ritten eine Strecke. Kommt ein dritter Wandersmann und sagt: „Was ist das für ein Unverstand, zwei Kerle auf einem schwachen Tiere? Sollte man nicht einen Stock nehmen und euch beide hinabjagen?“ Da stiegen beide ab und gingen selbdritt zu Fuß, rechts und links der Vater und Sohn und in der Mitte der Esel. Kommt ein vierter Wandersmann

und sagt: „Ihr seid drei kuriose Gesellen. Ist's nicht genug, wenn zwei zu Fuß gehen? Geht's nicht leichter, wenn einer von euch reitet?" Da band der Vater dem Esel die vorderen Beine zusammen, und der Sohn band ihm die hinteren Beine zusammen, zogen einen starken Baumpfahl durch, der an der Straße stand, und trugen den Esel auf der Achsel heim.
So weit kann's kommen, wenn man es allen Leuten will recht machen.

So wie der Bauer haben die Pfleger(innen) alle Möglichkeiten erprobt. Am Ende geben sie auf und sagen:

Her mit den Belastungen.

Ich nehme alles auf mich.

Dann leide ich zwar unerträglich. Aber das hab ich sicher.

Da brauch ich mir keine Gedanken mehr zu machen.

Und wenn ich ab und zu die Alten leiden lasse, dann muss man dafür Verständnis haben. Schließlich bin ich auch nur ein Mensch.

Mit dieser Haltung erinnern mich Mitarbeiter(innen) in der Pflege zum Dritten an die Geschichte „Vom kleinen Maulwurf, der wissen wollte, wer ihm auf den Kopf gemacht hat." In diesem Bilderbuch von W. Holzwarth und W. Erlbruch[27] fällt dem Maulwurf eine runde braune Wurst auf den Kopf, als er aus seinem Erdloch krabbelt. „So eine Gemeinheit", empört sich der Maulwurf. „Wer war das?" Er begibt sich auf die Suche nach dem Übeltäter. Er kommt nicht auf die Idee, die störende Wurst auf seinem Kopf einfach zu entfernen, nein, er trägt sie wie eine Krone. Darin ähnlich sind ihm die Pfleger(innen). Sie tragen ihr Leiden wie eine Krone: Seht her, was ich alles zu leiden imstande bin.
Natürlich stecken sie die Kränkungen, unter denen sie leiden, nicht einfach weg, auch wenn sie behaupten:

Mir macht das nichts.
Ich wusste ja, was auf mich zukommt.
Dafür werde ich bezahlt.
In der Pflege ist das so.

Genau wie der Maulwurf begeben sie sich auf die Suche nach dem Übeltäter. Der Maulwurf fragt alle Tiere, denen er begegnet, ob sie ihm auf den Kopf gemacht hätten. Alle verneinen seine Frage und zeigen ihm zum Beweis, wie sie „machen". Bei der Kuh mit ihren riesigen Fladen ist der Maulwurf sehr froh, dass sie es nicht war. Am Ende der Suche trifft der Maulwurf auf zwei Fliegen, die an der Wurst kosten und damit den Täter überführen. Es war Hans-Heinerich, der Metzgershund. Böse grinsend klettert der Maulwurf auf dessen Hundehütte und – „pling" – lässt er ein kleines schwarzes Würstchen auf den Hundekopf fallen. Danach geht es dem Maulwurf besser. Er verschwindet wieder glücklich und zufrieden in sein Erdloch.

Pfleger(innen), denen ständig „auf den Kopf gemacht" wird, fühlen sich ausgenutzt, überfordert, gedemütigt und gekränkt. Meist kennen sie die Übeltäter und brauchen sich nicht auf die Suche zu begeben. Allerdings revanchieren sie sich genauso wie der Maulwurf mit einem „pling", mit einer kleinen Gehässigkeit. Es spielt für sie keine Rolle, ob der alte Mensch sie absichtlich und bewusst gekränkt hat (Hans-Heinerich hat bei seinem Spaziergang über den Rasen ja wohl auch zufällig seine Wurst über den Kopf des kleinen Maulwurfs fallen lassen), und ebenso wenig ist es für sie von Bedeutung, ob der alte Mensch ihr „pling" als Racheakt wahrnimmt. (Hans-Heinerich lässt sich von dem Würstchen in keiner Weise in seinem Schlaf stören.)

Es ist einfach so, dass sich Pflegende ein „pling-Konto" einrichten, von dem sie bei passender Gelegenheit zurückzahlen. Die Rückzahlung kann unmerklich geschehen, Hauptsache ist, dass die innere Bilanz stimmt.

Verlangt Herr Schmitz seit Tagen, dass man ihm nicht zwei, sondern nur ein Handtuch zum Waschen hinlegt, er aber mit einem Handtuch nicht zurecht kommt und später ein zweites erbittet, richtet sich Maria ein „pling-Konto" ein. Nach etwa zwei Wochen beginnt sie zurückzuzahlen. Sie begrüßt Herrn Schmitz sehr freundlich und legt ihm drei Handtücher ans Waschbecken: Pling!

Jeden Tag bittet Frau Schmitz die Pflegerin nach dem Waschen, den Waschlappen am Waschbecken liegen zu lassen. Für Maria ist das selbstverständlich, und sie hat Frau Schmitz schon oft gesagt, dass sie – auch ohne darum gebeten zu werden – den Waschlappen am Waschbecken lässt. Frau Schmitz bittet weiter, und Maria richtet sich das „pling-Konto“ ein. Nach etwa zwei Monaten zahlt sie zurück. Sie drückt Frau Schmitz den Waschlappen in die Hand und sagt:

Hier haben Sie Ihren Waschlappen.
Halten Sie ihn gut fest.
Dann nimmt ihn auch keiner weg.

Pling!

Frau Schmitz will regelmäßig mit Franzbranntwein eingerieben werden und hat zu diesem Zweck eine große Flasche auf ihrem Nachttisch stehen. Unglücklicherweise formuliert sie aber ihren Wunsch nicht ausdrücklich. Wenn sie den Rücken abgerieben haben möchte, sieht sie auf die Flasche mit dem Franzbranntwein und stöhnt leise. Maria weiß genau, was Frau Schmitz will, aber sie hätte gerne, dass die alte Dame sie ausdrücklich bittet, sie abzureiben. Das „pling-Konto“ ist eröffnet, und es dauert mit der Rückzahlung nicht allzulange. Frau Schmitz stöhnt und Maria streichelt Frau Schmitz über den Rücken, um sich zu verabschieden:

So, Frau Schmitz, jetzt sind wir fertig.
Ich wünsch Ihnen noch einen schönen Tag.
Bis Morgen.

Pling!

Es lässt sich nicht leugnen und leider auch nicht verhindern: Die Welt der Pflege ist ein Ort des Leidens und Leidenlassens. Deshalb werden sich diese und viele, viele andere „plings“ täglich wiederholen. Man wird sie tolerieren müssen, auch wenn man sie nicht gutheißen kann. Pfleger(innen), die unausweichlich auch dann mit Menschen umgehen müssen, wenn sie sie nicht vor ihren Augen sehen können[28], werden ohne „plings“ nicht auskommen, wenn sie nicht zugrunde gehen wollen. Wer sein Konto mit kleineren Gehässigkeiten ausgleicht, so hoffe ich, muss nicht zu stärkeren Mitteln der Gewaltanwendung greifen. Ich befürchte allerdings, dass Pflegende, die man mit unerträglich erlebten Menschen alleine lässt, leicht die Grenze zwischen „plings“ und Gewalt überschreiten.

Macht und Ohnmacht der Erzieher

Frau Müller macht es einem nicht leicht

Im Gegensatz zur Erziehung von Kindern gibt es bei den Erziehungsversuchen gegenüber alten Menschen keine durchgängige und klare Rollenverteilung zwischen dem, der erzieht, und dem, der erzogen werden soll.
Das Gewaltverhältnis ist nicht so eindeutig wie zwischen Kindern und Erwachsenen festgelegt, und so kann der alte Mensch jederzeit selbst die Rolle des Erziehenden übernehmen und den Pflegenden zum Zögling machen. Er kann sich dem Machtanspruch des Pflegenden entziehen und im Gegenzug für sich eine Machtposition beanspruchen.
Die Erziehung eines alten Menschen ist deshalb für Angehörige oder professionell Pflegende regelmäßig mit schmerzhaften Erfahrungen und Kränkungen verbunden. Sie geben in guter Absicht Erklärungen und erhalten ihrerseits Erklärungen, sie belehren und werden belehrt, sie ermahnen und werden ermahnt, sie erteilen Vorschriften und Verbote und bekommen selbst Vorschriften und Verbote erteilt, sie treffen Anordnungen und sehen sich Anordnungen ausgesetzt.
Wer alte Menschen erzieht, erlebt also einen permanenten Wechsel von Macht und Ohnmacht. Dieser Zustand ist nicht eben leicht zu ertragen und so arten zunächst zaghafte Erziehungsbemühungen oft genug in unwürdige Machtkämpfe zwischen Kindern und alten Eltern bzw. zwischen Pflegenden und alten Menschen aus.
Beim Austarieren von Macht- und Ohnmachtsgefühlen habe ich beispielsweise ziemliche Probleme mit Agnes Müller. Dieser alten Dame gegenüber fühle ich mich in jeder Hinsicht überlegen, und obwohl ich mir ständig auferlege, sie meine Überlegenheit nicht spüren zu lassen, erlebe ich sie als eine Person, die in völliger Verkennung der Machtverhältnisse versucht, mich zu beherrschen.
Agnes Müller lebt alleine und zurückgezogen in ihrer Wohnung. Ihr Mann ist verstorben, ihre beiden erwachsenen Kinder halten einen Kontakt über das Telefon aufrecht und besuchen sie bei Anlässen wie Geburtstagen, Festen oder in Notsituationen.

Ich besuche Frau Müller einmal pro Woche, um kleine Verrichtungen zu erledigen oder sie zum Friedhof zum Grab ihres verstorbenen Mannes zu chauffieren. Ich gehe nicht gerne zu Frau Müller. Den jedesmal aufkommenden Widerwillen versuche ich zurückzuhalten, indem ich mir gute Laune, eine friedlich-freundliche Stimmung einrede. Ich stelle mich gewissermaßen geistig und gefühlsmäßig auf Frau Müller ein, um ihre Unfreundlichkeit, ihre gegen meine Person gerichteten Attacken und ihre Übellaunigkeit nicht an mich herankommen zu lassen. Wenn ich mit dem Auto zu ihr fahre, drücke ich mir eine Kassette der Kölner Gruppe „BAP" ins Autoradio, um mich in eine gute Stimmung zu versetzen. Ich wappne mich gegen den Besuch mit einer gelösten Freundlichkeit, an der alles abprallen soll. Wenn ich an der Haustür klingele, spüre ich häufig Stiche in der Magengegend.

Frau Müller öffnet mir die Wohnungstür und blickt mich lange an, ohne ein Wort zu sagen. Ihr Blick ist eine Mischung aus Abwehr, Misstrauen, Wut und Leid. Manchmal sagt sie mit vorwurfsvollem Ton:

Ach, sind Sie auch schon da?

Dann dreht sie sich von mir weg und lässt mich stehen. Ich gehe hinter ihr her in ihre Wohnung und fühle mich dabei in einer Weise überflüssig, dass ich am liebsten weglaufen möchte. Die gefühlsmäßige Unerträglichkeit dieser Situation versuche ich zu überspielen, indem ich überfreundlich nach ihrem Befinden frage, hinter ihrem Rücken grinse, eine Grimasse schneide oder einfach denke:

O. K., bring es hinter dich.

Eigentlich, habe ich schon oft überlegt, ist Frau Müller auf mich angewiesen, nicht ich auf sie. Also könnte ich sie fragen:

Soll ich wieder gehen?

Aber zu dieser Frage lasse ich es nicht kommen. Warum nicht? Weil ich hinter ihren Vorwürfen und ihrer Ablehnung ihre Schwäche zu erkennen glaube.

Aus diesem Verständnis resultiert bei mir ein Gefühl von Überlegenheit, das mich ihr, der Schwächeren, gegenüber zur Rücksicht verpflichtet. Ich könnte sie alleine lassen, sie ärgern und kränken, ohne dass ich Sanktionen zu befürchten hätte. Aber sie ist auf mich angewiesen. So unterdrücke ich die Gefühle meiner Macht. Ich weiß, dass ich ihr überlegen bin und muss es ihr nicht auch noch zeigen. Ich für meinen Teil will die Regeln des Respektes im Umgang mit anderen Personen einhalten, und das will ich Frau Müller auch merken lassen. Dieses Vorhaben einzuhalten, fällt mir allerdings nicht immer leicht. Denn Frau Müller deutet mein Verhalten nicht als Rücksicht, und sie denkt überhaupt nicht daran, es mir gleichzutun und mir gegenüber den unter Erwachsenen üblichen Respekt zu bewahren. Im Gegenteil: In all ihrer Hilflosigkeit glaubt sie, mir überlegen zu sein; sie ordnet an, was ich zu tun und zu lassen habe, sie nutzt meine Rücksicht aus, sie ist die Herrin, ich der Dienstbote. Ich ärgere mich in solchen Situationen jedesmal.

Hab ich das nötig?

frage ich mich und rede mir ein:

Sag ihr, dass ich diesen Umgang nicht mag. Sprich mit ihr darüber.

Aber was würde dann passieren? Frau Müller verstünde gewiss mein Anliegen nicht als Beginn eines Dialoges, bei dem wir beide wie zwei gleichberechtigte Personen unseren Umgang aushandeln könnten, sondern als Angriff, als Beleidigung, als Respektlosigkeit. Sie würde schweigen und weinen oder wahrscheinlicher mich anschreien und mich auffordern, ihre Wohnung zu verlassen. Ich kann mir ihre Worte genau ausmalen:

Was? Was sagen Sie? Ist das der Dank?
Gehen Sie! Zu mir brauchen Sie nicht mehr zu kommen!
Auf so was wie Sie bin ich nicht angewiesen.
Ich weiß, wie ich alleine zurechtkomme!

Alle Versuche der Beruhigung oder Annäherung wären zwecklos. Sie würde nicht eher Ruhe geben, bis ich das Haus verlassen hätte. Käme ich ihr zu nahe, müsste ich damit rechnen, von ihr weggeschoben oder gar geschlagen zu werden.
Ich versuche also ihre Bevormundungen zu ertragen, versuche, mich gedanklich abzulenken, indem ich beispielsweise ihr Verhalten interpretiere. Dann nehme ich gar nicht mehr wahr, was sie genau sagt. Während sie ununterbrochen redet, entwickele ich meine Theorien über Beziehungen in der Pflege allgemein und über die Lebensge-

schichte von Frau Müller im Besonderen. Gerne stelle ich mir vor, wie ihr Mann unter ihr gelitten hat, und bei solchen Gedankenspielen komme ich zu dem Schluss, dass es kein Zufall gewesen sein kann, dass ihr Mann so früh gestorben ist. Ich muss mir Frau Müller böse machen, damit ich sie ertragen kann.

Manchmal will ich ihr ein paar Wahrheiten sagen, um sie zu verletzen; will die geschlossene Welt, in der sie sich bewegt, niederreißen und ihr den Boden unter den Füßen wegreißen. Aber so weit lasse ich es nicht kommen.

Meine Ausflüge in Frau Müllers Psyche, in ihre Lebensgeschichte, in ihre Ängste und Schwächen geben mir wieder das Gefühl der Überlegenheit zurück. Ich fühle mich ihr überlegen, sowohl moralisch als auch intellektuell; ich durchschaue ihre Schliche und entscheide mich, diese zu ertragen. Diese Methode funktioniert bei mir zwar sehr oft, aber nicht immer. Manchmal halte ich Frau Müllers Geschwätz einfach nicht aus, und dann platze ich in betonter Sanftheit und Freundlichkeit heraus:

Frau Müller, jetzt ist es gut.
Ich weiß, was ich jetzt zu tun habe.

Frau Müller braucht danach ein paar Minuten, bis sie wahrgenommen hat, dass ich etwas gesagt habe und sie meine Worte als Unbotmäßigkeit deuten könnte. Dann wandelt sich ihre Stimmung abrupt. Sie beendet ihren Monolog und schreit:

Ach, auf einmal! Auf einmal wissen Sie, was Sie zu tun haben!

Es wäre schön, wenn Sie das immer wüssten.

Aber auf mich braucht man ja keine Rücksicht zu nehmen.

Für die Zukunft weiß ich Bescheid. Da nehm ich auch keine Rücksicht mehr.

Gehen Sie! Ich will Sie nicht mehr sehen!

Einmal habe ich versucht, ihr etwas von mir mitzuteilen, um eine Basis für ein Gespräch zu finden. Ich erzählte ihr von meinen Urlaubserlebnissen. Frau Müller wollte nichts hören von meiner ehrlichen Freude.

Und wann habe ich mal Freude?

fragte sie. Am liebsten hätte ich ihr gesagt:

Würden Sie doch auch mal mit mir über irgendetwas Angenehmes reden, dann käme ich viel lieber zu Ihnen.

Stattdessen schweige ich und tue meine Arbeit, aber mit großem Widerwillen. Andere alte Menschen, die ich besuche, bringen mich zum Lachen, da gehe ich gerne hin. Ich wage gar nicht, Frau Müller von diesen Menschen zu erzählen. Frau Müller ist nicht in der Lage oder nicht bereit, auf der Basis einer wechselseitigen, gleichrangigen Kommunikationsebene[29] mit mir oder einer anderen Person zu reden.
Frau Müller schweigt oder schimpft. Auf keinen Fall will sie zuhören oder Stellung beziehen. Sie führt keine Dialoge, sie monologisiert. Frau Müller will erzählen, ihre Sicht der Dinge verkünden. Dabei laufen ihre Äußerungen formal und inhaltlich in der immer gleichen Weise ab. Ihre Erzählungen und Berichte sind geradezu stereotyp, mithin vorhersehbar, und ich weiß schon vorab, was sie als Nächstes sagen wird. Verbale oder mimische Rückmeldungen ihrer Gesprächspartner (oder besser: Zuhörer) nimmt sie nicht wahr oder entgehen ihr, zumindest kann sie diese nicht einordnen.

Wie rede ich mit jemandem, der sich an keine Gesprächsregel hält?

Ihre Unfähigkeit, die Überlegungen oder Gefühle ihrer Gesprächspartner auch nur ansatzweise wahrzunehmen, treibt bisweilen seltsame Blüten. Manchmal, wenn ich oder ein anderer Gesprächspartner ihre Aussagen bestätigen, um ihr ein Zeichen der Aufmerksamkeit zukommen zu lassen, reagiert sie irritiert und böse, so als habe man sie unerlaubterweise gestört. Die Bestätigung wird von ihr als Widerwort gedeutet. So schimpfte sie beispielsweise über den Arzt und sagt:

Was glaubt der, wen er vor sich hat!
Da hab ich dem aber mal die Meinung gesagt.

Ich bestätige sie in ihrer Meinung:

Das was richtig.

Frau Müller hebt ihre Stimme:

Wie, das war nicht richtig?

Was haben Sie bloß gegen mich?

Nein,

beeile ich mich zu sagen,

Sie hatten recht. Ich hätte dem Arzt auch meine Meinung gesagt.

Frau Müller beruhigt sich:

Ach so.
Also, da hab ich dem aber mal …

Frau Müller lässt sich nicht gerne unterbrechen. Tut man es dennoch, schluchzt sie, stöhnt, greift sich an ihr Herz, klagt über Beschwerden, versucht aufzustoßen, das heißt, sie quält sich geradezu, Luft aus ihrem Magen hochzudrücken. Das gelingt ihr zwar nicht, aber die dabei erzeugten Grunzgeräusche reichen aus, um den Gesprächspartner zu irritieren.
Bleibt der Besucher unbeeindruckt, wiederholt Frau Müller ihren mühsamen Versuch zu rülpsen noch einmal und beginnt dann mit Schmerzensmiene, ihren Körper zu betrachten. Sie blickt auf ihren Schoß und stöhnt leise, sie reibt ihre Hand und bläst Luft aus ihrem Mund, sie biegt ihren Rücken gerade und lässt dabei ein kurzes, lautes „Ah" entweichen.
Sobald ihr die Gelegenheit günstig erscheint, nimmt sie ihren bekannten Redefluss wieder auf, der den Besucher zum Schweigen zwingt. Wenn man Frau Müller zuhört, kann sie sich bis zur Heiterkeit steigern, um aber sofort wieder in ihren Jammerzustand zu sinken, wenn sie durch ein Wort oder eine Handlung ihres Gesprächspartners unterbrochen wird.
Versuche ich das Gespräch auf ein Thema zu lenken, das nicht unmittelbar Bezug zu ihrer Person hat, gelingt es ihr sehr schnell, wieder von sich und ihren persönlichen Erlebnissen zu reden. Andere Gedanken und Überlegungen als ihre eigenen lässt sie nicht zu, ja es scheint ihr nicht möglich, einen Gedanken, der keinen Bezug zu ihrer Person hat, nachvollziehen zu können.
Ihre Schilderungen von Geschehnissen sind meist eine Mischung aus tatsächlich Erlebtem und der Art, wie sie das Erlebte gefühlsmäßig verarbeitet hat. Beide Ebenen trennt sie in ihren Erzählungen nicht. Wenn sie von dem Arzt spricht, dem sie mal ordentlich die Meinung

gesagt hat, dann habe ich die Situation ganz anders in Erinnerung. Der Arzt hatte ihr freundlich, aber bestimmt gesagt, sie solle versuchen, sich ein wenig bewusster zu ernähren und ihre Medikamente regelmäßiger einzunehmen. Frau Müller hatte geantwortet:

Ach, Herr Doktor, als wenn das alles wäre.

In ihrer Erzählung, die ich mir seither jedesmal anhören muss, schildert Frau Müller sehr lebhaft, wie sie den Arzt zurechtgewiesen habe:

Ob er sich denn nach seinen Ratschlägen verhalte.
Ha!
Sehen Sie, Herr Doktor, da wisse er auch nicht weiter.
Die können auch nicht helfen, da können die noch so viel studiert haben.
Da war der so klein mit Hut.

Es ist für mich ärgerlich, den Vergleich zwischen der von mir erlebten Situation und der Art, wie sie von Frau Müller geschildert wird, auszuhalten.
Frau Müller besteht auf ihrer Sicht der Dinge. Sie will sich nichts erklären lassen und verweigert sich anderen Einsichten. Anfangs habe ich versucht, mit ihr zu diskutieren, ihr auch meine Sicht der Dinge nahezulegen oder ihr Zusammenhänge, die sie nicht durchschaut oder nicht erkennt, begreiflich zu machen, beispielsweise den Zusammenhang von Ernährung und Wohlbefinden oder auch die Erklärung, warum die Krankenkasse eine Leistung in einem Fall bezahlt und in einem anderen Falle nicht. Frau Müller will von alledem nichts wissen. Ausgangs- und Treffpunkt ihrer Überlegungen ist ihre Person und das, was sie für richtig hält. Gemäß dieser Logik halten Gesetze und Verordnungen, die ihrem Einzelfall nicht gerecht werden, ihrem Urteil nicht stand, und Hinweise oder Ratschläge, die auf eine Änderung ihres Verhaltens hinauslaufen, sind dummes Gerede.
Ich muss bei solchen Anlässen aufpassen, dass mir keine ironische Bemerkung über die Lippen kommt. Das wäre für eine gewisse Zeit das Ende unserer Beziehung.
Manchmal zeigt Frau Müller Verständnis für mich und sagt, dass ich es gewiss nicht leicht habe, mit all den alten Leuten. Sie wisse, wie das ist. Wenn sie sich diese oder jene alte Frau vorstelle, nee, das

könnte sie nicht. Wie sich doch manche der Alten anstellten, ja immer auch früher schon angestellt haben. Die Frau Ringels beispielsweise, also …
Liebe Frau Müller, wenn Sie wüssten, was ich dann denke.
Sachliche Argumente, die Frau Müller nicht passen, empfindet sie als respektlosen Widerspruch oder gar als böswilligen Angriff gegen sich.

Der Arzt sagt, ich soll die Tabletten nehmen. Als wenn das was nützt. Tabletten, das ist doch nur was für die Apotheker. Damit die noch mehr verdienen.

Das letzte Argument gefällt mir, und ich würde ihr gerne recht geben. Ich verzichte aber auf eine witzige Bemerkung, die mir auf der Zunge liegt, da Frau Müller diese gewiss missverstehen würde. Stattdessen versuche ich ihr zu erklären, warum der Arzt die Tabletten verschrieben hat. Meine Erklärungen finden jedoch keine Gnade.

Sind Sie doch ruhig!
Lassen Sie mich zufrieden!
Machen Sie Ihre Arbeit, und dann gehen Sie besser.
Ich weiß selber, was gut für mich ist.

Nach solchen Zurechtweisungen fühle ich mich wie ein kleines dummes Kind.
Frau Müller ist gefangen in ihrem Deutungssystem der Wirklichkeit. Was sie hören will, das hört sie, was sie verstehen will, versteht sie. Ihre Unfähigkeit oder fehlende Bereitschaft, sich von ihren Deutungen zu distanzieren, geht so weit, dass sie überzeugt zu sein scheint, dass alles, was sie erlebt und erfährt, auch und in gleicher Weise von allen anderen Menschen, die mit ihr umgehen, erlebt und erfahren wurde und wird. Es ist ihr unbegreiflich, dass ich bei ihren Erzählungen um des Verstehens willen nachfrage:

Also, Frau Müller, das versteh ich jetzt nicht. Wie war das?
Sie sagten, …

Solche Rückfragen duldet Frau Müller nicht. Sie ist ungehalten und beschimpft mich oder bezichtigt mich der Dummheit oder Rücksichtslosigkeit:

Wie, Sie verstehen das nicht?
Sonst wollen Sie doch immer so schlau sein.

Ich kenne Pflegerinnen und Pfleger, die genauso wenig wie Frau Müller fähig sind, sich von ihren Sichtweisen zu lösen. Was passiert eigentlich, wenn solche Pflegekräfte und Frau Müller aufeinanderstoßen?

Wenn Frau Müller ihre allseits bekannten Geschichten erzählt, scheint sie wie aus der Realität entrückt. Sie lässt sich von ihren Gefühlen und Phantasien (so wie sie die Wirklichkeit erleben möchte) tragen. Dabei verrät sie die Eingeschränktheit ihres Blickwinkels. Wie mit angelegten Scheuklappen erkennt sie nur ganz kleine Ausschnitte der Wirklichkeit. Alles, was ihr nicht in den Blick gerät, existiert nicht oder ist böse und schlecht. „Damit habe ich nichts zu tun", ist einer ihrer Standardsätze, und ein anderer: „Das geht mich nichts an." Frau Müller bleibt die Vielfältigkeit und Komplexität dieser Welt verschlossen, sie bemüht sich aber auch nicht, sie sich zu erschließen. Sie scheint nichts von dem, was ich weiß, zu wissen, und sie will es nicht wissen.

Frau Müller könnte es deshalb leicht wie Rotkäppchen aus dem Märchen ergehen, das in der Eingeschränktheit seiner Betrachtungsweise vor lauter Einzelheiten den Wolf nicht erkennt und so zu einer leichten Beute wird. Gerade weil dem so ist, will ich nicht, dass Frau Müller eine Beute derjenigen wird, die ihr nicht gesonnen sind. Ich will verhindern, dass sie sich lächerlich macht, zum Gespött wird, dass sie sich aufgibt, sich fressen lässt. Ich will sie beschützen, auch wenn ich sie meistens als alte Hexe aus dem Märchen „Hänsel und Gretel" sehe, die ich am liebsten in den Backofen schieben möchte.

Es ist ausgesprochen langweilig, Frau Müller zuzuhören. Das Repertoire ihrer Erzählungen ist auf persönliche Erlebnisse beschränkt: Frau Müller und ihre Kinder, Frau Müller und das Grab ihres Mannes, Frau Müller und die Kirche, Frau Müller und ihre Krankheiten.

Die Art und Weise, mit der Frau Müller den Zuhörer mit ihren Geschichten festhalten, ihn am Weggehen hindern will, erzeugt neben dem Gefühl der Langeweile zusätzlich ein Gefühl von Erdrückung, Umklammerung. Frau Müller hält mich mit Worten fest, und ich kann mich nicht lösen. Sie redet immer weiter, damit kein Anlass zum Gehen entsteht, sie kommt nicht zum Ende. Wenn ich mich zur

Tür hinbewege, um den Abschied vorzubereiten, will sie mich mit einer schnellen Frage festhalten:

Was ist eigentlich mit Ihrer Kollegin, die letzte Woche hier war?

Frau Müller will dann keine Antwort. Sage ich etwas über die Kollegin, hört sie gar nicht zu und ist schon wieder bei ihrem Thema, das sie mit der Frage nur unterbrochen hatte, um mich am Weggehen zu hindern.
Einer Nachbarin von Frau Müller erging es neulich nicht anders. Sie hatte Frau Müller etwas besorgt, das sie nur abgeben wollte. Aber Frau Müller wollte sie nicht mehr gehen lassen. Zunächst musste sie sich Witziges anhören:

Das hätten Sie nicht gedacht, dass Sie hier einen jungen Mann bei mir antreffen.
Eine alte Frau braucht auch mal was Junges.
Ha, ha!

(Wie ich dieses Vorgeführtwerden hasse!)

Aber das ist ja nicht so gemeint. Sie wissen ja, wie ich das meine. Man muss ja auch mal lachen. Wir haben ja so wenig zum Lachen.

Die Nachbarin kann genauso wenig wie ich lachen. Sie hält die Türklinke fest umklammert und sieht mich an. Frau Müller redet.

Wie geht es Ihrer Mutter? Als ich sie letztes Mal traf…

Die Nachbarin sieht abwechselnd mich und Frau Müller freundlich an. Wahrscheinlich wartet sie auf eine Reaktion von mir, die es ihr erlaubt, sich zu verabschieden. Ich bleibe stumm, tue meine Arbeit und beobachte mit klammheimlicher Freude, welche Strategie sich die Nachbarin einfallen lässt, den Rückzug antreten zu können. Ich werde ihr nicht helfen.

Als Pfleger bzw. Pflegerin wird man leicht von Dritten in die Rolle eines Erziehungshelfers hineingedrängt. Der Pflegende soll den alten Menschen dazu bringen, das zu tun, was Dritte von dem alten Menschen erwarten.

Der Besuch der Nachbarin, die von Beginn an ihren Abschied vollzog, hatte Frau Müller gut getan. Sie hatte sich in eine Heiterkeit hineingeredet, die sie beibehielt, als ich wieder mit ihr alleine war. Nun versuchte Frau Müller, mich zu erheitern, sie wollte mir nahe sein, mich zum Lachen bringen. Aber ich vertrage diese Versuche schon lange nicht mehr. Manchmal nehme ich mir vor, auf ihre Scherze einzugehen und so zu tun, als könne sie mich erheitern. Aber dieser Vorsatz hält nicht, wenn ich bei ihr bin. Ich will keine Freude zeigen, weil ich ihre Freude, die ich damit auslösen würde, nicht ertragen kann. Ich erlebe ihre Freude dann als ihren Triumph über mich: Es ist ihr wieder mal gelungen, dass ich das tue, was sie will. So weiß ich, was Frau Müller gut tut, aber ich kann es ihr nicht mehr geben.
Die Heiterkeit von Frau Müller ertrage ich mit Reserviertheit. Frau Müller scheint auch diese Reaktion von mir zu entgehen. Wenn sie heiter sein will, ist sie das gnadenlos. An solchen Tagen bin ich ihr Liebster und sie ruft mir, wenn ich mich verabschiedet habe und schon im Flur bin, hinterher:

Passen Sie auf sich auf! Es passiert so viel.

Froh, Frau Müller hinter mir zu haben, rufe ich zurück:

Mir passiert schon nichts.

Das hört Frau Müller gar nicht gerne:

Gott, Kind! Sagen Sie nicht so was!
Wie schnell ist etwas passiert.
Regen Sie mich doch nicht so auf!

Jetzt hilft mir nur noch die Rückseite der Kassette von „BAP“.

Zielkonflikte
Schrumpfung oder Förderung

Haben wir nicht die Pflicht, erzieherisch einzuwirken, wenn die Entwicklung bei einem alten Menschen rückläufig ist, wenn sie zusammenschrumpft? Müssen wir nicht dem Rückgang und Verlust des selbstständigen Handelns entgegenwirken? Dürfen wir einen Menschen, der auf die Ausnutzung und den Erhalt seiner Fähigkeiten, Kräfte und Möglichkeiten verzichtet, in Ruhe lassen? Ist es nicht unsere selbstverständliche Aufgabe, einen Menschen, der aus eigenem Antrieb nichts für den Erhalt oder Wiederherstellung seiner Gesundheit unternimmt, aus seiner Passivität herauszuholen? Und ist es nicht ein Gebot der Mitmenschlichkeit, einen Menschen vor Dummheiten zu bewahren, ihn davon abzuhalten, sich lächerlich zu machen?
Sollten wir nicht bei alten Menschen brachliegende oder verkümmerte Eigenschaften, Interessen und Fähigkeiten auch gegen den vordergründigen Willen der Alten wecken? Dürfen wir nicht bei jedem Menschen zumindest den latenten Wunsch nach Gesundheit, Selbstständigkeit und Teilhabe unterstellen? Und ist es nicht so, dass Menschen, die sich gegen die Verwirklichung dieser Wünsche sperren, durch irgendetwas blockiert sind, das es zu beseitigen gilt? Müssen wir nicht also alte Menschen, die sich zurückziehen, die auf ihren Krankheiten und Schmerzen bestehen, denen jeder Kontakt zu viel ist und die jedes noch so freundliche Angebot zur Geselligkeit oder Beschäftigung ablehnen, zu ihrem Glück zwingen? Muss nicht jeder verantwortungsvolle Mensch einen alten Mitmenschen, der sich seiner Schrumpfung hingibt, behutsam oder auch handfest anstoßen, damit er nach einer Zeit der Abwehr seine Möglichkeiten ausschöpft?
Diese Fragen scheinen mir nicht leicht beantwortet werden zu können, und bei jeder einzelnen Person, um die sich ein Helfer Gedanken macht, werden Zweifel bleiben, egal wie man sich entscheidet.
Da viele Angehörige und Pfleger(innen), die ich kenne, eher zur fast uneingeschränkten Bejahung der Frage neigen, will ich an dieser Stelle für ein Recht auf Schrumpfung plädieren. Ich will dies am

Beispiel der mir gut vertrauten Agnes Müller, die ich im letzten Kapitel vorgestellt habe, tun.

In dem Buch „Der Tag, an dem mein Bein fortging“ berichtet Oliver Sacks, ein bekannter englischer Neurologe, dass er nach einem Unfall einige Wochen in einem sehr kleinen Krankenzimmer verbringen musste. Nach der Verlegung in ein großes Zimmer stellt er verwundert fest, dass er die Tiefe des Raumes wieder ganz neu wahrnimmt. Offenbar hatte sich seine Wahrnehmung und damit sein Sehen, Denken und Erleben auf die Enge des Raumes, in der er drei Wochen verbracht hatte, eingestellt. Nach dem Umzug in das größere Zimmer erweiterte sich der Raum und damit seine Erfahrungswelt. Sacks beschreibt sein Erleben der Tiefenwahrnehmung als den Beginn seiner Gesundung.

„Raum, Weite, Ausdehnung. Freiheit – eine sich ständig erweiternde Physiologie und Welt, ein sich ständig erweiternder persönlicher (und sozialer) Raum. Dies, so wurde mir mit äußerster Klarheit bewußt, dies war das Wesen der Gesundung, der Genesung, nicht nur in dem spezifischen Bereich, der mein Bein und meine Bewegungsfreiheit betraf, oder auf dem Spezialgebiet des Tiefensehens und der visuellen Wahrnehmung, sondern in dem ganzen allgemeinen Bereich des Wiedererwachens zum Leben, des Hinaustretens aus Selbstversunkenheit, Krankheit, Beschränkung und dem Dasein als Patient in die räumliche Weite der Gesundheit, des ganzen Seins, der wirklichen Welt – die ich, was ich ziemlich erschreckend fand, in dem kurzen Zeitraum meines dreiwöchigen Patientendaseins weitgehend vergessen hatte.“ [30]

Die Erfahrung von Sacks lässt sich auf die Situation von Agnes Müller übertragen. Die alte Dame lebt seit Jahren in einer eng abgegrenzten Umgebung, und entsprechend eingeschränkt ist ihre Erfahrungswelt.

Innerhalb dieser reduzierten Welt bekommen Dinge, die mir nichtig und unwichtig sind, eine besondere Bedeutung für Agnes Müller. Sie sieht die Dinge anders als ich. Diese Erkenntnis kam mir erstmals, als ich mit ihr das Grab ihres Mannes besuchte. Die etwa 4 qm große Fläche des Grabes stellte für Agnes Müller eine eigene Erlebniswelt dar. Jede Kleinigkeit regte sie zum Überlegen und Grübeln an oder konnte sie auch erschrecken: Die Kerze in der Leuchte durfte nicht zu groß sein, ja der Docht musste auf eine bestimmte Länge gestutzt

werden, damit die Kerze nicht zu sehr rußte; jemand hatte eine Vase mit Blumen an eine Stelle des Grabes gestellt, die Agnes Müller nicht für Blumen vorgesehen hatte; ein winziger Fleck Vogelkot musste sofort weggewaschen werden. Misstrauisch betrachtete Agnes Müller die Oberfläche des Grabes und stellte mehrfach mit freudigem Stolz fest, dass der Sarg wohl noch in Ordnung sein müsste, weil das Grab noch keinen Zentimeter gesunken sei.
Wie kann sich ein Mensch 30 Minuten intensiv mit 4 qm Grabfläche beschäftigen und das dabei Wahrgenommene noch wochenlang zum Gegenstand seiner Gespräche machen, dachte ich. Die Welt ist so groß, so vielfältig, so interessant. Es gibt tausend Dinge zu betrachten, und es gibt tausend Themen, über die man reden kann. Nein, es muss das Grab sein. Wie armselig!
Ich erinnerte mich, dass ich als Kind Stubenarrest in einem Zimmer absitzen musste. Damals betrachtete ich vor lauter Langeweile jedes Detail, jeden Fleck auf der Tapete, jede Maserung des Holzes so lange und intensiv, dass plötzlich eine neue Welt vor mir auftauchte. Ich phantasierte mir in die Muster der Tapete Gesichter, Figuren oder Tiere und erfand Geschichten dazu; ich gab den Figuren, den Gegenständen Leben, sie wurden zu Wesen mit eigenem Willen und der Fähigkeit zu handeln. Diese andere Welt nahm mich damals gefangen.
Befindet sich Agnes Müller überwiegend auch in einer derartigen, ihr selbst und ihrer Phantasie genügenden Welt? Schafft sich Frau Müller ihre Welt, die so weit weg von meiner Wirklichkeit ist, die ihr aber auszureichen scheint? Andererseits: Muss ich sie nicht aus dieser Welt, die sie so einengt und die ihr all die Möglichkeiten, die das Leben bereitstellt, nimmt, herausführen? Muss ich ihr nicht wieder die „Tiefenwahrnehmung“ ermöglichen, ihr die Türen in andere Welten öffnen?
Oder befindet sich Agnes Müller in einer Welt, in der magische Kräfte Einfluss auf ihr Leben haben? Glaubt sie, dass böse Geister etwas mit ihr anstellen, und glaubt sie diese Geister beschwichtigen zu können, wenn sie ihre wenigen täglichen Aktivitäten in der immer gleichen Reihenfolge ablaufen lässt? Zuerst nimmt sie die weiße Tablette und dann die grüne. Und wehe sie vertauscht die Reihenfolge oder ein Helfer gibt ihr die Tabletten in der umgekehrten Folge! Dann kann Frau Müller nicht mehr an sich halten. Sie ist von Sinnen und wider alle Vernunft überzeugt, dass man ihr Böses will.

Auch bei dieser Spekulation erinnere ich mich, als Junge von einem ausgeprägten magischen Denken geprägt gewesen zu sein. Hatte ich nicht vor dem Frühstück gebetet, ließ mich den ganzen Tag über das ungute Gefühl, mir könne etwas Unangenehmes oder Schreckliches zustoßen, nicht mehr los. In der Zwischenzeit habe ich mich von dem Glauben an übersinnliche Kräfte befreit (obwohl ich mich manchmal dabei ertappe, immer noch durch Einhaltung ritueller Ordnungen wichtige Entscheidungen günstig beeinflussen zu wollen). Sollte ich nicht auch Frau Müller von ihrem Aberglauben befreien und ihr helfen, sich bei ihren Entscheidungen auf ihren Verstand zu verlassen? Ginge es ihr nicht besser, wenn sie um psychosomatische Zusammenhänge wüsste? Dann müsste sie nicht immer ihre „Nerven" (die bösen Geister), die ihr so oft einen Streich spielen und sie in Angst und Schrecken versetzen, durch ritualisiertes Handeln beschwichtigen. Sie hätte größere Freiräume, die sie nutzen könnte und müsste sich nicht auf wenige einigermaßen beherrschbare Rituale beschränken.

Sacks fragt: „Wie sollte man erkennen, daß man geschrumpft war, wenn der Bezugsrahmen ebenfalls geschrumpft war?"

Seine Antwort lautet: „Man mußte an die große Welt, die man ‚vergessen' hatte, erinnert werden – und dann, nur dann, konnte man sich wieder ausdehnen und geheilt werden."[30]

Wie aber erinnert man einen alten Menschen an die große Welt, wenn er sich nicht erinnern lassen will? Und wie klärt man einen alten Menschen auf, der sich nicht aufklären lassen will?

Einmal habe ich mir Frau Müller einfach aufgepackt und zu ihr gesagt:

Jetzt gehen wir zwei beide einmal schön spazieren.

Ihre Ausflüchte und Widerstände hatte ich nicht gelten lassen. Es war für mich kein schöner Spaziergang geworden und – wie es zunächst schien – auch nicht für Frau Müller. Dauernd nörgelte sie, ihr sei zu kalt, zu heiß, sie habe Schmerzen, der Wind und überhaupt:

Bringen Sie mich sofort nach Hause!

Ich erfüllte ihren Wunsch nicht, denn ich war entschlossen, Frau Müller an die Vielfalt der Wirklichkeit zu erinnern. Als der Spaziergang vorbei war, war ich geschafft. Frau Müller redet heute noch gerne von diesem Erlebnis:

Wissen Sie noch, wie schön der Nachmittag war?
Es war so schön. Die Blumen … und alles.

Also hat ihr der unfreiwillige Spaziergang doch gut getan? Muss man Frau Müller zu ihrem Glück zwingen? Muss man ihr Möglichkeiten eröffnen, die sie nur deshalb nicht wahrnimmt, weil sich ihr Blickwinkel, ihr Erfahrungshorizont, ihr Wissen und Wollen verengt hat? Muss man sie erleben lassen, was ihr gut tun könnte, damit sie sich entscheiden kann, die Enge ihrer Welt zu verlassen?
In seiner Theorie der erlernten Hilflosigkeit berichtet Seligman[31], dass Hunde, die in einem Käfig eingesperrt waren und Stromschlägen ausgesetzt wurden, irgendwann gelernt hatten, den Schmerz zu ertragen. Sie blieben am Boden des Käfigs liegen, und sie bewegten sich auch dann nicht, als die Tür des Käfigs offen stand und ihnen erneut Stromstöße verabreicht wurden.
Muss man also Frau Müller gegen ihren Willen aus ihrem zusammengeschrumpften Bezugsrahmen herausholen? Wäre der Weg, den Abbildung 3 darstellt, empfehlenswert?
Was aber wäre, wenn Frau Müller ihre Welt nicht verlassen *will,*

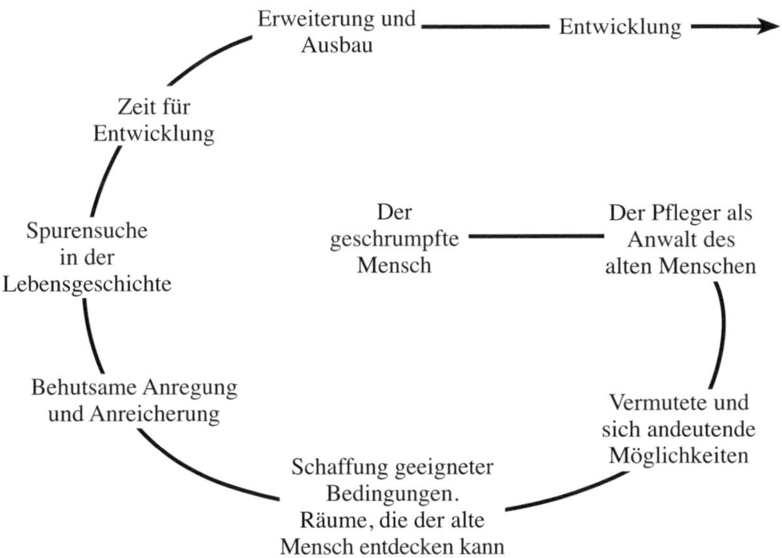

Abb. 3: Der Schrumpfung entgegenwirken

wenn sie zusammenschrumpfen *will?* Die Gründe für ihren Wunsch könnten vielfältiger Natur sein. Vielleicht will sie die Verantwortung für ihr Leben abgeben. Vielleicht hofft sie, jene Fürsorge einklagen zu können, von der sie annimmt, dass sie alten Menschen zusteht. Vielleicht will sie jede Aufregung vermeiden und die Apathie genießen. Vielleicht kann sie ihre magische Welt nicht verlassen, ohne Todesängste durchstehen zu müssen.

Wie auch immer, ich habe mich entschieden, ihr das Recht auf Schrumpfung zuzugestehen. Seither fällt mir der Umgang mit Frau Müller leichter. Ich muss ihr Verhalten mir gegenüber nicht mehr als misstrauisch, ablehnend, feindselig und bösartig interpretieren; ich muss sie nicht mehr als alte Hexe sehen, die keine andere Meinung als ihre eigene zulässt; die von mir Rücksichtnahme verlangt, die sie selber nicht zu geben bereit ist; und ich muss ihre Weigerungen und Rückzüge nicht mehr als krankhaftes Verhalten ansehen. Seither brauche ich mich nicht mehr über Frau Müller zu ärgern, weil ich annehmen müsste, sie ignoriere meine Bemühungen, sie zu einer gesunden Lebensführung anzuhalten, absichtlich, um mich zu verletzen oder bei mir ein schlechtes Gewissen zu erzeugen.

Ich kann sie aus ihrer engen und zusammengeschrumpften Welt nicht herausholen, ohne dass es ihr nicht noch schlechter erginge. Ist sie wie von Sinnen, weiß ich, dass ihr die bösen Geister mit Namen „Nerven" einen Streich gespielt haben.

Das Recht auf Schrumpfung und enger Welt, das ich Frau Müller einräume, gestattet mir eine Umdeutung ihres Verhaltens, die mir ihre Unerträglichkeiten erträglich macht. Ich bin heute überzeugt, dass Frau Müller eine feste Ordnung braucht, um sich sicher fühlen zu können. Ist ihre Ordnung bedroht, fühlt sie sich unwohl und krank.

Um nicht leiden zu müssen, vermeidet sie möglichst alle Veränderungen ihrer Ordnung. Sie zurrt ihr Verhalten in Ritualen mit immer gleichen Handlungen, Redewendungen, Geschichten und Beschwörungen fest.

Aus dem gleichen Grunde wehrt sie alle Versuche von Dritten, sie zu einer Änderung zu bewegen, ab, und versucht zugleich, Dritten gegenüber ihre Ordnung durchzusetzen. Dies allerdings gelingt ihr mit zunehmendem Alter immer seltener. Der Ehemann, der sie gewähren ließ und sie gegebenenfalls unterstützte, ist tot. Ihre Kinder, die früher schon unter der Mutter gelitten haben, ziehen sich immer

stärker zurück. Dadurch, dass Frau Müllers Kräfte im Alter nachlassen, wird der Handlungsspielraum, der ihr Sicherheit bietet, immer enger. Zuletzt bleibt nur noch sie selbst mit ihren Ängsten übrig, und meistens kann sie sich noch nicht mal auf sich selbst verlassen.
Jede noch so kleine Belastung des Vertrauten und Gewohnten wird von ihr als Belastung erlebt. Alles macht sie nervös, regt sie auf. Die von ihr kaum zu ertragende Spannung entlädt sich, indem sie den Verursacher der Belastung beschimpft, anbrüllt oder weint und in ihren „Jammerzustand" fällt.
Jetzt im Alter ist ihr alles und jeder zu viel. Aus ihrer Sicht hat sie tatsächlich ein Leben lang Rücksicht genommen, andere Ordnungen, die für sie ein bedrohliches Chaos darstellten, ertragen, um nicht aufzufallen. Sie hat sich ein Leben lang zusammenreißen müssen, um Fremdes, Bedrohliches aushalten zu können. Jetzt im Alter kann sie nicht mehr. Sie will einfach nur, dass man jetzt im Alter Rücksicht auf sie nimmt. Ihr Schimpfen, ihre Ablehnung, ihr Misstrauen ist nichts anderes als der Versuch, ihre bescheidene Ordnung, auf die sie sich zurückgezogen hat, aufrechterhalten zu dürfen.

Lasst mich doch. Nehmt mich doch so, wie ich bin,

scheint sie mit jeder feindseligen Attacke gegen mich oder andere ausrufen zu wollen. Selbst ihre unerträglichen Erzählungen sind nichts anderes als der Versuch, von ihr als belastend empfundene Erlebnisse wieder in die Ordnung zu bringen, die sie braucht, um leben zu können.
Niemand kann mit ihr einen Kompromiss aushandeln, ihr etwas erklären, ihr raten, sie verändern. Jeder Versuch in diese Richtung wird für sie zu einer Bedrohung und Belastung. Schon mein Erscheinen in ihrer Haustür löst bei ihr die Befürchtung aus, dass etwas auf sie zukommen könnte, das sie nicht einordnen, nicht abwehren kann, dem sie ausgeliefert sein könnte. Aus eben diesem Grund kann sie sich auch nicht freuen, wenn ihr Sohn sie mit Frau und Kindern besucht. Schon bei deren Anblick befürchtet sie, dass nun bald ein unüberschaubares Chaos ausbricht: Die Enkelkinder lassen die Tür aufstehen, schalten im Flur das Licht an, machen den Kühlschrank auf, bedienen den Fernsehapparat; die Schwiegertochter macht unschöne Bemerkungen, der Sohn stellt unangenehme Fragen.
Bald kann Frau Müller nicht mehr anders und sie schreit nur noch.

Die Kinder und Enkelkinder wissen nicht, was sie falsch gemacht haben, die Anspannung wächst, und alle hoffen, dass der Besuch bald vorbei sein wird.
Es kommt, wie es kommen muss. Kaum dass der Sohn seiner Mutter die Blumen überreicht hat, schaltet ein Enkelkind im dunklen Flur, in der die Begrüßung stattfindet, die Lampe an.

> *Lass das, du bist hier nicht zu Hause!*

herrscht Frau Müller das Kind an. Der Sohn beruhigt sie:

> *Mutter, nun lass doch, das bisschen Strom, das kostet doch nichts.*

Frau Müller aber ist erregt:

> *Und ich muss mir von dir anhören, wie hoch die Stromrechnung ist. Ausgerechnet du sagst mir das.*

Im gleichen Atemzug schreit sie das Enkelkind an:

> *Das Licht bleibt aus.*

Agnes Müller erlebt den Besuch genau so, wie sie sich zuvor den Ablauf konstruiert hat. Sie hatte mir vorher schon erzählt, dass ein Enkelkind – „genau die, der mein Sohn alles durchgehen lässt" – das Licht anschalten wird. Wenn dann in der tatsächlichen Situation das Licht von dem anderen Enkelkind eingeschaltet wird, spielt das für Frau Müller keine Rolle; sie wird das von ihr vorher ausersehene Enkelkind anschreien. Ähnlich lässt sie bei der gedanklichen Vorbereitung des Besuchs die Schwiegertochter oder den Sohn Fragen stellen, auf die sie sich eine Antwort zurechtlegt. Es ist unbedeutend, ob die Fragen dann tatsächlich gestellt werden. Agnes Müller gibt ihre Antworten, die sie sich vorgenommen hat. Das führt natürlich bei den unvorbereiteten Kindern zu Erstaunen und Irritationen. Aber auch darauf war Agnes Müller vorbereitet, und sie gibt den verdutzten Kindern zu bedenken:

> *Glaubt ja nicht, dass ihr mit eurer Mutter machen könnt, was ihr wollt.*

Damit die neue Situation für Frau Müller nicht allzu bedrohliche Formen annimmt, muss sie sich vorher ein Gerüst konstruieren. Dadurch aber ist sie nicht mehr in der Lage, in der tatsächlichen

Situation angemessen zu reagieren. Sie hält sich konsequent an ihrem Gerüst fest.
Es leuchtet ein, dass sie unvorbereiteten Situationen hilflos gegenübersteht, und deshalb oft nur mit Schreien, Wut und Drohgebärden reagieren kann. Sie münzt ihre Schwäche in äußerliche Stärke um. Gerade das macht den Umgang mit ihr so schwer erträglich.
Frau Müller entgeht nicht, dass die Wirklichkeit und ihre Konstruktion der Wirklichkeit selten übereinstimmen. Sie bleibt so zwangsweise misstrauisch, da für sie immer eine Ungewissheit bleibt. Das macht das Gespräch mit ihr oft unmöglich. So fragte sie den Sohn:

War einer bei dir?

Frau Müller wollte mit dieser Frage testen, ob ich ihren Sohn aufgesucht hätte, da sie vermutete, ich würde ihren Sohn regelmäßig über ihren Zustand informieren. Der Sohn fragt selbstverständlich:

Wen meinst du, Mutter?

Darauf atmet Frau Müller tief aus und gibt sich uninteressiert:

Nein? Dann ist es ja gut.

Der Sohn gibt sich damit nicht zufrieden und bohrt nach:

Wen meinst du? Wer soll bei mir gewesen sein?

Frau Müller lacht ein Enkelkind an und sagt:

Wenn du es nicht weißt, ist es gut.
Ich denk mir meinen Teil.
Du wirst sehen, was du davon hast.

Der Sohn erregt sich, will seine Mutter zur Rede stellen. Frau Müller bleibt stur, die Stimmung ist hin. Frau Müller hat einen Verdacht, und ihren Zweifel wird man durch nichts ausräumen können. Gleich welche Antwort der Sohn ihr gibt, Frau Müller glaubt, belogen zu werden, weil sie bei der gedanklichen Vorbereitung des Gesprächs zu dem Schluss gekommen ist, dass ihr Sohn sie belügen wird.
Die Paradoxie, die der Sohn nicht durchschauen kann, besteht darin, dass Frau Müller bei all ihrem Zweifel die Bestätigung erhält, dass ihr Zweifel richtig und angemessen ist. Alles muss sie bezweifeln, aber nicht ihren Zweifel und ihre Verzweiflung.
Der Sohn von Frau Müller hatte früher oft versucht, die Mutter aus

ihrer engen Welt zu führen. Er war sicher gewesen, bei der Mutter eine depressive Verstimmung diagnostizieren zu dürfen. Nach dieser Diagnose hatte er sich verpflichtet gesehen, die Mutter zu einer ärztlichen Untersuchung zu zwingen, damit sie wieder gesund gemacht werden könnte. Frau Müller aber hatte sich widersetzt. Sie fühlte sich nicht krank. Irgendwann hatte der Sohn seine Bemühungen und dann bald auch die Mutter aufgegeben.
Ganz sicher würde der Sohn seiner Mutter einen Gefallen erweisen, wenn er alleine ohne Frau und Kinder die Mutter besuchte. Frau Müller bräuchte dann sehr viel weniger Kräfte aufzubieten, um sich auf den Besuch vorzubereiten und ihn durchzustehen. Als ich dem Sohn diesen Vorschlag unterbreite, lehnt er ihn ab. Er fühle sich seiner Familie gegenüber mehr verpflichtet als gegenüber seiner Mutter. Ich glaube, er hat zu lange unter der Mutter gelitten, weil er sie nicht verstanden hat, und kann ihr nun nicht mehr geben, was ihr gut täte.
Ich für meinen Teil habe mich entschieden, mich auf Gespräche, wie sie Frau Müller mit ihrem Sohn führt, nicht mehr einzulassen. Wenn sie meine ernst gemeinte Rückfrage nicht beantworten will, dann lasse ich die Angelegenheit auf sich beruhen.
Ich versuche Frau Müller zu begleiten und stelle mich auf ihre schlichte und magische Sicht der Dinge ein. Wenn es möglich ist, kläre ich sie auf, ohne ihr zu widersprechen. Will Frau Müller meine Erklärungen nicht hören, breche ich sie ab und belasse es bei dem Abbruch, ohne zu versuchen, meinen Erklärungen doch noch auf einem Umweg Anerkennung zu verschaffen. Ich dränge sie zu nichts und lasse sie in ihrer engen Welt mit all den sich aus dieser Welt ergebenden Sorgen und Ängsten. Mir erscheinen die Sorgen und Ängste von Frau Müller so überflüssig, aber ich kann sie ihr nicht nehmen, weil sie von meiner Sicht der Dinge nichts wissen will. So fange ich an, Frau Müllers begrenztes Repertoire an Ausdrücken, Einstellungen, Erleben und Verhaltensweisen zu ertragen.
Seitdem ich ihre ganz und gar andere Welt respektiere, bin ich in der Lage, ihr gelassener zu begegnen, und immer häufiger bin ich bereit, ihr zu geben, was sie mag. Hat sie einmal einen Witz verstanden, erzählt sie ihn monatelang, und zwar jedesmal so, als hörte ich ihn zum ersten Mal. Sie glaubt, mich zum Lachen bringen zu können und sie wäre sehr enttäuscht, wenn ich über den Witz nicht lachen würde. Das Lachen über den tausendmal gehörten Witz gelingt mir

erstaunlich oft, wenngleich ich es nicht immer mit der nötigen Spontanität schaffe.
Immer noch schwer ertrage ich die mühseligen um sich selbst kreisenden Monologe, aus denen ich nichts erfahre, was mich interessiert. Ich wünsche mir sachbezogene Gespräche, in denen ich nach kurzer Zeit die „Warum"- und „Wozu"-Perspektive erkenne und meine Schlüsse ziehen kann[32]. Das zweckfreie, nicht auf Wirkung bedachte Reden, gar eine ungezügelte Redelust fasziniert mich nur für kurze Zeit, dann will ich wieder den sachlichen, rationalen Dialog, der das Gespräch voran und die Sache auf den Punkt bringt. Zweckfreies Gerede empfinde ich als Geschwätz, das mir meine kostbare Zeit raubt.
Jedesmal, wenn ich Frau Müller besuche, muss ich mir sagen, dass es neben meiner Weltvergegenwärtigung, die auf Rationalität, Logik, Geradlinigkeit, Erkenntnis und Fortschritt bedacht ist, weitere berechtigte Formen der Weltvergegenwärtigung gibt. Frau Müller will eben in ihren Dialogen Erlebtes noch mal mit allen Sinnen nacherleben, ohne über das Erlebte reflektieren zu wollen.
Warum nicht? Lasse ich mich darauf ein, geht es Frau Müller gut. Schließlich kann ich unbeschadet an andere Dinge denken, wenn ich Frau Müller zuhöre.

Mühsame Gespräche

Ich: *Wie geht es Ihrem Bein, Frau Müller?*
Frau Müller: *Was sagen Sie?*
Ich: *Wie es Ihrem Bein geht?*
Frau Müller: *Gut.*
Ich: *Das Bein sieht aber nicht gut aus.*
Frau Müller: *Was sagen Sie?*
Ich: *Dass das Bein nicht gut aussieht.*
Frau Müller: *Och doch.*
Ich: *Na ja.* (Pause)

Ich: *Ich hoffe, es kommt bald besseres Wetter.*
Frau Müller: *Was sagen Sie?*
Ich: *Hoffentlich hört es bald auf zu regnen. Die Sonne soll mal scheinen.*
Frau Müller: *Ja.*

Ich: *Mit ein wenig Sonne sieht das Leben direkt freundlicher aus.*
Frau Müller: *Was sagen Sie?*
Ich: *Hm.* (Pause)

Frau Müller: *Meine Schwägerin hat angerufen und gefragt, wie es mir geht.*
Ich: *Aha. Das ist ja schön. Was sagt Ihre Schwägerin denn?*
Frau Müller: *Die hat sich nie um mich gekümmert, und als mein Mann starb, hat sie Gottweißwie getan. Die soll sich nicht so anstellen. Wenn ich das schon höre. Ich war nicht gut genug. Da sagt die zu mir, wer ich denn wäre, was ich anhätte. Stellen Sie sich das mal vor, wer ich wäre. Da steht die vor mir und sagt, wer ich wäre, was das für ein Kleid wäre. Da hab ich der was anderes gesagt. Wer bist du denn, hab ich gesagt. Nee, das lass ich mir nicht gefallen. Was glaubt die, wer ich bin? Und dann die Geschichte mit ihrem Vater …*

Bitte nicht schon wieder diese Geschichte, denke ich, und beginne die Mannschaftsaufstellung von Borussia Mönchengladbach zu analysieren.

II. Die Verhinderung von Erziehung, an der alle leiden

Widersprüchlichkeiten ertragen lernen
Wenn die Alten wie die Kinder werden

Die kindische Alte

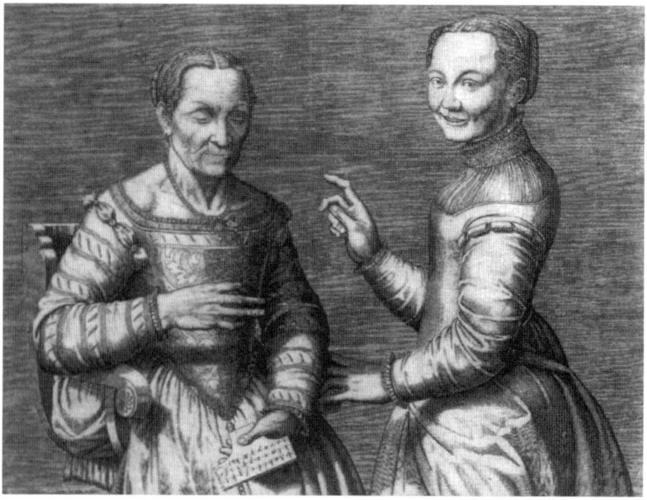

Abb. 4: Jacob Bos nach Sofonisba Anguissola. Die kindische Alte. Kupferstich[33]

Man sieht eine sorgfältig und kostbar gekleidete Frau, die sichtlich mühsam das Alphabet (wieder-)erlernt und deshalb von dem jungen Mädchen verlacht wird ... – die kindisch gewordene Alte bringt das Kind zum Lachen.
Der Blick des Mädchens zum Betrachter erinnert mich an den Blick, den mir viele Pfleger(innen) zuwerfen. Es ist der Blick des Vermittlers zwischen zwei Welten.

Die Alten sind manchmal wie die Kinder, sagen Pflegende, wenn sie alte Menschen charakterisieren, die nicht mehr richtig funktionieren. Ich entgegne dann meistens: Ich glaube eher, die Kinder sind wie die Alten. Wir einigen uns darauf, dass Kinder und Alte doch manchmal zu drollig sind und man ihnen einiges nachsehen und verzeihen muss. Andererseits, auch da stimmen wir überein, nerven die Kinder und die Alten ganz schön. So nett das kindische/kindliche Verhalten sein kann und so gerne wir uns in Anekdoten erzählen, was sie wieder angestellt haben, so wissen wir doch, dass der tägliche Umgang mit Kindern wie mit Alten ausgesprochen anstrengend und aufreibend ist. Pfleger(innen) beklagen sich beispielsweise über alte Menschen:

Die wollen alles sofort.

Die wissen nicht, was sie wollen. Eben wollte sie nicht essen, jetzt will sie essen.

Sie weinen ohne erkennbaren Grund.

Sie wollen nichts einsehen.

Sie haben grundlos Angst.

Sie geben nicht nach, sie versuchen es immer wieder.

Man kann sagen, was man will, nichts geschieht.

Egal was geschieht, die waren es nie.

Die klingeln, du fragst, was sie wollen, und sie sagen, sie hätten nicht geklingelt, aber da man schon einmal im Zimmer sei, könne man rasch dies oder jenes erledigen.

Solche Klagelieder könnte ich über meine Kinder auch singen. Als Vater von drei Kindern verstehe ich die Pfleger(innen) sehr gut. Die Unlogik, die Widersprüchlichkeit und das trotzige Beharren der Kinder wie der Alten ist ausgesprochen schwer zu ertragen. Ich weiß, wie anstrengend es ist, bei Kindern immer die Ruhe zu bewahren und sie nicht als nervtötende Monster zu erleben. Das nicht enden wollende

Papa, Papa oder *Mama, Mama*

Rufen von Lukas, meinem 5-jährigen Sohn, kann mich ebenso zur Rage bringen, wie es das unentwegte

Schwester, Schwester

Rufen von Frau Schmitz bei Maria tut. Während ich dies schreibe, höre ich Lukas aus dem Badezimmer schreien: „Mama, Mama“. Ich will mich konzentrieren und bemühe mich, Lukas nicht zu hören. Zum Donnerwetter, merkt der denn nicht, dass ihn seine Mutter nicht hört. Warum hört der nicht auf? Ich werde wütend und marschiere zum Badezimmer, reiße die Tür auf:

Lukas, merkst du nicht, dass die Mama nicht da ist?

Lukas verlangt:

Ich will die Mama.

Ich bin zornig und ungeduldig:

Mama ist nicht da! Sag mir, was du willst!

Lukas verlangt seelenruhig ein Handtuch und zwar ausgerechnet dasjenige Handtuch, das direkt neben der Badewanne liegt. Da soll man ruhig bleiben. Dafür stört der mich bei meiner Arbeit.
Ich muss Ihnen, liebe Leserin, lieber Leser, jetzt einfach mein Herz ausschütten. Wissen Sie, so ein Vorfall wie jetzt gerade ist ja kein Einzelfall. Das geht mit Lukas dauernd so. Das fängt schon morgens mit dem Frühstück an. Ich frage Lukas freundlich und gelassen:

Was willst du auf dein Brot?
Papa, ich muss dir was sagen.
Leberwurst oder Käse?
Ich war gestern im Wald.
Schön, und was willst du auf dein Brot?
Da war alles naß.
Soll ich Leberwurst auf dein Brot tun?
Aber ich hatte Stiefel an.
Ah, ja, sag mal, willst du Leberwurst?
Der Förster hat uns ein Reh gezeigt.

An dieser Stelle ist der Punkt erreicht, wo ich ihn nicht mehr frage. Verdammt, kann der nicht einmal bei der Sache bleiben! Der bekommt jetzt Leberwurst auf sein Brot! Fertig! Statt sein Leberwurstbrot zu essen, spielt Lukas mit seinen Spielzeugautos. Ich ermahne ihn:

Lukas, trink deine Milch, nachher hast du wieder nichts getrunken.

Lukas behauptet, die Milch sei noch zu heiß. Das kann aber gar nicht sein, die Milch kühlt schon seit 15 Minuten ab. Statt zu frühstücken, will Lukas mit mir spielen. Dazu aber fehlt mir die Zeit. Ich muss ihn bis 8.00 Uhr im Kindergarten abgegeben haben, und vorher will ich noch den Frühstückstisch abräumen. Meine Ermahnungen, endlich ins Brot zu beißen, bleiben ohne Ergebnis. Nun gut, denke ich, wenn er nicht essen will, dann soll er sich waschen. Wenn nachher die Zeit knapp ist, dann ist er wenigstens gewaschen. Ein Brot kann er auch noch auf dem Weg zum Kindergarten verzehren. Also fordere ich ihn auf, sich zu waschen. Zunächst höflich, dann immer deutlicher:

Geh dich bitte waschen.
Wie wär's, wenn du dich jetzt waschen gehst?
Soll ich dich waschen?
Wenn du dich jetzt nicht waschen gehst, wasch ich dich.

Da nichts fruchtet, greife ich mir Lukas früher oder später, trage ihn zum Badezimmer und wasche ihn. Er wehrt sich, aber ich nehme auf sein Schreien und Weinen keine Rücksicht, und es ist mir auch ziemlich gleichgültig, ob ich ihm beim Waschen durch mein festes Zupacken wehtue. Allerdings nehme ich auch keine Rücksicht auf mich; seine Versuche, nach mir zu treten oder mich zu kratzen nehme ich in Kauf. Und wissen Sie, lieber Leser, liebe Leserin, was der tut, wenn er seine Zähne nicht putzen will und ich ihm mit der Zahnbürste durch den Mund fahren will? Der beißt auf die Zahnbürste! Dann könnte ich ...
Nach dem Waschen ordne ich an:

Zieh diese Hose über!

Lukas weigert sich:

Die will ich nicht, das ist eine Mädchenhose.

So ein Unsinn! Sie, liebe Leserin, lieber Leser, würden mir recht geben, könnten Sie die Hose sehen. Es handelt sich keineswegs um eine Mädchenhose. Es ist eine sehr schöne Hose, die gut zu Lukas passt. Meine Frau ist unverständlicherweise anderer Meinung. Sie meint, ich könne dem Kind nicht zumuten, den ganzen Morgen mit einer „Mädchenhose" im Kindergarten zu verbringen. Die hat gut reden, die braucht ihn nicht anzuziehen. Meine Frage an Lukas:

Warum willst du denn diese Hose nicht anziehen?

ist überflüssig. Lukas reagiert überhaupt nicht. Ich beschließe, mich auf keine Diskussion einzulassen, damit es voran geht.

Gut,

sage ich und halte ihm eine andere Hose hin,

dann zieh diese Hose hier an.

Die ist mir zu groß,

wehrt sich Lukas,

die will ich nicht.

Ich will mich jetzt durchsetzen:

Lukas!
Zieh die Hose an!

Lukas bleibt standhaft.

Ich will meine rote Jeanshose haben,

verlangt er.

Wo ist die denn,

frage ich in der Hoffnung, dass es mir doch noch gelingen könnte, Lukas in eine Hose zu bekommen. Was glauben Sie, wo ich die rote Jeanshose finde? Natürlich! In der Wäsche. Wenn ich Lukas gelassen hätte, der hätte die schmutzige Hose angezogen. Sie werden mir sicher recht geben, dass man sein Kind nicht mit einer befleckten Hose in den Kindergarten schicken kann. Schließlich fällt das alles auf einen zurück.
Endlich habe ich es geschafft. Lukas ist fertig für den Kindergarten. Ein paar Minuten bleiben mir noch. Die will ich nutzen, um mich mit Lukas zu versöhnen.

Vertragen wir uns wieder?

frage ich ihn. Er zögert.

Komm,

dränge ich,

geben wir uns ein Küsschen.

Lukas bleibt bockig:

Ich gebe nur der Mama ein Küsschen.
Du bist böse.

Jetzt frage ich Sie: Habe ich das verdient?
Nein!
Wer hat denn die ganze Zeit Rücksicht genommen und sich zusammengerissen?
Ich!
Und wer gibt zum Schluss nochmals klein bei und macht ein Versöhnungsangebot?
Ich!
Und dann diese Zurückweisung!
Nun gut, ich habe mir nichts von meiner Verstimmung anmerken lassen und habe Lukas zum Kindergarten gefahren. Auf dem Weg dorthin fragt er mich, ob ich ihm ein neues Spielzeugauto kaufe. Er hatte sich in einem Spielzeugladen ein Feuerwehrauto ausgesucht.

„Nee, Lukas, so böse Jungs wollen auch noch Geschenke?"

kommentiere ich seinen Wunsch.
Pling!
Ja, so bin ich. Für Kränkungen wie die gerade erlebte Zurückweisung richte auch ich mir ein Konto ein, um bei passender Gelegenheit zurückzahlen zu können.
Lukas behauptet zwar, er wäre lieb, wenn er das Feuerwehrauto bekäme, aber ich bleibe unnachgiebig. Mein Sohn gibt nicht auf und unternimmt mehrere Anläufe, mich umzustimmen. Merkt der eigentlich nicht, dass er nervt? Bei seinen ersten beiden Versuchen stand ich noch auf der Kippe, ob ich nachgeben oder mich durchsetzen sollte. Je häufiger seine Betteleien werden, umso eingeengter fühle ich mich und schließlich setze ich einen unmissverständlichen Schlusspunkt:

Lukas, es gibt kein Auto, und jetzt sei ruhig!

Ich meine, Lukas hätte ja auch von selber mit seinem Betteln aufhören können, dann hätte er eine echte Chance gehabt, sein Feuerwehrauto geschenkt zu bekommen.
Bei meiner Frau finde ich wenig Verständnis für meine Situation. Neulich erzählt sie mir, ich soll morgens auf das Lesen der Tages-

zeitung verzichten, dann hätte ich Zeit genug, um mit Lukas zu spielen. Die hat gut reden. Soll ich denn immer nur nachgeben? Man muss auch Grenzen setzen. Sie sehen, es ist schwer mit kleinen Kindern. Sie sind ichbezogen, launisch, unnachgiebig, uneinsichtig und trotzig, sie sind wie die Alten in der Pflege.

Wenn ich Mitarbeiter(innen) in der Pflege beobachte, erkenne ich mich in ihrem Verhalten oft genug wieder. Julia scheint beim Ankleiden die gleichen Probleme mit Frau Milch zu haben wie ich mit Lukas. Sie reicht der alten Dame einen Schlüpfer. Aber Frau Milch will einen anderen:

Den Schlüpfer zieh ich nicht an.
Ich brauch den Schlüpfer mit zwei Nähten.

Julia:

Einen Schlüpfer mit zwei Nähten gibt es nicht.
Es gibt Strumpfhosen mit zwei Nähten.

Frau Milch:

So?
Ich hab einen Schlüpfer vorbereitet. Mit einer Einlage.
Irgendwo hab ich den hingelegt.

Julia hat den von ihr vorgesehenen Schlüpfer noch in der Hand und zeigt ihn Frau Milch:

Sollen wir den nehmen? Hier ist kein vorbereiteter Schlüpfer.

Frau Milch:

Nein, der gefällt mir nicht. Jetzt brauch ich die Strumpfhose, die ein bisschen stützt, die dickere.

Julia verdreht die Augen:

Die mit den zwei Nähten.

Frau Milch sucht ihre Strumpfhose und legt die Kleidungsteile, die ihr nicht zusagen, auf ihr Bett. Zwischendurch meint sie zu Julia, die mit dem Schlüpfer in der Hand zusieht:

Wo Sie schon hier sind, können Sie die Sachen einräumen.

Diese Bemerkung ist zu viel für Julia:

Wissen Sie was, Sie ziehen sich in Ruhe an und ordnen Ihre Sachen.
Ich komme wieder, wenn Sie fertig sind.
Aber beeilen Sie sich.
Das Frühstück wird kalt.

Kinder und Alte spielen verrückt

Lukas versucht beim Spielen, mit allerlei Körperverrenkungen das „Pipi" aufzuhalten. Ich fordere ihn auf, schnell zur Toilette zu gehen. Er behauptet, er müsse nicht. Ich weiß es besser.

Frau Seidel hat eingenässt. Als Maria sie zur Toilette bringen will, behauptet Frau Seidel, trocken zu sein. Maria weiß es besser.

Ich weiß genau, dass Lukas den Fleck auf der Tapete verursacht hat. Als ich ihn zur Rede stelle, behauptet er steif und fest, nichts von einem Fleck zu wissen.

Sabine weiß genau, dass Frau Winter gerufen hat. Als sie Frau Winter nach dem Grund ihres Rufens fragt, behauptet diese im Brustton der Überzeugung, nie gerufen zu haben.

Lukas will von mir wissen, warum der Vogel fliegen kann. Als ich es ihm erkläre, interessiert es ihn nicht mehr.

Frau Ernstdorf will wissen, was in ihrem Essen ist. Als Werner es ihr erklärt, fängt sie ein anderes Thema an.

Manchmal weint sich Lukas fest, er weiß gar nicht mehr, warum er weint, aber er quält sich, noch ein paar Tränen und Schluchzer zu schaffen. Wenn ich ihn behutsam bitte, mit dem Weinen aufzuhören, weist er mich zurück: „Lass mich!" und nimmt einen neuen Anlauf, sich zum Weinen zu bringen.

Frau Kranich jammert stundenlang. Will man sie trösten oder ablenken, schimpft sie: „Hau ab!“ oder: „Mach es selber!“ Nach kurzer Zeit jammert sie weiter.

Lukas hat ein altes Fahrrad von seinen Geschwistern und ein neues. Es bleibt für mich undurchschaubar, welches Fahrrad er gerade favorisiert. Egal welches Fahrrad ich aus der Garage geholt habe, es ist garantiert das falsche.

Herr Heid wehrt sich heute gegen eine Hilfestellung beim Waschen, und morgen verlangt er sie. Egal, was man unternimmt, um ihm einen Gefallen zu tun, es ist garantiert das Falsche.

Lukas behauptet, keinen Hunger zu haben, verlangt aber zugleich nach Süßigkeiten.

Herr Kurth klagt, dass er sich jeden Moment übergeben müsse, isst aber sein Brot weiter.

Lukas will ein viel zu teures Spielzeug haben und beschimpft mich, wenn ich es nicht kaufen will.

Herr Max will seine Jacke, die seiner Meinung nach über dem Stuhl hängt, in Wirklichkeit aber nicht vorhanden ist. Da ich ihm die Jacke nicht geben kann, beschimpft er mich als unbeholfenen Dummkopf.

Manchmal ist Lukas vollkommen übermüdet. Dann liegt er mit sich und der Welt im Streit. Er schreit, ist zänkisch, reagiert überdreht. Ich weiß, dass er Schlaf benötigt. Sage ich ihm, er solle sich ein wenig hinlegen, schreit er mich an, er sei nicht müde. Ich muss warten, bis er vor lauter Müdigkeit umfällt und kann sein Schreien nicht länger ertragen.

Manchmal ist Frau Peters wie überdreht. Niemand kann sie beruhigen. Man muss warten, bis sie von alleine ruhig wird.

Sitze ich konzentriert bei meiner Arbeit im Schreibzimmer, kommt Lukas alle paar Minuten zu mir und erbittet ein Blatt zum Malen.

Nachdem er zum x-ten Mal ein Blatt erhalten hat, überreiche ich ihm einen Stoß Blätter, damit er mich in Ruhe lässt. Nach einer Minute erscheint Lukas in meinem Zimmer und fragt, was er malen soll.

Frau Trübich ruft alle Minuten lang nach der Schwester. Endlich nimmt sich Petra Zeit und erledigt ausgiebig alle von Frau Trübich geäußerten und von ihr vermuteten Wünsche. Petra fragt Frau Trübich, ob alles in Ordnung sei und ob sie nun das Zimmer verlassen könne. Frau Trübich bejaht beide Fragen und bedankt sich bei Petra für die freundliche Hilfe. Es sei jetzt alles in Ordnung, bestätigt Frau Trübich. Kaum ist Petra aus dem Zimmer, ruft Frau Trübich nach ihr.

Lukas spielt mit seinem Speichel. Er sammelt ihn und bildet Blasen vor seinem Mund. Bitte ich ihn, mit dieser Schweinerei aufzuhören, reagiert er ausgelassen und macht dermaßen wild Blasen, dass mich sein Speichel trifft.

Frau Leven sammelt ihren Speichel im Mund und entleert den vollen Mund in eine Tasse, die sie langsam mit ihrem Speichel füllt. Sagt man ihr, das sei unappetitlich, öffnet sie den Mund, um dem Gegenüber zu zeigen, was sie im Mund gesammelt hat.

Lukas weint. Ich will ihn mit Süßigkeiten trösten. Er schreit und schlägt das Angebot aus. Als ich die Süßigkeiten zur Seite lege, reckt er sich weinend nach ihnen. Jetzt will ich ihm die Schokolade nicht mehr geben.

Frau Wolf will das Essen nicht. Das Essen sei „Dreck". Als die Pflegerin das Essen zur Seite stellen will, greift sich Frau Wolf den Teller und hält ihn fest. Die Pflegerin versteht die Welt nicht mehr und will Frau Wolf den Teller mit dem Essen nun nicht mehr überlassen.

Lukas sitzt in der Badewanne und ruft nach mir. Als ich bei ihm bin, erklärt er mir ausführlich, wo sein Roboter versteckt ist und wo er seine Steine hinlegen will. Dafür hab ich meine Arbeit unterbrochen.

Herr Weiland bittet die Schwester, sich zu ihm zu setzen. Tina versichert Herrn Weiland, sie könne auch beim Arbeiten zuhören. Nein,

Herr Heinrich besteht darauf, dass sie sich neben ihn setzt. Sie macht es, und dann erklärt er ihr, sie solle das Bild an der Wand gerade rücken.

Ich muss natürlich zugeben, dass die kindischen und kindlichen Verhaltensweisen von alten Menschen oft sehr viel schwieriger zu ertragen sind als die von Kindern. Ihre Schläge sind härter, ihre Ausscheidungen ekelhafter. Es macht auch einen Unterschied, ob sich Lukas vor Wut auf die Erde wirft oder etwa Frau Jäger.
Frau Jäger trinkt seit Jahren Alkohol. Sie brauche den Alkohol, sagt sie, wegen der Schmerzen. Seitdem sie im Rollstuhl sitzt, lässt sie nachts, wenn sie zu besoffen ist, um die Toilette zu erreichen, den Urin einfach laufen. Am anderen Morgen sagt sie lächelnd zu der Pflegerin:

Mir ist ein kleines Malheur passiert.
Sie brauchen den Rollstuhl aber nicht abzuwaschen.

Die Pflegerin weiß aber genau, dass Frau Jäger trotz gegenteiliger Behauptung von ihr erwartet, dass sie den Rollstuhl säubert und zwar so unauffällig, als wäre die Sitzfläche nicht mit getrocknetem Urin verklebt. Als die Pflegerin den Rollstuhl abwäscht, jammert Frau Jäger:

Ach könnte ich mir doch helfen.
Lassen Sie den Rollstuhl, das reicht.
Den Rest mach ich selber.
Ich kann Ihnen noch nicht mal was anbieten.
Ich hab kein Geld.

Die Pflegerin beruhigt Frau Jäger:

Lassen Sie mal, Frau Jäger. Das ist schon in Ordnung.

Frau Jäger bittet die Pflegerin daraufhin:

Nein, lassen Sie den Rollstuhl.
Sie könnten mir noch schnell einen Gefallen tun und ins Badezimmer gehen. Ich habe da so eine schmutzige Ecke. Da komm ich nicht dran.
Wenn Sie die schnell sauber machen.

Die Pflegerin lässt sich darauf ein. Plötzlich ruft Frau Jäger, sie habe Durst, sie komme nicht an die Kaffeekanne. Die Pflegerin ruft aus dem Badezimmer Frau Jäger zu, sie solle sich einen kleinen Moment gedulden, dann wäre sie mit der schmutzigen Ecke fertig. Frau Jäger ist ungehalten. Sie rollt sich aus dem Sessel auf die Erde und kriecht zum Tisch, wo die Kaffeekanne steht. Die Pflegerin ist entsetzt, als sie die auf dem Boden liegende Frau Jäger sieht, und empört sich:

Frau Jäger, warum machen Sie das denn?
Ich bin doch da.
Ich kann Ihnen doch den Kaffee geben.

Frau Jäger schimpft:

Lassen Sie mich.
Alles muss man alleine machen.
Fassen Sie mich nicht an.
Ich komme alleine in den Rollstuhl.

Seit diesem Erlebnis ist die Pflegerin nicht mehr bereit, das Haus von Frau Jäger zu betreten.
Obwohl Frau Jäger schwerer zu ertragen ist als Lukas, bin ich dennoch überzeugt, dass ein Vergleich mit dem Verhalten von Kindern der Pflegerin geholfen hätte, die Situation weniger belastend zu empfinden und weniger verletzt Frau Jäger zu verlassen.
Würde sie nämlich über die Erlebnisse mit Kindern, so wie ich sie mit Lukas geschildert habe, nachdenken, käme sie möglicherweise zu derselben Erkenntnis wie ich: Es ist absolut überflüssig, sich auf Machtkämpfe einzulassen, die man verlieren muss. Gegen die Unvernunft, die Unlogik, die Uneinsichtigkeit und die Sprunghaftigkeit des Kindes ist dem Erwachsenen kein Kraut gewachsen.
Manchmal scheint mir als einziger Ausweg nur die Flucht in kindisches Verhalten zu bleiben. Ich äffe dann Lukas nach, weigere mich, mit ihm zu reden, tue als wäre er Luft für mich, laufe durch die Wohnung, um nicht zu explodieren und möchte ihn am liebsten „an die Wand klatschen“. Ich benehme mich kindisch, werde aber dem Kind dadurch nicht gerecht – bis auf eine Ausnahme: Manchmal lacht Lukas über mein kindisches Verhalten, ja er lacht mich aus, und ich muss mitlachen. In der Regel aber erreiche ich durch mein

kindisches Verhalten nicht die Ebene von Lukas. Ich bleibe das größere Kind, das seine Macht nicht verliert. Auch in diesem Erleben scheint es Pflegenden nicht anders zu ergehen als mir.

Man reagiert dann genauso wie Frau Milch reagiert.
Ich werde trotzig, ich blocke ab.
Ich könnte zwar jetzt, aber jetzt will ich nicht, jetzt nicht,

sagt Julia während der Besprechung über Frau Milch.
Muss ich mich eigentlich auf die Ebene eines Kindskopfes begeben, wenn ich mich nicht durchsetzen kann? Es wäre vielleicht ein Weg, wenn es mir gelänge, auf meinen Machtanspruch zu verzichten. Da uns großen Erwachsenen dieser Verzicht aber so schwer fällt, verliere ich als Kindskopf lediglich den Blick dafür, was dem Kind und mir in der Situation gut täte.
Besser wäre es für mich und Lukas, wenn ich gelassen bleiben könnte, wenn mein Sohn verrückt spielt. Beide Großväter von Lukas können das. Ich bewundere deren großväterliche Gelassenheit immer wieder:

– Je nachdem, was ich von Lukas verlange, will er ein kleines Baby sein oder ein großer Junge. Er wechselt seine Rollen, wie es ihm passt. Sein Großvater duldet den Rollenwechsel, ohne Lukas zu einer Entscheidung zu zwingen, welche Rolle er spielen will.
– Lukas weint, jammert und brüllt, weil er einen Wunsch nicht erfüllt bekommt. Der gelassene Großvater schreit nicht zurück, er solle mit seiner Brüllerei aufhören, sondern er gibt dem Kind das Recht auf seine Wut und bietet ihm nach einer angemessenen Zeit einen Ausweg aus seiner Brüll- und Schmollwelt.
– Lukas stellt tausendmal dieselbe Frage. Der Großvater bleibt gelassen und versucht, Lukas auf andere Gedanken zu bringen, ohne ihm das Wort zu verbieten.
– Lukas fragt mich, warum die Frau, mit der ich auf der Straße rede, so dick sei. Mir ist die Frage peinlich, und ich verbiete Lukas solche Fragen. Der gelassene Großvater gibt zu, den Grund nicht zu wissen, und redet mit der Straßenbekanntschaft freundlich weiter.
– Lukas besteht darauf, dass etwas wahr sein soll, was nicht wahr sein kann. Der Großvater korrigiert ihn nicht sofort, sondern redet

zunächst einmal mit Lukas darüber, ob an seiner Behauptung etwas Wahres sein könnte.
- Lukas will alles alleine machen, auch Dinge, die er unmöglich alleine schaffen kann. Der Großvater lässt ihn gewähren. Schafft Lukas es wie vorhersehbar nicht und ist mit sich und der Welt böse, belehrt ihn der Großvater nicht, sondern er tröstet ihn und bietet ihm seine Hilfe an. Leider neige ich dazu zu sagen: „Siehste, das hast du jetzt davon."

Gelassenheit, die ich bewundere, ist für mich jene Souveränität und jener Großmut, den man bei Frauen und Männern antrifft, die sich selber so sicher sind, dass sie sich nicht ständig beweisen müssen, die Niederlagen und Kränkungen hinnehmen können, ohne sich rächen zu müssen, die nicht auf ihrem Recht bestehen, weil sie wissen, dass sie recht haben, die Ungereimtheiten nicht widerlegen und Unwissen nicht bloßstellen müssen und die wissen, dass neben ihrer Sicht der Dinge noch viele andere Sichtweisen und Wirklichkeiten existieren. Ich bemühe mich, diesen Zustand der Gelassenheit zu erreichen. Leider gibt es immer wieder Rückfälle.
Zwar bemühe ich mich redlich, meinen Umgang mit Lukas so zu arrangieren, dass ich mich auf keine Machtkämpfe einzulassen brauche. Aber selbst bei optimaler Vorbereitung tappe ich immer wieder blind in die Fangstricke der Machtspiele. Beispielsweise nehme ich mir vor, Lukas bei dem von ihm geliebten Brettspiel „Mensch-ärgere-Dich-nicht" gewinnen zu lassen. Ich will ihm eine Freude machen und zügele meinen Ehrgeiz, der mich bei jedem Spiel verleitet, gewinnen zu wollen. Deshalb rücke ich mit Absicht meine Figur, mit der ich eine Figur von Lukas aus dem Spiel werfen könnte, nicht vor. Lukas hat aufgepasst, und da er die Regeln kennt, schmeißt er meine Figur schadenfroh vom Brett. Ich gebe vor, mich zu ärgern, freue mich aber sichtbar darüber, dass Lukas nun aller Voraussicht nach gewinnen wird.
So weit, so gut, wäre da nicht ein kleines Problem. Lukas wirft ständig seinen Würfel über das Spielbrett und bringt dadurch die Figuren durcheinander. Ich ermahne ihn, neben und nicht auf das Brett zu würfeln. Lukas bleibt von meinen Ermahnungen unbeeindruckt, ja es scheint ihm große Freude zu bereiten, die Figuren umzuwürfeln. Mein Ärger wächst mit zunehmender Spieldauer.

Irgendwann, nachdem wieder eine Ermahnung unbefolgt bleibt, bin ich dermaßen verärgert, dass ich meinen Vorsatz, Lukas gewinnen zu lassen, vergesse. Aus dem Spiel wird Ernst. Bei der nächsten Gelegenheit werfe ich eine seiner Figuren aus dem Spiel. Jetzt soll Lukas spüren, was er davon hat, wenn er meine Anweisungen nicht befolgt. Lukas ist enttäuscht. Er weint und will nicht weiterspielen, ich kann ihn gerade noch daran hindern, das Spielbrett umzukippen. Ich beende das Spiel, das Lukas nicht mehr mitmacht, offiziell. Vorerst werde ich nicht mehr mit Lukas „Mensch-ärgere-Dich-nicht" spielen.
In der Pflege verlaufen die „Mensch-ärgere-Dich-nicht"-Spiele mit Menschen, die nicht mehr nach den Regeln der Erwachsenen funktionieren, selten anders. Der Pfleger nimmt sich vor, alle Eigenarten eines alten Menschen ruhig und gelassen zu ertragen, und dann passiert da wieder irgendetwas, das alle guten Vorsätze über Bord schmeißt. So ist das eben bei Beziehungsarbeitern. Nichts lässt sich fehlerfrei planen, nichts ist auf Dauer in den Griff zu bekommen. Das Chaos menschlicher Beziehungen kann analysiert, aber nicht durch Regeln gebändigt werden. Der Beziehungsarbeiter ist eben kein Ingenieur, aber er kann im besten Sinne ein Bastler[34] sein.

Es gibt viele Normalitäten
Schleusen aus und in andere Welten

„Die Erwachsenen“, sagt meine Tochter, „wissen alles und sonst gar nichts.“ Ich füge hinzu: „Die Großen Erwachsenen wollen auch nichts anderes wissen.“ Die Großen Erwachsenen bleiben in ihrer Wirklichkeit, die sie als Normalität verstehen, verhaftet. Sie wissen, was richtig und falsch, gut und böse, nützlich und wertlos, erfolgreich und überflüssig ist; und sie können sich überhaupt nicht vorstellen, dass es neben ihrer Sichtweise von der Welt und den Dingen in der Welt noch viele andere Sichtweisen gibt, die genauso sinnvoll und wirklich sind, wie ihre eigene.

Eine gute Bekannte von mir ist zum Beispiel so eine Große Erwachsene. Neulich war sie bei uns, als Lukas, mein 5-jähriger Sohn, eine neue Jeansjacke bekommen hatte. Lukas war besonders stolz auf das Preisschild, das als brauner Karton an der Jacke befestigt war. Er wollte das Preisschild unbedingt an seiner Jacke behalten. Ich weiß nicht genau, welche Bedeutung Lukas dem Preisschild gab, aber ich durfte es auf keinen Fall abreißen. Vielleicht bedeutete ihm das Preisschild ein Polizeiabzeichen, was weiß ich?

Er präsentierte also meiner Bekannten seine Neuerwerbung und sah dabei mit besonderem Stolz auf das braune Etikett. „Hast du eine neue Jacke, Lukas?“ fragte die freundliche Bekannte. Lukas strahlte. „Die ist aber schön“, schmeichelte ihm die Bekannte. Und eh Lukas reagieren konnte, riss sie das überflüssige Preisschild ab. „So“, sagte sie, „jetzt siehst du doch wenigstens ordentlich aus.“

Lukas war den Tränen nahe. „Was hat er denn“, fragte mich die liebe Bekannte. Was hätte ich ihr sagen sollen? Große Erwachsene verstehen nie etwas von selbst; und wie soll man es ihnen erklären? „So sind die Kinder“, kommentierte die Bekannte das für sie rätselhafte Verhalten und begann mit mir über Wichtigeres zu sprechen.

Antoine de Saint-Exupéry beschreibt in seiner Geschichte vom „Kleinen Prinzen“ die Großen Erwachsenen als „große Leute“. Der Autor hatte ihnen als Kind eine Zeichnung von einer Riesenschlange gezeigt, die einen Elefanten verdaut. Die großen Leute hatten nur einen Hut aus der Zeichnung erkannt. Daraufhin hatte er ein zweites Bild gemalt, das den Elefanten sichtbar machte. Von da an wusste Saint-Exupéry, dass die großen Leute immer Erklärungen brauchen und dass sie nie etwas von alleine verstehen. Die Erklärungen mit der zweiten Zeichnung helfen den großen Leuten aber nicht weiter. Sie bleiben bei ihrer Sicht der Dinge und raten dem Autoren, das Malen von Riesenschlangen sein zu lassen und sich „mehr für Geografie, Geschichte, Rechnen und Grammatik zu interessieren". Sie raten ihm also, sich nicht aus der Welt der Großen Erwachsenen zu entfernen und stattdessen vernünftig zu bleiben.

So sind die Großen Erwachsenen: Was sie nicht verstehen, ist unlogisch, unvernünftig und sinnlos. Sie verstehen nichts von dem Sinn, den Lukas einem Preisschild zumisst, und nichts von der Bedeutung und Notwendigkeit der Phantasie, weil sie sich nicht aus ihrer rationalen und rationellen Sichtweise, die auf Nützlichkeit und Verwertbarkeit ausgelegt ist, herausbegeben können.

Was macht es denn für einen Sinn, wenn ich eine Wand ohne Farbe anstreiche, fragt mich ein Altenpfleger und gibt sich damit als Großer Erwachsener zu erkennen. Ihm verschließt sich der Sinn für eine nutzlose, ineffektive und uneffiziente Tätigkeit. Deshalb versteht er auch nicht die alte Frau Hagen, die jeden Tag Schälchen mit Wasser auf den Fußboden ihres Zimmers stellt. Die alte Dame ist der Meinung, dass sie das Wasser für durstige Kaninchen bereitstellen muss. Für den Pfleger aber sind die Schälchen lästig und störend. Dauernd muss er aufpassen, dass er in keines hineintritt.

Frau Hagel, haben Sie schon wieder die Schälchen überall verteilt.
Jetzt tun wir die mal weg,

belehrt er die alte Dame. Dann räumt er sich die Schälchen aus dem Weg. Frau Hagel hat es längst aufgegeben, dem Pfleger die Notwendigkeit der Wasserschälchen zu erklären. Sie stellt sie jedesmal wieder richtig, wenn der Pfleger aus dem Haus ist.

Eines Tages kommt eine Pflegerin als Vertretung ins Haus. Diese scheint Frau Hagel besser zu verstehen. Sie fragt nämlich:

Na, Frau Hagel, haben die Kaninchen schon getrunken?
Ja,

antwortet Frau Hagel mit dem Blick eines Kindes, das sich verstanden fühlt.

Prima,

sagt die Pflegerin,

da können wir ja die Schälchen wegtun.

So sind die Großen Erwachsenen. Was sie stört, ist sinnlos und muss weg. Den Großen Erwachsenen bleibt die Sinnhaftigkeit der anderen Welten von Lukas, dem kleinen Prinzen und von Frau Hagel verschlossen. Pflegende, die sich nicht von den Sichtweisen der Großen Erwachsenen distanzieren können und die anderen Welten, die ihnen in der Pflege begegnen, nicht als sinnvoll begreifen können, werden schnell an den alten Menschen verzweifeln und mit ihren guten Absichten die Alten (und sich) zugrunde richten. Wer pflegt, muss erkennen, dass die Art und Weise, wie er seine Welt, seine Wirklichkeit wahrnimmt, von seinem Vorverständnis und seinen Meinungen über die Wirklichkeit abhängt. Er muss wissen, dass es neben seiner Wirklichkeit, die er für die Norm hält, noch viele andere Normalitäten gibt.
Leider begegne ich viel zu vielen Großen Erwachsenen in der Altenpflege. Sie treffen zwar täglich, stündlich und minütlich auf Menschen, die in andere Wirklichkeiten ver-rückt sind, verhalten sich ihnen gegenüber aber so wie jener freundliche Affe, der auf einem Baum sitzt und unter sich im Wasser einen Fisch beobachtet. Dieser Affe sagt zu dem Fisch:

Du Fisch, du ertrinkst.

Dann nimmt er ihn aus dem Wasser und setzt ihn zu sich auf einen Ast. Er nimmt dem Fisch, was dieser zum Leben braucht, und wundert sich, wenn dieser nicht mehr leben will. Wie bei dem Affen scheinen andere Welten bei Großen Pflegenden geradezu einen „Normalitätsreflex" auszulösen. Wandert Frau Runge ziel- und planlos mit schlürfenden Schritten über den Flur einer Pflegestation, wird sie von der freundlichen Kati gefragt:

Wo geht es hin, Frau Runge?

Frau Runge interessiert sich überhaupt nicht für das Ziel ihrer Wanderung, und sie versteht Katis Frage nicht. Vielleicht hätte es ihr gut getan, wenn Kati einfach ein Stück mit ihr gegangen wäre. Aber so sind die Großen Erwachsenen: Sie wollen wissen, wo es langgeht, denn sie erklären sich die Welt mit Wozu-, Weshalb-, Warum-Fragen. Sie lassen kaum eine Situation aus, in der sie nicht reflexartig ihre Wozu-,Weshalb-, Warum-Fragen stellen. Unglücklicherweise erwarten sie, dass die Alten ihre Fragen wahrheitsgemäß beantworten. Sprich und sag die Wahrheit, lautet das Motto. Allerdings lassen sie nur die Wahrheit gelten, die ihrer Sicht der Dinge entspricht. Schreit Frau Gerster beim Erscheinen von Gerdi hysterisch:

Ich habe Schmerzen. Seit Stunden rufe ich um Hilfe.
Niemand kommt. Ich hab so Schmerzen …

dann stellt Gerdi ihre Frage:

Was haben Sie denn, Frau Gerster?
Wo haben Sie Schmerzen?

Frau Gerster gibt in diesem Falle nicht nur die falsche Antwort, sondern sie schreit sie auch noch heraus:

Fragen Sie nicht so blöde.
Helfen Sie mir.

Für Gerdi, deren Frage nach dem Grund des Klagens falsch beantwortet wurde, ist die Sache klar: Frau Gerster hat keinen Grund zu klagen, also soll sie auch nicht klagen. Aber Frau Gerster will wahrscheinlich überhaupt nicht nach der Ursache ihrer Schmerzen gefragt werden, sie will wohl eher ernst genommen und getröstet und bemitleidet werden. Sie befindet sich eben nicht in Gerdis Welt der Kausalität, in der alles einen Grund hat. Sie will ihre Schmerzen haben und dies nicht begründen müssen. Statt also reflexartig eine „Wieso"-Frage zu stellen, nähme Gerdi sich besser Zeit, um sich auf die andere Welt von Frau Gerster einzustellen. Vielleicht könnte sie dann mit ihr über den Sch…laden schimpfen, in der man hilfsbedürftige Menschen alleine lässt, und hoffentlich könnte sie Frau Gerster Worte des Trostes zusprechen:

Wie halten Sie das nur aus?
Das müssen ja furchtbare Schmerzen sein.

Frau Gerster bekäme auf diese Weise, was sie sich herbeigeschrien hat. Wer aber – und hier will ich noch einmal daran erinnern, dass eine Ursache für Erziehung das Leiden der Pflegenden ist – nach dem Grund des Klagens fragt, will den Grund beseitigen. Gerdi erträgt nämlich nicht die klagende Frau Gerster und sie fürchtet die Klagelieder noch zu verstärken, wenn sie sich auf den Seelenzustand von Frau Gerster einlässt und sie tröstet.

Am Ende hört die überhaupt nicht mehr mit Klagen auf,

sagt die Pflegerin. Zusätzlich befürchtet sie, mit der Zeit von allen Kollegen als Einzige übrig zu bleiben, die Frau Gerster trösten muss.

Frau Gerster hört nicht auf zu klagen, und ich bin die Einzige, die sich das anhören muss,

gibt sie zu bedenken. Also bekämpft sie den „Defekt", unter dem sie leidet. Könnte Gerdi doch wie die Großväter von Lukas sein. Dann wäre sie in der Lage, Frau Gerster Trost zu spenden, ohne sich „auffressen" zu lassen.
Ein weiterer beliebter „Normalitätsreflex" besteht darin, dass Pflegende nützliche Dinge tun. Sie verwechseln nämlich gern Sinn und Nutzen. Befingert Herr Goltz eine leere Saftkanne, nimmt Elfi sie ihm aus der Hand, füllt sie und bietet Herrn Goltz einen Becher mit Saft an:

Sehen Sie, hier haben Sie wieder was zum Trinken.

Herr Goltz aber will nicht trinken; er will mit der Saftkanne spielen. Zerreißt Frau Hahn eine Zeitung, nimmt Eva sie ihr aus der Hand und räumt die heruntergefallenen Papierschnitzel auf. Frau Hahn will aber nicht an einem „ordentlichen" Platz sitzen, sie will sich durch das Zerreißen der Zeitung ein angenehmes Geräusch verschaffen oder sie hält die Zeitungsblätter für Salat, den sie lesen muss. Reflexartig wenden die Großen Pfleger(innen) Umgangsregeln an, die ihnen aus ihrer Welt vertraut sind. Will Frau Müller nicht im Bett liegen bleiben und bittet sie Inge:

Nimmst du mich mit?
Du lässt mich nicht hier.
Nimmst du mich mit?

bereitet Inge ihren Abschied vor, denn eine ihr vertraute Regel besagt, dass man einen Menschen, der mit ihr spricht, nicht ohne Abschiedszeremoniell verlassen sollte:

Ich gehe jetzt.
Bis gleich.
Ich komme ja wieder.
Versuchen Sie zu schlafen.
Bis nachher.
Tschüs bis nachher.

Frau Müller will aber nicht alle 10 Sekunden erinnert werden, dass Inge sie bald verlassen wird. Dadurch wird ihre Angst, verlassen zu werden, nur noch verstärkt:

Du gehst nicht.
Bitte geh nicht.

Frau Müller will in den 30 Sekunden, die Inge ihr nach einer Pflegehandlung gönnt, die Nähe der Pflegerin genießen und nicht mit Höflichkeitsformeln abgespeist werden.
Frau Herzig winkt jeden, den sie wahrnimmt, zu sich:

Mama komm mal.
Mama komm mal.
Mama komm mal.

Dabei geht sie ihrer Lieblingsbeschäftigung nach, sie streichelt das Ende des Fixierbrettes, das sie in ihrem Sessel festhält. Der Normalreflex in seiner brutalen Art lautet:

Aber Frau Herzig, überlegen Sie mal: Ihre Mutter ist doch längst tot.

In der abgemilderten Form wird Frau Herzig wie ein Kleinkind, das nach der Mutter weint, gestreichelt und getröstet:

Ei ja.
Ei ja.

Wer sich nicht von der Sichtweise der Großen Erwachsenen lösen und sich nicht auf die Ebene von Menschen, die nicht funktionieren, begeben kann, wird diesen Menschen niemals gerecht werden.
Wenn Lukas auf dem Fußboden liegt und mit seinen Autos spielt, indem er die fehlenden Motorgeräusche durch lautes „Brumm brumm" ersetzt, dann erreiche ich ihn in dieser Welt nicht, wenn

ich ihm mit den Mitteln des Erwachsenen (Sprache sowie Weshalb-, Warum-, Wozu-Fragen) begegne.

Lukas, spielst du mit deinen Autos?
Brumm.
Lässt du mich mitspielen?
Brumm.
Sei doch nicht so wild.
Brumm.

Ich muss mich schon zu ihm auf den Fußboden legen, wenn ich mit ihm spielen will. Liege ich neben ihm, bekomme ich auch ein Auto, und wenn ich dann mit meinem Auto losbrumme, begegne ich endlich Lukas. Unsere Autos treffen sich, wir lächeln uns an und verstehen uns, ohne ein Wort zu sagen.
So ist es auch mit Frau Herzig. Will ich ihr begegnen, muss ich mich mit einem Stuhl vor sie hinsetzen und ebenfalls das Ende des Fixierbrettes streicheln. Dabei begegnen sich unsere Finger, wir lächeln uns an und wir verstehen uns, ohne ein Wort zu sagen.
Es ist gewiss nicht leicht, sich bei der täglichen Arbeit in der Pflege von seiner Welt zu lösen und sich auf die Ebene der vielen anderen Normalitäten zu begeben. Das Problem liegt darin, dass der Pflegende ständig und somit zu oft zwischen zwei völlig konträren Welten hin- und herpendeln muss. Die Welt der Großen Erwachsenen erwartet von ihm die Einhaltung von Regeln wie Ordnung, Sauberkeit, Erfolg, Schnelligkeit, Logik, Planung und Effizienz. Der ganz anderen Welt der Pflege wird er nur gerecht, wenn er sich auf die Langsamkeit, Nutzlosigkeit, Sprunghaftigkeit, Irrationalität und Verrücktheiten der alten Menschen einstellt.
Durch den permanenten Wechsel zwischen diesen beiden Welten entsteht leicht ein Chaos von durcheinandergehenden Gedanken, Überlegungen und Gefühlen. Da ist es nur zu verständlich, wenn sich der Pflegende keine neue Ordnung schafft, sondern an der ihm vertrauten Ordnung der Großen Erwachsenen festhält, um das Chaos zu meistern. Wer morgens um 6.30 Uhr die saubere, geordnete Welt der Großen Erwachsenen verlässt und um 7.00 Uhr eine mit Kot bespritzte Nasszelle in der Welt der Pflege betritt, wird sicherlich Schwierigkeiten haben, einen Sinn in den mit Kot beschmierten Fliesen zu finden. Er wird eher bereit sein, die ihm bekannten Regeln

von Sauberkeit für allgemeingültig zu halten, was zur Folge hat, dass der Verursacher als ein Schwein betrachtet wird, der unnötige und zudem ekelerregende Arbeit bereitet.
Hat sich der Pflegende allmählich während seines Arbeitstages auf die andere Welt mit ihrer eigenen Logik und Wirklichkeit eingestellt – interessanterweise ist die erst gegen 13.00 Uhr mit Kot verschmierte Nasszelle von vielen Pflegenden leichter zu ertragen – muss er sich nach 7-stündiger Arbeit erneut umstellen. Gelingt ihm die Umstellung in die Welt der Großen Erwachsenen nicht und erzählt er seinen Freunden, dass er eine große Leistung erbracht hat, indem er sehr erfolgreich eine mit Kot beschmierte Nasszelle gesäubert hat, läuft er Gefahr, von seinen Freunden nicht ernst genommen zu werden.
Der ständige Wechsel lässt, wenn überhaupt, nur ein sehr labiles Gleichgewicht bei der Austarierung der in beiden Welten erforderlichen Regeln und Sichtweisen zu. Es liegt auf der Hand, dass ein solches Gleichgewicht sehr störanfällig ist. Da bedarf es oft nur eines weiteren Großen Erwachsenen, der hinzutritt: ein Kollege, eine Ärztin, ein Angehöriger, eine Besucherin, ein Vorgesetzter, eine Politikerin. Jeder Kommentar, Wunsch oder jede Anordnung kann das in der Schwebe befindliche Gleichgewicht durcheinanderbringen. Dann muss sich der Pflegende neu entscheiden, was durchaus als ärgerlich erlebt werden kann, wenn man gerade eine erträgliche Balance gefunden hatte. Welcher Welt soll der Pflegende erneut mehr oder weniger nachgeben? Wem soll er mehr, wem weniger gerecht werden: dem alten Menschen oder dem Großen Erwachsenen?
Am leichtesten ist es für den Pflegenden, die Regeln der Großen Erwachsenen zu befolgen. Dieser Weg verspricht Lob, Anerkennung und Erfolg. Weil dem so ist, bemüht sich meine gute Bekannte um mein Verständnis und nicht um das meines Sohnes, räumen der Pfleger und die Pflegerin die Wasserschälchen bei Frau Hagel weg. Denn: Was sollen die Großen Erwachsenen sagen, wenn sie den Pfleger und Frau Hagel selig und zufrieden inmitten von Wasserschälchen vorfinden oder die Pflegerin und Frau Herzig beim Streicheln des Fixierbrettes beobachten?
Da sich der Wechsel zwischen den zwei Welten, in denen sich der Pflegende aufhält, nicht von alleine, gewissermaßen automatisch, vollzieht, müssten in den Pflegealltag Übergänge von der einen in die andere Welt eingebaut werden, die den Pflegenden erinnern:

Achtung, du betrittst eine andere Welt. Derartige Übergänge kann man sich als Schleusen vorstellen. Schleusen begegnen uns außerhalb der Pflege als Warteraum, Reinigungsraum oder Kontrollraum beim Betreten oder Verlassen sensibler oder geschützter Orte wie zum Beispiel Gefängnis, Intensivstation, Labors in der Industrie. Berufstaucher, die für mehrere Stunden unter Wasser arbeiten, begeben sich ebenfalls in eine Schleuse, um die unterschiedlichen Druckverhältnisse aushalten zu können. Dieses Bild passt sehr schön für den Pflegeberuf. Wer wie ein Taucher in die Unterwasserwelt beziehungsweise die Welt der Ver-rücktheiten abtaucht, bedarf einer Schleuse, und bevor er wieder auftaucht in die Welt der Funktionalität, muss er sich wiederum in die Schleuse begeben.
Sieht man sich das Verhalten von Pfleger(innen) auf den Stationen von Alten- und Pflegeheimen genauer an, entdeckt man, dass sie sich regelmäßig in eine Vielzahl von Schleusen begeben, wenn sie auftauchen, also die Welt der Ver-rücktheiten verlassen.[35]
Sie haben etwa morgens zwei Stunden alte Damen und Herren gewaschen, gesäubert und angezogen. Danach haben sie genug von dem Dreck, dem Geschreie, den schleimigen Mündern, den Gerüchen und den Geräuschen der Alten. Sie begeben sich in eine Schleuse, das Stationszimmer, und fangen an, sich auf die Verhältnisse in der Welt der Großen Erwachsenen einzustellen. Sie bauen sich eine Gesprächsschleuse ein, in der sie mit Kolleg(inn)en wieder das normale, nach Regeln ablaufende Gespräch suchen. Nach zwei Stunden höchst unvernünftiger Gespräche mit den Alten ordnen sie sich wieder und vergewissern sich gegenseitig, dass sie noch richtig im Kopf sind. In dieser Schleuse möchten sie nicht von Vertretern der anderen Welt gestört werden. Frau Müller, mit der sie sich zuvor beim Waschen noch geduldig beschäftigt hatten, wird jetzt ungeduldig aus dem Stationszimmer entfernt.
Wie wichtig ihnen die Gesprächsschleuse zum Sammeln, Ordnen, Richten und Rüsten ist, zeigt die Vehemenz, mit der sie diese Schleuse verteidigen, obwohl sie mit einzelnen Kolleg(inn)en oft die größten Probleme haben.

Die gemeinsamen Pausen sind die einzigen Gelegenheiten, bei denen man mal Zeit hat, über Dinge zu reden, zu denen man sonst nicht kommt, behaupten sie. Ich dagegen behaupte, es sind nicht die Inhalte der Gespräche für sie entscheidend, sondern der Umstand, dass sie sich nach zwei Stunden wieder mit funktionierenden Menschen verständigen können.

Einmal aus der Welt der lauten, schmutzigen, ver-rückten Alten entkommen, wollen viele nicht wieder so schnell in diese Welt zurückkehren. Manche Stationen ziehen sich deshalb eine Sauberkeits- oder Ordnungsschleuse ein. Nachdem sie mehrere Bewohner gepflegt haben, gehen sie durch die Zimmer und räumen auf, säubern die Waschbecken, bringen alles in Ordnung, was sie während des Weckens, Waschens und Ankleidens gestört hat. So schaffen es einige, sich bis zum Dienstende nicht mehr auf die Ebene der alten Bewohner(innen) begeben zu müssen.

Beliebte Schleusen sind die Suchtschleusen. Pfleger(innen) flüchten sich mit Kaffee- und Zigarettenpausen aus der Welt der Pflege, um wieder zu sich zu kommen, sich neu einzustellen, zur Ruhe zu kommen und wieder für den Ausflug in die ver-rückte Welt aufzutanken. Der Verzehr von Süßigkeiten und Alkohol gehört auch zu der Kategorie der Suchtschleusen. Die Mitarbeiter(innen) einer mir bekannten Station bauen sich jeden Tag nach dem Frühdienst eine rituelle Suchtschleuse ein. Bevor sie die Welt der Pflege verlassen und die Welt der Großen Erwachsenen betreten, wird eine Flasche Wein geöffnet, und jeder Pflegende trinkt ein Glas. So spülen sie gerade symbolhaft den Dreck, den Lärm und die Gerüche weg und stimmen sich auf ihre Normalität ein.

Ich finde dieses Ritual eine schöne Schleuse – solange jeder Mitarbeiter kontrolliert mit Alkohol umgehen kann. Wer permanent zwischen Schnelligkeit und Langsamkeit, chronologischer Uhrzeit und Eigenzeiten hin und herpendeln muss, wer gerade noch bei der ängstlichen Frau Schmitz Zeit verlieren musste und sofort im Anschluss schnell und effizient eine verstopfte Magensonde in Gang bringen muss, der baut sich Zeitschleusen ein. So fehlt die Uhr an keinem Handgelenk bei den Großen Pfleger(inne)n. Sie brauchen zwischendurch immer wieder den Blick auf die Uhr, um zu überprüfen, ob sie noch richtig „ticken“.

Eine gern genutzte Zeitschleuse ist vor allem die Toilette, die sicher nicht von ungefähr auch als das „Stille Örtchen“ bezeichnet wird. An diesen Ort der Stille kann sich der Pflegende zurückziehen, wenn

ihm die Spannung, die der ständige Wechsel zwischen den Welten verursacht, zu groß wird. Hier kommt er wieder zu sich selbst und hier findet er zur inneren Ruhe.
Auffällig oft werden Musikschleusen eingesetzt. Musik aus Radio oder vom Band wird als Schleuse eingesetzt, damit die Pflegenden sich nicht allzu sehr auf die andere Welt der Alten einlassen müssen. Durch die Musik nehmen sie sich ein Stück ihrer Welt mit in die Pflege, und daran können sie sich festhalten. Ich muss nicht erwähnen, dass die Musik, die ich auf den Stationen höre, die Musik der Pflegenden ist. Gehe ich über einen längeren Zeitraum auf eine Station, höre ich oft schon an der Musik, wer gerade Dienst hat.
Fast auf allen Stationen entdecke ich Harmonieschleusen. Diese treten beispielsweise in Form von (künstlichen) Blumengestecken auf oder auch in Form einer Obstschale, die wie ein Stilleben auf einem Tisch im Flur arrangiert ist. Pflegenden scheint ein Blick auf die Schönheit, Harmonie und gepflegte Ordnung und Sauberkeit gutzutun. Er reicht, um sie zu erinnern, dass außerhalb der Pflege viele schöne und angenehme Dinge existieren.
Ohne Zweifel braucht der Pflegende derartige Schleusen. Sie sollten aber in ihrer Bedeutung anerkannt und ausgebaut werden. Bisher werden sie verdeckt und verschämt benutzt, bisweilen sogar mit einem schlechten Gewissen. So nehmen manche ihre „ Auszeit“ auf dem „Stillen Örtchen“ unter dem Vorwand, sie „müssten mal“. Andere behaupten, die Musik, durch die sie sich ablenken, würde den Alten Spaß machen, und wiederum andere nutzen die Sauberkeits- und Ordnungsschleusen mit einem Eifer, dass sie anschließend nicht mehr in der Lage sind, sich auch noch das „Geknatsche“ von Frau Müller anhören zu können.
Würden Pfleger(innen) zugeben, dass sie die Schleusen aus der Welt der Ver-rücktheiten brauchen, um diese Welt über einen längeren Zeitraum ertragen zu können, wären sie hoffentlich in der Lage, beispielsweise die Personaltoilette so auszustatten, dass sie zum wohligen Verweilen einlädt.
Dieses Zugeständnis könnte sie weiterhin in die Lage versetzen, nicht nur über Schleusen aus der Pflegewelt, sondern auch in die Pflegewelt nachzudenken. Schleusen in die Welt des Ekels, Schmutzes, Lärmes sowie der Irrationalität, der Langsamkeit und Nutzlosigkeit fehlen bisher in der Pflege. Dieser Mangel hindert sie daran, nach ein bis zwei

Tassen Kaffee oder ein bis zwei Zigaretten die Auszeit zu beenden und sich wieder auf die andere Welt einzustellen und sie so betreten zu können, dass man den anderen Normalitäten gerecht wird.

Pflegende müssten sich also neben der Harmonieschleuse auch eine Schmutzschleuse einziehen. Beispielsweise können sie das Stilleben „Obstschale" zerstören, das Obst essen und die Reste in die Schale zurücklegen. Ein solches Bild würde sie erinnern, dass sie ihre Maßstäbe von Reinheit und Schönheit nicht ohne Weiteres mit in das Zimmer von Frau Müller nehmen sollten, wenn die mal wieder Zeitungen zerreißt.

Vielleicht sollten sie aber auch, bevor sie zu Frau Müller gehen, eine Kaputtmachschleuse betreten. Sie zerreißen lustvoll (sofern sie dazu in der Lage sind) Servietten, zerrupfen frische Blumen oder zerknüllen Zeitungen und versuchen, die Produkte ihrer Tätigkeit bis zur Rückkehr von Frau Müller liegen zu lassen.

Wichtig erscheinen mir Schmutz-, Matsch- und Suhlschleusen. Wer lange nicht mehr barfuß durch Wasserpfützen gelaufen ist, wer nicht mehr weiß, wie angenehm sich feuchte Erde aus Garten oder Wald anfühlt und riecht, wer sich niemals in Sand vergräbt oder lustvoll seinen Körper einschmiert oder einen anderen Menschen beschmiert, wird wenig Verständnis für Menschen aufbringen, die Blumen aus den Töpfen reißen und mit der Erde spielen, die sich nackt auf die Erde legen und und alles unter sich machen, die aus ihrem Kot Kügelchen drehen, die ihre Unterlagen zerpflücken und wie Schneeflocken um sich verteilen, die den Tee aus ihrer Tasse auf den Tisch gießen und den ausgegossenen Tee über den Tisch verteilen, die Pfleger mit Speisen beschmieren wollen, die im Beisein anderer ihren Körper streicheln und die andere Bewohner oder Pflegende ebenfalls streicheln wollen.

Ohne die gelegentliche Erfahrung aus Suhl-, Matsch- und Schmutzschleusen neigen Pflegende dazu, die „Unanständigkeiten" der Alten zu verbieten, zu unterdrücken oder wegzuerziehen. Mit der Erfahrung aus diesen Schleusen fielen ihnen vielleicht Möglichkeiten ein, den ver-rückenden alten Menschen in ihrer Welt entgegenzukommen. Sie könnten vielleicht Orte und Räume anlegen, in denen sich auch alte Menschen in Sand legen oder Sand durch ihre Finger rieseln lassen, in denen sie in feuchter Walderde wühlen und in denen sie mit Wasser matschen dürften.[36]

Frau Terporten, die so gerne barfuß über die Station läuft, fühlt sich wohl, wenn man ihr eine mit Wasser gefüllte Wanne hinstellt. Sie setzt sich auf einen Stuhl und planscht mit den Füßen im Wasser. Aber die Pflegerinnen bieten ihr keine Wanne mit Wasser, sondern Schuhe an. So ist das. Ohne die Schleusen in andere Welten glauben Pflegende, dass nur die Ordnung, Sauberkeit und Sterilität der Großen Erwachsenen den Bedürfnissen ver-rückender Menschen gerecht werden können.
Sinnvoll wären auch Rückzugsschleusen, etwa in Form eines absolut verdunkelten Raumes oder eines großen schwarzen Tuches, in das sich der Pflegende verhüllt, sodass er nichts mehr von dem Treiben um ihn herum sieht. Er könnte im Verborgenen summen, sich betasten oder einfach gar nichts tun. Nachdem er sich kurz in den Raum der Stille, der Dunkelheit und Abgeschiedenheit begeben hat, könnte er wahrscheinlich Frau Schmitz im Dunkeln sitzen lassen, ohne die Jalousien hochzuziehen, oder er könnte Bewohner(innen) im Halbdunkeln wecken und waschen.
Im Prinzip ließen sich für die Eigenarten eines jeden alten Menschen Schleusen finden, die der Pflegende betreten sollte, bevor er sich dem alten Menschen nähert. An manchen Tagen tun sie das auch, wenngleich unbewusst. Das sind die Tage, von denen Pfleger(innen) behaupten, dass die meist als schwierig erlebten Alten besonders umgänglich wären. Mag sein. Ich glaube eher, dass die Alten an solchen Tagen, an denen sich die Pflegenden auf die Ver-rücktheiten eingestimmt haben, leichter zu ertragen sind.
Zwei Schleusen erachte ich als unerlässlich, um den Übergang in die Welt der Menschen, die nicht mehr funktionieren, zu erleichtern: Die Zeitschleuse und die Kindheitsschleuse. Beide will ich gesondert in den folgenden Kapiteln behandeln.

Ein anderer Umgang mit der Zeit
Frau Küster „tickt" nicht richtig

Alexa bringt Frau Küster auf einem Tablett das Mittagessen ins Zimmer. Frau Küster nimmt die angebotene Mahlzeit nicht zur Kenntnis. Sie hat Angst und will nach Hause gebracht werden. Alexa wartet einen kurzen Moment ab, ob Frau Küster sich nicht eines Besseren besinnt, und verlässt wieder mit dem Tablett das Zimmer, da Frau Küster in ihrem Angstzustand verharrt. Auf dem Flur bittet Alexa ihre Kollegin Ines, Frau Küster das Essen zu bringen:

Geh du mal zu Frau Küster.
Die tickt mal wieder nicht richtig.

Mit dieser umgangssprachlichen Formulierung beschreibt Alexa exakt ihr Problem mit Frau Küster. Frau Küster tickt nicht richtig. Die alte Dame weicht von der chronologisch messbaren Uhrzeit ab, die für Alexa die einzig richtige Zeit darstellt. Alexa richtet sich selbstverständlich nach der ablesbaren Uhrzeit. Diese Zeit sagt ihr, wann es Zeit für Frau Küster ist, die Mahlzeiten einzunehmen. Frau Küsters Zeit aber verläuft anders. Die alte Dame orientiert sich nicht an der Uhrzeit, sondern an ihrer Eigenzeit[37]. Sie will sich Zeit für Angst, Niedergeschlagenheit und Trauer nehmen, und für eine Essenszeit bleibt da kein Platz.
Zum Unglück für Frau Küster gehört Alexa zu den Großen Erwachsenen, die sich von ihren Zeitansichten nicht lösen können.

Wenn 12.00 Uhr ist, dann ist 12.00 Uhr,

sagt sie, so als ob die Zeit für alle Menschen gleich sei. Neben der korrekten Uhrzeit haben die vielen subjektiven Zeiten der Menschen keinen Bestand. Der Uhrzeit haben sich alle anderen Zeiten unterzuordnen.
Die messbare Uhrzeit ist für die Großen Erwachsenen in einem Maße dominant, dass sie selbst jederzeit bereit sind, ihre Eigenzeiten und ihre Bedürfnisse dem Chronometer zu unterwerfen. Sie sagen etwa:

Ich habe jetzt Hunger, aber ich warte bis zur Mittagszeit.

Oder:

Jetzt hab ich keinen Hunger, aber ich esse, damit ich nicht zur unpassenden Zeit hungrig werde.

Sie sind sehr stolz, dass sie ihre Bedürfnisse kontrollieren und beherrschen können. Selbst wenn sie spüren, dass sie ihre Blase oder ihren Darm entleeren sollten, erinnern sie sich an die richtige Zeit:

Ich müsste jetzt mal, aber ich drücke ab, bis dies oder jenes erledigt ist.
Jetzt muss ich zwar nicht, aber ich gehe zur Toilette, weil ich anschließend zwei Stunden beschäftigt bin.

Der Große Erwachsene plant die Zeiten, wann und wo er mal „muss", und solange er seine Schließmuskeln kontrollieren kann, gelingt ihm das auch ganz gut. Er kann sich zusammenreißen und die Zeiten einhalten.
Pflegende, die die Unterordnung ihrer Bedürfnisse unter geplante Zeit für selbstverständlich und normal halten, erwarten auch von alten Menschen in der Pflege, dass die sich an feste Zeiten gewöhnen. Herr Meier soll essen, wann die Zeit dafür vorgesehen ist, und er soll nicht zu unpassenden Zeiten Hungergefühle äußern.
In gleicher Weise soll Frau Anders zu geregelten Zeiten ausscheiden. Da Frau Anders sich nicht an diese Regel hält und unregelmäßig „einkotet" („Am liebsten wenn man sie gerade sauber gemacht hat"), setzt man sie vorsorglich vor dem Mittagessen ab („absetzen" heißt auf dieser Station, dass man sie zur Toilette bringt). Zur vorgesehenen Zeit beugt sich Sylvia zu Frau Anders, die bereits auf das Essen wartet.

Gehen Sie mit zur Toilette, Frau Anders?

Frau Anders:

Ich bin trocken.

Sylvia:

Kommen Sie, Frau Anders, ich helfe Ihnen.

Frau Anders:

Ich bin doch kein kleines Kind.

Sylvia:

Das weiß ich doch, Frau Anders.

Frau Anders:

Was man hier alles mit sich machen lassen muss.

Sylvia bittet Annette um Hilfe. Diese hält sich mit Vorreden nicht lange auf, greift Frau Anders freundlich unter den Arm und zieht sie vom Stuhl.

Das klappt doch prima mit uns zwei.

Frau Anders fragt noch:

Sind Sie denn trocken? Gucken Sie doch bei sich nach.

Annette zwinkert mir zu:

Unsere Frau Anders!

Auf der Toilette stellt sich heraus, dass Frau Anders weder eingekotet noch eingenässt hat.

Das ist ja prima,

stellen Sylvia und Annette fest. Ich frage Annette und Sylvia, ob sie denn wirklich ganz konsequent Frau Anders vor dem Mittagessen zur Toilette bringen müssen oder ob sie nicht warten könnten, bis Frau Anders etwas in die Hose gemacht hätte.

Wie stellen Sie sich das vor,

ist die Antwort,

man kann die doch nicht in der schmutzigen Hose sitzen lassen.

Aber es geht den beiden nicht um das Wohlbefinden von Frau Anders, sondern darum, dass sie eine Zeit für ihr Handeln an Frau Anders festgelegt haben und sich nicht die Eigenzeit der alten Dame für ihr Handeln an ihr aufdrängen lassen wollen. Dies wird Frau Anders wohl einsehen und lernen müssen. So lösen sich die Zeiten von den Subjekten und ihren Bedürfnissen. Sylvia sieht das anders:

Stellen Sie sich vor, wir merken nicht, dass die was in der Hose hat, und das trocknet. Wissen Sie, was das für eine Arbeit ist?

Die Mehrarbeit leuchtet mir ein. Was aber geschieht nachts, wenn Frau Anders eingekotet hat?

Nachts ist ja sowieso keiner da,

löst Sylvia das Problem. So ist das.

Haben die Mitarbeiter(innen) keine Zeit, haben die Alten keine Bedürfnisse oder umgekehrt: Die Bedürfnisse der Alten haben sich nach den von den Mitarbeiter(innen) vorgesehenen Zeiten zu richten. Unberechenbare Zeiten sind dem Großen Erwachsenen zuwider. Er will die Zeit beherrschen. Bei Menschen, die sich nicht seinen Zeitvorgaben unterwerfen, wird er unruhig und nervös. Er liebt den reibungslosen Ablauf, damit er das Gefühl hat, es gehe voran und er nutze die Zeit. Menschen, die ihn aufhalten, stören ihn. Er verdächtigt sie, ihm kostbare Zeit, die er sinnvoller nutzen könnte, zu stehlen.
Rosa wünscht sich so sehr, dass Frau Servus einmal wenigstens zügig das Essen, das sie ihr reichen muss, kauen und schlucken würde. Aber Frau Servus tut ihr diesen Gefallen nicht. Zum Frühstück hat Rosa Frau Servus eine Scheibe Wurstbrot in kleine Portionen zurechtgeschnitten. Rosa führt den ersten Bissen mit einer Gabel an den Mund von Frau Servus, drückt ein wenig auf die Unterlippe und schiebt den Bissen in den geöffneten Mund. Frau Servus kaut langsam und bedächtig.
Nach dem zweiten Bissen bereits beginnt Rosa eine leichte innere Unruhe zu bekämpfen. Sie zwingt sich zur Ruhe, lenkt sich ab und denkt nach, was sie heute noch alles erledigen will und muss. Frau Servus kaut noch über den zweiten Bissen.

Mal trinken?

fragt Rosa, denn mit ein wenig Flüssigkeit, das weiß ein jeder, schluckt es sich schneller. Rosa setzt die Tasse an den Mund von Frau Servus. Die alte Dame nippt an der Tasse. Rosa hilft nach, indem sie den Kopf von Frau Servus nach vorne zum Becher drückt.

So geht's besser,

ermuntert sie Frau Servus.
Tatsächlich, Frau Servus nimmt schneller Flüssigkeit auf. Frau Servus verschluckt sich und hustet. Das verzögert den reibungslosen Ablauf. Aber so kommt wenigstens Bewegung in die Sache, und Rosa konzentriert sich wieder auf die alte Dame.
Drittes Brotstück.
Frau Servus kaut, kaut und kaut.
Rosa spielt mit der Gabel, auf der sie den vierten Bissen aufgespießt hat.

Nochmal trinken?

fragt sie, während sie Frau Servus bemustert.
Becher an den Mund.
Schlucken.
Viertes Brotstück.
Kauen.
Trinken.
Schlucken.
Fünfter Bissen.
Tiefes Durchatmen.
Trinken.
Sechster Bissen.
Frau Servus verschließt die Lippen.

Genug?

fragt Rosa kritisch,

oder wollen Sie noch was haben?

Sie räumt den Teller mit den übriggebliebenen Brotstücken zur Seite.

Wollen Sie noch was essen?
Ehrlich nicht?
Aber trinken tun Sie noch mal.

Das wäre geschafft. Zwar ist der Teller nicht leergegessen, aber was soll Rosa machen? Sie kann nicht noch länger ruhig bei Frau Servus sitzen.
Zeit zu verlieren, ist für Große Erwachsene eine Qual. Wenn nichts vorangeht, das Ende nicht absehbar ist, werden sie leicht unruhig. Sie drängen auf das Ende.
Unglücklicherweise sind die Handlungsabläufe bei vielen alten Menschen von einer quälenden Langsamkeit. Ich werde schon nervös, wenn ich mir einen Film[38] ansehe, in dem ein alter Mann gezeigt wird, der sich minutenlang bedächtig wie eine Schnecke anzieht. Am liebsten würde ich den Film nach 5 Minuten stoppen oder auf den Schnelldurchgang drücken. Ich lenke mich ab, wandere durch den Raum, damit die Zeit schneller vergeht, sehe zum Fenster hinaus, um vielleicht Zeuge eines interessanten Vorfalls zu werden, fange endlich mit einer Beschäftigung an, damit ich die Zeit, in der sich

der alte Mann immer noch ankleidet, nutzen kann. Den Film betrachte ich nur noch sporadisch, um das Ende nicht zu verpassen.
Solange sich der Große Erwachsene in der Welt der Uhrzeit befindet, fällt es ihm ausgesprochen schwer, sich auf individuelle Eigenzeiten einzustellen. Er benötigt dazu die Hilfe einer Schleuse. Eine interessante Übung besteht darin, einen ganzen Tag ohne Uhr in der Pflege tätig zu sein. Praktikabler ist es, eine Eieruhr, die man auf 1, 3 oder 5 Minuten einstellen kann, zu betrachten und zu warten, bis der Sand durchgelaufen ist. Man kann diese Übung mehrmals während des Dienstes einbauen, um sich auf Eigenzeiten zu besinnen, um ruhiger zu werden oder sich auf einen alten Menschen einzustellen.
Man wartet einfach. Aber warten will gelernt sein. Früher einmal bedeutete „Warten" „seine Aufmerksamkeit auf etwas richten, versorgen, pflegen, einem dienen"[39]. Heute wird „Warten" gleichgesetzt mit verlorener Zeit. Allenfalls wartet (pflegt) man sein Auto. Einen Menschen dagegen lässt man warten – und das meistens auch noch schnell.

Herr Trübsal: *Schwester, Schwester!*
Maria: *Warten Sie mal schnell(!).*

Warten ist keine vertane Zeit. Sorgfalt, Zärtlichkeit, Nachdenken, Überlegen, Pflegen – alles das braucht Zeit, zögernde Weile. Wer (ab-)wartet, bevor er handelt, kann manchen Normalitätsreflex vermeiden und dadurch viel Zeit, Mühe, Erregung, Ärger, Verdruss und Verzweiflung für sich und den alten Menschen sparen.

Denkpause für den Leser

Pflegende müssen oft langsam und geduldig warten lernen. Wenn sie zum ersten Mal in der Zeitschleuse „Eieruhr" sitzen, klopfen sie bisweilen mit dem Finger auf die Eieruhr oder schütteln diese ein wenig. Sie tun dies vermutlich, weil sie den Sand bewegen wollen, schneller zu rieseln. Manche werden bei der Übung schon nach wenigen Sekunden unruhig. Sie schauen sich um und beginnen ein Gespräch oder erzählen einen Witz. Sie brechen die Übung ab, weil in ihnen unnachgiebig die Uhrzeit tickt. Andere sagen, sie hätten keine Zeit für derartige Spielchen. Ihnen muss die Zeit als Begründung herhalten, wenn sie sich auf Fremdes, Irritierendes, Ungewohntes, Belastendes – ob Übungen oder Menschen – einlassen sollen.
Natürlich fehlt ihnen nicht die messbare Zeit. Sie vergeuden bei ihren Alltagsschleusen wie Kaffeetrinken und Zigarettenrauchen sehr viel mehr Uhrzeit. Nein, es ist nicht so, dass sie keine Zeit hätten, sie wollen sie nur nicht für Dinge und Menschen, die sie nicht verstehen, verlieren.
Pflegende, die sich während ihres Dienstes bewusst mehrfach Zeitschleusen einbauen, in denen sie ruhig verweilen, um über sich, ihre Rhythmen und Bedürfnisse und über die Menschen, die sie pflegen, und deren Eigenzeiten, Eigensinnigkeiten und Eigenständigkeiten nachzudenken, erfahren, dass sie sehr viel Zeit für sich und die alten Menschen gewinnen. Sie können sich aus der selbsterzeugten Hektik des pflegerischen Handelns ausklinken und erkennen, dass sie im Umgang mit schwierig erlebten Menschen deshalb voranschreitende Eile verbreiten, weil sie die alten Menschen schnell verlassen und abgegrenzt von der Pflegewelt in ihren Alltagsschleusen wieder zur Ruhe kommen wollen. Zeitschleusen haben dieselbe Funktion wie die schon immer von Pflegenden benutzten Alltagsschleusen, jedoch verbrauchen sie einmal sehr viel weniger Uhrzeit, und zum anderen erleichtern sie die Rückkehr in die Welt der ver-rückenden, nicht mehr funktionierenden Menschen.
Rosa ist nach rund 30 Minuten froh, als sie endlich aufhören kann, Frau Servus das Frühstücksbrot zu reichen.
Die Gegenrechnung zu den 30 Minuten lautet: Rosa begibt sich für 30 – 60 Sekunden in eine Zeitschleuse und besinnt sich auf die Langsamkeit von Frau Servus. Sie setzt sich zu der alten Dame, begrüßt sie, gewöhnt sie an den Geruch und Geschmack des Kaffees, lässt sie trinken. Dann lässt sie Frau Servus von dem Wurstbelag probie-

ren, bevor sie ihr den ersten Bissen anbietet. Das reicht. Rosa wendet sich nach 1 Minute einer anderen Beschäftigung zu. Rund 5 Minuten später setzt sich Rosa wieder zu Frau Servus, wiederholt die sanfte Einstimmung auf die Getränke und Speisen. Diesmal sieht sie den Appetit von Frau Servus und reicht ihr innerhalb von 3 Minuten zwei Bissen. Sie lässt nun Frau Servus kauend alleine. Etwa 30 Minuten später kommt Petra mit frischem Brot und Kaffee zu Frau Servus und bietet ihr die Mahlzeit an. Das dauert keine 2 Minuten. Irgendwann im Laufe des Vormittages bringt Rosa einen Joghurt, eine Gurke, Obst und was auch immer vorbei. Das ergibt in meiner Rechnung für weitere drei Angebote nochmals 5 – 6 Minuten. In der Summe macht das einschließlich einer jeweiligen Zeitschleuse von 30 – 60 Sekunden und den Rüstzeiten für andere Tätigkeiten weniger als 30 Minuten.

Zudem spart Rosa die Zeit, die sie bei ihrer traditionellen Vorgehensweise benötigt, um sich in einer Alltagsschleuse (zum Beispiel ausgiebiges und intensives Reinigen des kaum verschmutzten Tisches, an dem Frau Servus gegessen hat) abzureagieren. Diese vertane Zeit könnte sie für eine nicht pflegebezogene Nähe nutzen, bei der sie sich auf die Lieblingsbeschäftigung von Frau Servus einlässt und ebenso wie Frau Servus mit ihren Lippen Geräusche erzeugt.

Für die Großen Erwachsenen gestatte ich mir hier den Hinweis, dass man Brot nicht nur in vollständiger Scheibenform und Getränke nicht nur in gefüllten Bechern und Tassen anbieten muss. Rosa besinnt sich in der Zeitschleuse, dass sie nur ein Viertel einer Brotscheibe belegt und nur einen Schluck Kaffee aus der Warmhaltekanne ausschenkt. So bleiben alle Speiseangebote frisch. Man kann ein Frühstück auch über den Vormittag verteilt zu sich nehmen und muss es nicht auf einmal aufessen. Auch darf man sich an die Kindheit erinnern und Frau Servus eine Freude machen, indem man mit den Lippen Geräusche erzeugt und Grimassen zieht. Niemand außer den Großen Erwachsenen selbst verbietet das.

Pflegende, die ihr Handeln nach der chronologischen Zeit ausrichten, die alles plan- und berechenbar machen wollen, tragen häufig das Gefühl in sich, die alten Menschen kämen mit ihren Bedürfnissen nach Zuwendung und personaler Geborgenheit zu kurz. Sie nehmen sich immer wieder mal und oft genug täglich vor, Frau Schmitz, Herrn Müller und all den anderen Zeit zu schenken und nur für sie

da zu sein – jedenfalls 5 Minuten. Sie schaffen es dann aber doch nicht oder nur mit größter Mühe des Zusammenreißens. Nicht, weil es ihnen an messbarer Uhrzeit mangelte, sondern weil es zugegebenermaßen quälend und mühsam ist, Zeit mit Menschen zu verbringen, die nichts sagen oder tun, die jammern, schreien, über Schmerzen klagen, Angst haben, nicht alleine bleiben wollen oder die tagein tagaus die gleiche Geschichte erzählen.
So wissen die Pflegenden, dass den Alten die beruhigende Geborgenheit der Mutter, die nichts zu sagen, die nur anwesend zu sein brauchte, guttäte, aber sie können sie den Alten nicht geben. In ihrer Not berufen sie sich auf Personalknappheit (zu Recht!) und unaufschiebbare Pflichten.
Diese Pflegenden müssten sich in Zeitschleusen darauf einstellen, dass sie bei Menschen, die nicht mehr funktionieren, keine Erfolge im landläufigen Sinne erzielen können. Egal, wie viel Zeit sie investieren, sie bekommen die sie störenden Defekte nicht weg. Solange sie ergebnisorientiert denken und handeln, wollen sie Erfolge, Ergebnisse sehen. Stellen diese sich trotz aller Zeit, die sie investieren, nicht ein, glauben sie, der Zeitaufwand lohne sich nicht. Sie wollen zumindest einen Fortschritt erkennen, sehen, dass es „weiter“-geht.

Wenn ich mich zu Otto hinsetze, ist er ruhig, schreit er nicht.
Stehe ich auf und gehe, schreit er wieder,

sagt Annabel, und sie zieht aus dieser Beobachtung die Erkenntnis:

Ja, ich meine, was soll ich denn da noch hingehen zu ihm.

Alexa aus dem Eingangsbeispiel sieht das genauso. Sie hält sich erst gar nicht mit Frau Küster auf, als diese mal wieder nicht funktioniert und ängstlich um Beistand bettelt, statt das angebotene Essen in Empfang zu nehmen. Alexa bittet die Kollegin Ines, nach Frau Küster zu sehen und die alte Dame wieder in Ordnung zu bringen. Zwar ist Ines gerade auf dem Weg zu Herrn Rübsam, das Problem mit Frau Küster scheint ihr aber im Moment dringlicher zu sein. Ines betritt mit dem Essenstablett das Zimmer der Bewohnerin und bietet der alten Frau, die voller verzweifelter Angst ist, das Essen an. Sofort besinnt sich Ines, wie unangemessen ihr Normalitätsreflex ist. Sie verlässt ihre Welt und ver-rückt sich in die Angstwelt von Frau Küster.

Ich bin ja bei Ihnen, Frau Küster,

spendet sie Trost und verharrt dann ruhig bei der alten Dame. Frau Küster tut die Nähe gut. Beide bieten ein Bild des friedlichen Vertrautseins zweier Menschen, die sich ohne Worte verstehen. Nach exakt 40 Sekunden wird Ines unruhig. Sie unterbricht die Stille abrupt mit den Worten:

So, Frau Küster, jetzt schön schlafen.
Das tut Ihnen gut.

Frau Küster denkt natürlich nicht daran, zu schlafen und Ruhe zu geben. Ines ist offensichtlich wieder in die Welt der Uhrzeit zurückgekehrt. Sie denkt an die zuvor unterbrochene Tätigkeit, die es zu beenden gilt. Sie hat keine Zeit mehr für die Angst von Frau Küster. Sie verabschiedet sich:

Ich komme gleich wieder.

Noch in der Tür dreht sie sich zu der Bewohnerin um und verspricht:

Bis gleich.

Warum gibt Ines dieses Versprechen? Ines sagt, sie habe ein schlechtes Gewissen gegenüber Frau Küster. Sie glaubt, der Bewohnerin mal wieder nicht gerecht geworden zu sein.
Ich dagegen behaupte, Ines ist mit den 40 Sekunden, währenddessen sie ruhig bei Frau Küster verweilte, der alten Dame sehr wohl gerecht geworden. Sie hatte sich 40 lange Sekunden auf die Eigenzeit einer ängstlichen Frau eingestellt, die Angst ertragen und geteilt.
Das schlechte Gefühl, so behaupte ich weiter, rührt bei Ines daher, dass sie ihre Bemühungen nicht erfolgreich abschließen konnte. Sie hat es nicht geschafft, Frau Küster von ihrer Angst zu befreien. So kommen ihr die 40 Sekunden wie vertane Zeit vor, in der sie nichts geschafft, nichts bewerkstelligt hat. Es steht für mich außer Zweifel, dass Ines die alte Dame mit einem sehr guten, ja mit einem glücklichen Gefühl hätte verlassen können, wenn die Bewohnerin ihren Angstzustand aufgegeben und sich bei Ines für deren Mühe bedankt hätte:

Es ist alles in Ordnung.
Du kannst mich jetzt alleine lassen.

Ich habe keine Angst mehr.
Danke.

Nach einer solchen Rückmeldung hätte nichts mehr Ines an diesem Tag aus der Fassung bringen können. Sie hätte sich toll gefühlt. Aber Frau Küster und all die anderen werden ihr selten bis nie eine direkte oder indirekte Rückmeldung über den erfolgreichen Abschluss ihrer pflegerischen Bemühungen geben, weil ihre Defekte nicht wegzubekommen sind. Wer bei Menschen, die nicht mehr funktionieren, Defekte erfolgreich bekämpfen will, lädt sich eine Sisyphosarbeit auf.
Weil dem so ist, hätte sich Ines nach den 40 Sekunden, die sie in der Welt von Frau Küster ausgehalten hat, in eine Zeitschleuse begeben sollen. Dort könnte sie ihre Gefühle ordnen und sich zu ihrer Leistung beglückwünschen. Ohne Schleuse gerät Sylvia mit den verschiedenen Zeiten durcheinander. Sie will nun beiden Welten, der Eigenzeit von Frau Küster und der Uhrzeit, die in ihr unaufhaltsam tickt, gerecht werden. Hinzu kommt noch ihre individuelle Eigenzeit, und so muss der Versuch, zwischen den verschiedenen Zeitwelten hin- und herzupendeln und sie in ein Gleichgewicht zu bringen, scheitern. Ines' Bemühungen gleichen einem Spagat, bei dem sie Gefahr läuft, zerrissen zu werden. Mit ihrem Versprechen:

Ich komme gleich wieder.
Bis gleich,

versucht sie der Zerreißprobe zu entgehen. Sie nimmt sich vor, die angefangenen, aber nicht beendeten Bemühungen zu unterbrechen, um andere wichtige Dinge schnell zu erledigen und danach fortzusetzen. Diese Unterbrechung ist nach meinem Verständnis nichts anderes als eine Auszeit, eine Schleuse also, allerdings eine unbewusste.
Auf dem Flur greift sich Ines ein Essenstablett und beeilt sich, dieses zu Herrn Rübsam ins Zimmer zu bringen. Dort ordnet sie schnell die verrutschte Tischdecke, ruft einer Kollegin zu, sie solle sich um einen Arzttermin kümmern und beklagt sich bei mir, dass das Ganze hier ein Sch…laden sei mit viel zu wenig Personal.
Offenbar versucht Ines, die Spannung, welche die in ihr tobenden Zeiten verursachen, abzubauen. Sie schafft es nicht. Nach etwa drei Minuten betritt sie wieder das Zimmer von Frau Küster:

Da bin ich wieder.

Es wird zehn Minuten dauern, bis Ines Frau Küster wieder verlässt. Fatalerweise gelingt es Ines aber während dieser langen Zeit überhaupt nicht mehr, sich auf die Bedürfnisse von Frau Küster einzustellen. Ines bleibt vollkommen in der Welt der aktiven, nützlichen, vernünftigen, die Zeit gestaltenden Erwachsenen. Die unbewusste Auszeit hat ihr geholfen, die bedrohliche Welt von Frau Küster zu verlassen, aber nun findet sie nicht wieder zurück. Ines will Frau Küster mit den Mitteln ihrer Normalität, zu der sie in der Auszeit zurückgefunden hat, begegnen. Das muss daneben gehen. Ines wirft einen raschen Blick auf ihre Uhr.

Wollen Sie nicht aufstehen?

fragt sie die Bewohnerin.
Frau Küster will das bestimmt nicht.
Aber Ines umso mehr.
Die alte Dame wird im Bett aufgerichtet, sie bekommt Schuhe angezogen.

Besser so?

will Ines wissen.
Frau Küster reagiert nicht. Sie schaut wie ein trauriger Clown.
Ines blickt in den Flur. Sie will etwas von der Erwachsenenwelt, den Gesprächen ihrer Kolleginnen mitbekommen. Sie sitzt neben Frau Küster auf deren Bett, jedoch scheint beide eine unsichtbare Wand zu trennen.
Ines streichelt im Nacken von Frau Küster und schaut sich dabei im Zimmer um. Ihr Blick bleibt an einer Wanduhr und einem Wandkalender haften. Beide Insignien der messbaren Zeit hängen wohl dort, damit sie Frau Küster an die „richtigen" Zeiten erinnern sollen. Ich bemerke, dass die Uhr stehen geblieben und der Kalender seit Tagen nicht mehr abgerissen worden ist. Dadurch werden die beiden Zeitmesser zum Symbol der Eigen-Zeit. Sie verkörpern den Bruch, der zwangsläufig entsteht, wenn andere (Zeit-)Welten auf die funktionale Welt der Großen Erwachsenen eingestellt werden sollen. Vielleicht sollte man überall in der Pflege gut sichtbar defekte Uhren und falsche Kalender als Zeitschleusen aufhängen, um zu erinnern, dass die Zeit stehen bleiben und sogar rückwärts gewandt gehen kann.

Ines hat die defekte Uhr ebenfalls bemerkt und lächelt entschuldigend zu mir herüber:

Es gibt so viel zu tun.
Und wenn kein Personal da ist, bleiben solche Sachen schon mal liegen.

Ich denke:

Schade.
Da wird das Symbol wohl bald zerstört.

Ines blickt verstohlen auf ihre Armbanduhr. Kurze Zeit später zieht sie Frau Küster die Schuhe wieder aus und legt dann die alte Dame ins Bett:

Schön schlafen,

redet Ines Frau Küster zu,

und keine Angst. (!)

Ines deckt die Bewohnerin mit der Bettdecke zu und ermahnt sie nochmals:

Und keine Angst.
Ich bin immer für Sie da.

Noch ein kurzer Kontrollblick, ob alles in Ordnung ist, und dann könnte Ines den Raum mit dem guten Gefühl verlassen, sich ausgiebig Zeit für Frau Küster genommen zu haben. Da fällt ihr Blick auf den mit Wasser gefüllten Becher auf dem Nachttisch.

Trinken Sie nochmal,

fordert Ines Frau Küster auf und drückt ihr den Becher an den Mund. Frau Küster jammert:

Nein.

Ines gibt nicht auf:

Doch.
Ein Schluck.

Als das geschafft ist, lässt Ines die Rolläden herunter, damit Frau Küster besser einschlafen kann. Die 10 Minuten sind vorbei.

Im Gegensatz zu den geschenkten 40 Sekunden waren diese 10 Minuten eine absolut vertane Zeit. Während dieser Zeit wurde Frau Küster nicht beruhigt, sondern im Gegenteil erregt. Gut, dass Frau Küster eine friedfertige Dame ist. Andere Alte schreien in ihrer Not zurück, und dann eskaliert die Hilfe, die in 40 Sekunden hätte erledigt sein können, zu einem 10minütigen Kampf.

In Zeitschleusen könnte Ines lernen, dass sie nicht allen Zeiten gerecht werden muss und kann. Menschen, die wie Frau Küster Angst erleben, ohne etwas dagegen tun zu können, wird man über kurz oder lang mit ihrer Angst alleine lassen müssen. Ohne Leiden geht es nicht. Es sollte aber darauf verzichtet werden, diesen Menschen noch zusätzlich 10 Minuten Gewalt anzutun, indem beispielsweise von ihnen gefordert wird, keine Angst haben zu dürfen.

Frau Küster und all die anderen, die danach verlangen, hätten mehr davon, wenn man ihnen 20, 30 oder 40 Sekunden menschliche Geborgenheit schenkt, währenddessen man sich ganz auf ihre andere Welt einlässt. Wer versucht, 10 Minuten menschliche Geborgenheit am Stück zu verabreichen, stößt schnell an die Grenzen seiner Belastbarkeit, und er belässt es dann für viele Tage bei den einmal verabreichten 10 Minuten. 30 Sekunden dagegen lassen sich ganz oft über den ganzen Tag verteilt verschenken.

Die Schätze der Kindheit heben

Eine Reise in die Kindheit

> „In Panama ist alles viel schöner, weißt du, denn Panama riecht von oben bis unten nach Bananen. Panama ist das Land unserer Träume, Tiger. Wir müssen sofort morgen nach Panama, was sagst du, Tiger?"
> „Sofort morgen", sagt der kleine Tiger. „Aber meine Tiger-Ente muß auch mit."
>
> Janosch: Oh, wie schön ist Panama[40]

Jeder, der einmal Kind war, wird sich an die Situation erinnern, in der das Kind plötzlich merkt, dass es alleine zu Hause ist. Das Kind spielt intensiv und scheint in eine Spielwelt ver-rückt zu sein. Mutter, die einige Besorgungen für das Abendbrot beschaffen muss, beschließt, das Kind bei seinem Spiel nicht zu unterbrechen und es für kurze Zeit alleine zurückzulassen. Plötzlich, von jetzt auf gleich ver-rückt das Kind aus seiner Spielwelt in die Welt der Erwachsenen und kann nirgendwo Mutter entdecken. Das Kind fühlt sich verlassen, weiß nicht, ob und wann Mutter zurückkehrt, es schreit, sieht sich von Einbrechern, Tieren, Geräuschen und Schatten bedroht. Es hat Angst, kauert sich in eine Ecke und ist nicht in der Lage, etwas zu unternehmen. Es verharrt und wartet vor Trauer oder Wut erstarrt auf die Rückkehr der Mutter. Endlich taucht Mutter auf. Das Kind ist voller Freude und will nichts anderes als in ihrer Nähe sein. Mutter aber bedeutet dem Kind, sie habe keine Zeit, gleich käme Vater und sie müsse das Abendbrot fertig machen.

Komm, geh aus der Küche,

sagt sie,

spiel woanders.

Das Kind will nicht woanders spielen, es will in Mutters Nähe bleiben. Mutter setzt sich durch. Das Kind verlässt die Küche, hat aber keine Lust, sein Spiel im Nachbarzimmer fortzusetzen. Stattdessen hämmert es das geliebte Spielzeug auf den Fußboden. Das zerstörerische Spiel ruft Mutter auf den Plan. Sie ermahnt das Kind zur Ruhe und „schön ordentlich" zu spielen.

Ähnlich wie dem Kind ergeht es Frau Brenner. Sie wird wie so viele alte Menschen, die nicht mehr funktionieren, wie ein Kind behandelt, ohne dass man dem Kind in ihr auch nur ansatzweise gerecht würde. Frau Brenner verliert seit einigen Jahren den Verstand und findet sich in der Welt der Erwachsenen kaum noch zurecht. Nachmittags wird sie in eine Ecke des Flures gesetzt, von wo aus sie einen guten Überblick über das Geschehen auf der Station hat. Frau Brenner, die alleine nicht weiß, was sie tun oder unternehmen soll, verbringt den Nachmittag ruhig auf ihrem Platz. Täglich gegen 17.00 Uhr sieht sie zwei Pflegerinnen, die auf deren Weg zur Stationsküche an ihr vorbeikommen. Die alte Dame lächelt und winkt den beiden zu. Endlich scheint die Zeit des lähmenden und quälenden Wartens und Alleinseins für Frau Brenner vorbei zu sein. Endlich kommt Mutter zurück.
Die beiden Pflegerinnen nehmen von Frau Brenner keine Notiz. Sie verschwinden in der Stationsküche, um das Abendbrot zuzubereiten. Kaum dass sich die Pflegerinnen in der Küche befinden, erhebt sich Frau Brenner mit den Worten:

Erhebe dich du schwacher Geist mit deinen kaputten Fenstern.

Sie folgt den Pflegerinnen in die Küche, wo ihr allerdings der Zutritt verwehrt wird. Da sich die Szene seit Wochen jeden Tag wiederholt, sind die Pflegerinnen genervt.

Als ob sie das extra macht,

lassen sie ihrem Ärger freien Lauf,

Den ganzen Nachmittag sitzt die auf dem Stuhl.
Kaum sieht die uns, will die in die Küche.

Im Laufe der Wochen haben sie sich Frau Brenner böse gemacht. Sie sind das Opfer, Frau Brenner die Täterin. Die Pflegerinnen wissen nichts von dem Gefühl der Verlassenheit am Nachmittag und von dem Gefühl der Freude, als die Mutter in Form der beiden Pflegerinnen endlich auftaucht. Frau Brenner will wie das Kind nur die Nähe der Mutter spüren. Eine Minute Geborgenheit würde reichen. Das Kind könnte weiterspielen und beim Spiel die Mutter wieder vergessen. Frau Brenner wäre beruhigt und zufrieden. Für das Kind ist es uninteressant, ob sich die Mutter beeilen will. Es will nichts von der Mutter, außer in ihrer Nähe spielen. Auch Frau Brenner will nicht wissen, wie viel Arbeit die beiden Pflegerinnen, Anke und Elisabeth, die heute Spätdienst haben, zu erledigen haben. Sie will nichts von den beiden, außer sich in ihrer Nähe in der Küche aufhalten. Gerade das aber will Elisabeth verhindern.

Wo geht es hin, Klärchen?
Wohin?
Wo geht es hin?
Wo willst du hin?
Wohin?

fängt Elisabeth Frau Brenner kurz vor Betreten der Küche ab. Elisabeth geht ganz in einer Mutterrolle auf und treibt ein neckisches Mutter-Kind-Spiel. Sie weiß, was sich das Kind sehnlichst wünscht, will es ihm aber nicht geben. Wahrscheinlich kennt Elisabeth das Spiel noch aus der Erfahrung mit eigenen Kindern. Sie wollte ungestört bügeln, dann kommt das Kind, krabbelt in ihrer Nähe, und wenn sie die Nähe nicht sofort unterband, dauerte es meist nicht lange, und das Kind schleppte Kisten mit Spielsachen heran, über die die Mutter stolperte. (Merke: Gibt man Kindern und Alten den kleinen Finger, wollen die immer den ganzen Arm.)
Heute will Elisabeth das Abendbrot zubereiten und sich dabei nicht von Frau Brenner stören lassen. Sie drückt mit einer Hand gegen die drängende alte Dame. Dann fällt ihr eine Lösung ein, mit der sie Frau Brenner wegschicken und ihr dennoch eine Freude bereiten kann.

Warte mal,

lächelt Elisabeth Frau Brenner zu,

Anke hat was.

Anke kommt aus der Küche und drückt Frau Brenner mit spitzen Fingern eine zusammengerollte Scheibe Wurst in den Mund. So machen das Mütter, wenn sie ein Kind gerade nicht gebrauchen können. Kaum hat Frau Brenner die Scheibe Wurst im Mund, sagt Elisabeth:

Dann komm.

Sie dreht die Bewohnerin an den Schultern in die Richtung des angestammten Sitzplatzes. Dann putzt sie mit einem Taschentuch, das sie aus ihrem Kittel holt, flüchtig den Mund von Frau Brenner ab:

Mund abputzen. Ja.
So, schön hinsetzen.

Frau Brenner gehorcht und entfernt sich von der Küche. Das Kind ist enttäuscht, vielleicht traurig oder trotzig. Frau Brenner ist durcheinander. Sie findet ihren Stuhl nicht. Sie irrt ein wenig umher und setzt sich auf den nächstbesten Stuhl. Sofort tönt es aus der Küche:

Nee, Frau Brenner, das ist nicht Ihr Sitz.

Mütter haben trotz ihrer vielen Arbeit offenbar immer noch ein Auge frei, um ihre Kinder, die sie alleine lassen, zu beaufsichtigen. Elisabeth eilt aus der Küche, um die Bewohnerin an ihren „richtigen" Sitz zu begleiten. Als Frau Brenner etwas in dem Sinne von „Was ist das hier für ein Laden" murmelt, wird sie von Elisabeth ermahnt:

Das dürfen Sie nicht sagen.

(Interessanterweise wird Frau Brenner bei den letzten beiden Ansprachen gesiezt. Ich beobachte oft, dass Pflegende alte Menschen duzen, wenn sie gütig, freundlich und lobend mit ihnen umgehen, und sie siezen, wenn sie verärgert, drohend und strafend auf alte Menschen einwirken.

Pfleger zu Herrn Schmitz:

Na, Willi, hat es geschmeckt?

Herr Schmitz:

Nee, das ist ein Drecksfraß.

Pfleger:

Wieso? Ich weiß nicht, was Sie gegen das Essen haben.)

Elisabeth spielt die reglementierende Mutterrolle perfekt. Sie behandelt Frau Brenner wie ein Kind, ohne dem Kind gerecht zu werden.[41] Leider deuten Elisabeth und Anke ihr Verhalten ganz anders. Sie sehen sich keineswegs als Mütter, sondern als Opfer, das sich gegen die aufdringliche Frau Brenner wehren muss. Mein Vorschlag an die beiden, Frau Brenner jedesmal, wenn die alte Dame die Küche betreten will, eine kurze Wiedersehensfreude zu gönnen und ihr dann in der Küche einen Stuhl anzubieten, wird mit folgendem Einwand vom Tisch gefegt:

Und was sagt das Gesundheitsamt dazu?

Also wieder nix mit meinen gut gemeinten Vorschlägen. Vielleicht helfen Kindheitsschleusen, in denen sich Pflegende in Situationen ihrer Kindheit versetzen, um einen Zugang in die anderen Welten ver-rückender alter Menschen zu finden. Da uns unsere Kindheit, wie ich vermute, das ganze Leben begleitet, dürfte es uns nicht allzu schwer fallen, die Träume, die Phantasie, die Lust, die Angst, die Bösartigkeit, die Ausgelassenheit, die Vorliebe für Schmutz, die Traurigkeit, die Ungezügeltheit, den Trotz der Kindheit wiederzuentdecken.
Leider haben manche Große Erwachsenen ihre Kinderwelt in einem derartigen Maße unter Kontrolle, dass sie sich nicht mehr an die Lüste und Gelüste der Kindheit erinnern wollen. Das dürfen sie. Sie sollten nur nicht glauben, dass ausschließlich derjenige ein richtiger Erwachsener ist, der seine kindischen und kindlichen Bedürfnisse beherrscht. Im Übrigen wird es so sein, dass auch die richtig Großen Erwachsenen die Welt der Kindheit nicht vollkommen unterdrücken können. Sie passen nur besonders gut auf, dass ihre Kindereien unbemerkt bleiben. Ertappt man sie dennoch, wenn sie sich den Freuden der Kindheit hingeben, reagieren sie erschrocken und verschämt und leugnen, dass sie außer Kontrolle waren. Manchmal begegnet man einem richtig Großen Erwachsenen, der selbst im Alter, wenn seine geistigen und seelischen Kräfte schon lange nicht mehr ausreichen, die Welt der Kindheit beherrschen will. Sie versuchen, die Fassade der Erwachsenenwelt, die zu bröckeln beginnt, aufrechtzuerhalten und so zu tun, als wären sie Herr ihrer Sinne. Ein mühseliges und oft lächerliches Unterfangen. Ich gönne ihnen ihre kindischen „Ausrutscher" und respektiere ihre Bemühungen, die Fassade zu bewahren. Diese Einstellung hindert mich aber nicht, an der Fassade der noch funktionierenden Großen Erwachsenen zu kratzen.
Bei mir selbst erlebe ich immer wieder Situationen, in denen ich mich wie ein Kind benehme. Vor einiger Zeit hatte ich auf der Toilette ein schönes Erlebnis. Ich hatte zuviel Toilettenpapier benutzt und dadurch den Abfluss verstopft. Beim Abspülen stieg die Kloake bedrohlich bis zum Rand der Schüssel. Kurz vor dem Überlaufen machte es

pflutsch

und die Kloake zog sich schlürfend und schmatzend in den Abfluss zurück. Plötzlich war alles rein. Es war wie eine satte, umfassende, klärende Reinigung. Manchmal, wenn ich viel Zeit habe, wiederhole ich dieses schöne Spiel.
Den Großen Erwachsenen, die es nach diesem tiefen Einblick in meine Seele vorziehen, nicht weiterzulesen, empfehle ich drei Bücher zur weiteren Lektüre: Die Kulturgeschichte der Scheiße; Cloaca Maxima; Geschichten vom Klöchen.[42]
Derjenige, der weiterliest, verträgt vielleicht noch eine Geschichte zu diesem Thema. Einmal als ich meine Gedanken unbedingt zu Papier bringen wollte, verpasste ich den Zeitpunkt, bis zu dem es möglich gewesen wäre, mit sauberem Schlüpfer die Toilette zu erreichen. Ich pitschte und drückte solange, bis es nicht mehr ging. Endlich auf dem Klo kam die große Erleichterung. Dummerweise kam Lukas hinzu und sah den Kot in meinem Schlüpfer. Sofort verrückte ich in die Erwachsenenwelt und rechtfertigte mich, damit ich mich für meinen kindlichen Schmutz nicht zu schämen brauchte.

Weißt du Lukas,

sagte ich,

der Papa hat Durchfall.

Lukas überlegte und sprach:

Hm, wenn ich in die Hose mache, habe ich nie Durchfall.

Da habe ich mich wirklich geschämt.
Manchmal lasse ich auch meiner Wut freien Lauf. Bekomme ich beispielsweise eine Schraube nicht aus einem Brett gedreht, weil mein Schraubendreher zu groß oder zu klein ist, vergesse ich mich. Ich schmeiße den Schraubendreher durch die Gegend oder schlage ihn mit dem Hammer kaputt. Hat mich mein Nachbar bei meinem Wutausbruch zufällig beobachtet, gucke ich ziemlich blöde und versuche schnell, die peinliche Situation, in der ein Erwachsener Zeuge meiner Kindheit war, zu retten, indem ich ein vernünftiges Gespräch mit dem Nachbarn beginne. Wir vermeiden es dann beide, über unsere Lust am Zerstören und Kaputtmachen zu reden.
Glücklicherweise besitze ich noch hinreichend Verstand, um die Freude und die Last der Kindheit, die immer wieder mal in meine Erwachsenenwelt hineinbricht, zu zähmen und zu kontrollieren. Was

aber wird sein, wenn einmal mein Verstand zusammenschrumpft und sogar verschrumpelt? Wird man mir dann noch meine Kindereien gönnen und mich in meinem Kindsein ernst nehmen?
Hoffentlich, denn ich bin nicht der Einzige, der seiner Kindheit hin und wieder zu ihrem Recht verhelfen muss. Ich kenne viele Große Erwachsene, die die Puppe oder den Teddybären ihrer Kindheit in die Erwachsenenwelt hineingerettet haben. Manchmal, wenn sie alleine sind, sprechen sie mit der Puppe, als könnte diese alles verstehen. Der Besucher findet diese Puppen selten im Wohnzimmer. Dort stehen die teuren Porzellankopfpuppen. Die Puppen, mit denen sich Erwachsene unterhalten, befinden sich eher im Schlafzimmer. Mancher, der eine solche Puppe hat, würde sie gerne mitnehmen, wenn er sich ins Krankenhaus begeben muss. Sie würde ihm bestimmt Trost und Geborgenheit spenden. Er verzichtet aber darauf, weil er sich schämt oder befürchtet, dort nicht ernst genommen zu werden und vielleicht zusätzlich auch noch in die neurologische Abteilung verlegt zu werden. Lieber nehmen die Erwachsenen unauffällige Gegenstände mit, an denen sie sich in Stress- und Ausnahmesituationen festhalten können. Sie können übrigens sehr böse oder niedergeschlagen werden, wenn man ihnen solch unnütze Gegenstände vor der Behandlung abnimmt.
Auch kenne ich viele Erwachsene, die es lieben, sich auf die Erde zu legen, im Schmutz zu suhlen, das Geräusch kaputtgehender Gegenstände zu hören, andere Menschen anzufassen und sich anfassen zu lassen, mit anderen zu schmusen und zu kuscheln, von ihren Träumen und Phantasien zu erzählen und sich an ihrem Geschrei und Gebrülle zu ergötzen oder sich hemmungslos ihren Tränen hinzugeben. Schade, dass diese Großen Erwachsenen meistens besoffen sein müssen, um ihrer Kindheit zum Recht verhelfen zu dürfen. Kindheit hat wohl bei den Großen Erwachsenen nur eine Chance, wenn der Verstand verloren geht oder außer Kraft gesetzt wird.
Aber ich sehe noch eine andere Chance, um zumindest den alten Menschen, die nicht mehr funktionieren und pflegebedürftig sind, in ihrem Kindsein gerecht zu werden. Dazu müsste man sich lediglich an die Schätze der Kindheit erinnern. Als ich Kind war,

- konnte ich oft nicht erklären, was ich wollte,
- lachten andere über mich, obwohl ich dasselbe meinte wie sie,
- baute ich mit Decken und Stühlen Höhlen, in die ich hineinkroch,

- machten mir Schatten Angst,
- erfand ich mir Begebenheiten, und ich bestand darauf, dass sie stimmten,
- wusste ich, dass ich log, aber ich hätte so gerne jemanden gefunden, der mir glaubte,
- steckte ich alles in den Mund,
- habe ich gehofft, dass mir etwas zustoße, damit sich die anderen über mein Unglück erschrecken,
- habe ich den Großen die Schuld gegeben, wenn mir etwas misslang,
- habe ich aus lauter Wut mein Lieblingsspielzeug zerstört,
- behütete ich Steine wie Schätze,
- bereitete mir das Zurückhalten des Kotes mit dem After Lust,
- habe ich aus Bausteinen Türme gebaut, um sie zusammenfallen zu lassen,
- gestand ich toten Gegenständen menschliche Wesenszüge zu,
- zeigte ich meinen Eltern stolz, wie viel Aa oder Pipi ich gemacht hatte,
- habe ich die Großen nur deshalb nicht leiden können, weil sie groß waren,
- dachte ich, es gäbe Hexen, Riesen und Drachen,
- hoffte ich, dass man mir meine geheimsten Wünsche, die ich niemandem anvertraute, erfüllte.
- wusste ich, dass sich im Wald Gespenster aufhielten,
- habe ich ununterbrochen nach Mama geweint, wenn ich nicht wusste, wo sie war,
- wollte ich nach Hause, wenn ich Angst hatte oder vom Spielen erschöpft war,
- habe ich in der Hose nach meinem Kot gefühlt und die mit Kot verschmierten Finger an Wänden abgewischt,
- schrie ich, wenn mir etwas misslang,
- wollte ich meine Lieblingsglaskugel nicht hergeben, wenn ich sie beim Wettkampf mit anderen Kindern verloren hatte; ich schmiss sie weg, damit sie auch kein anderer besitzen sollte, wenn ich sie nicht behalten konnte,
- hatte ich manchmal etwas gebaut, das bald zusammenzubrechen drohte. Ich hielt die Konstruktion aus Bausteinen fest und rief unentwegt nach Mama und Papa, bis beide mein Werk gesehen hatten. Dann konnte ich es auseinanderfallen lassen.

Nach dieser Erinnerungsarbeit, die zugegebenermaßen nicht immer angenehm ist, sollte es gelingen, die ver-rückenden alten Menschen mit den Schätzen der Kindheit glücklich zu machen. Die Vergleiche liegen auf der Hand.

Als Kind konnte ich zwischen meiner Phantasiewelt und der Wirklichkeit der Erwachsenen hin- und herpendeln. Ich sprach mit meinem Teddy und tröstete ihn, weil er vom Tisch gefallen war. Fragte mich meine Mutter, ob mein Teddy Schmerzen hatte, antwortete ich ihr: „Nein, ein Teddy kann doch keine Schmerzen haben."

Frau Nießen spricht mit ihrem verstorbenen Mann, als befände er sich in ihrem Zimmer. Fragt man sie, wie es ihrem Mann gehe, antwortet sie: „Der lebt schon lange nicht mehr."

Als Kind interessierte mich ein Spielzeug irgendwann nicht mehr. Wollte ein anderes Kind damit spielen oder wollten meine Eltern es verschenken, verteidigte ich es mit Händen und Zähnen.

Frau Pötter beachtet eine benutzte Serviette, die auf ihrem Schoß liegt, nicht mehr. Nimmt man sie ihr weg, wird sie böse und hält die Serviette fest in ihrer Hand.

Als Kind hatte ich einen Lieblingspullover. Eines Tages war er verschwunden. Meine Mutter hatte sich wohl wegen seiner vielen Flicken und Flecken geschämt und ihn in den Müll geworfen. Ich war sehr traurig und bat meine Mutter, mir beim Suchen zu helfen. Meine Mutter tat so, als wüsste sie nicht, wo der Pullover sein könnte.

Frau Gerhards fragt seit Tagen, wo die schönen Blumen sind, die man, als sie verwelkt waren, weggeschmissen hat.

Wenn ich mich als Kind am Tisch gestoßen hatte, schimpfte ich mit dem Tisch, er sei böse. Meine Mutter meinte, ich hätte nicht aufgepasst. Lieber wäre es mir gewesen, wenn sie mit mir zusammen den Tisch beschimpft hätte.

Herr Buntins schimpft über jeden, der sich auf dem Flur vor seinem

Zimmer aufhält. Die Pfleger(innen) sagen ihm, dass sein Schimpfen nichts nütze, der Flur sei nun mal für alle da.

Als Kind erwartete ich, von den Großen beschenkt zu werden. Besucher unserer Familie fragte ich: „Hast Du mir etwas mitgebracht?“

Frau Terporten freut sich wie ein Kind über jeden, der in ihr Zimmer kommt. Aber niemand bringt ihr ein Bonbon, ein Stück Schokolade, Lakritz, Zuckerwatte, eine Blume, ein Spielzeug oder ein Kompliment mit.

Als Kind verlor ich manchmal, z.B. auf dem Rummelplatz, meine Eltern aus den Augen. Ich war den Tränen nahe, hielt sie aber zurück. Als Vater und Mutter auftauchten, war ich voller Freude, aber ich wollte meine aufgehaltenen Tränen der Enttäuschung und Wut loswerden. Ich beschimpfte meine Eltern, weil sie mich hatten laufen lassen. Meine Eltern sagten, jetzt sei es doch gut, jetzt bräuchte ich doch nicht mehr zu weinen und ich soll aufhören.

Frau Mager empfängt jeden Pflegenden mit Anschuldigungen und Klagen. Sie sei immer alleine, niemand kümmere sich um sie, für alle anderen hätten die Pflegenden Zeit. Die Pflegerin entgegnet, dass sie doch jetzt bei ihr sei und sie deshalb keinen Grund hatte, sich zu beklagen. Sonst könne sie Frau Mager ja wieder verlassen.

Als Kind liebte ich die Wiederholung. Ich wollte die immer gleichen Spiele spielen und dieselbe Geschichte vor dem Schlafen vorgelesen bekommen. „Schlimme“ Wörter konnte ich stunden- und tagelang in Lied- oder Versform aufsagen.

Frau Grundwig begeistert sich an einem von ihr entwickelten „Fäkal-Rap“. Sie brabbelt oft stundenlang in rhythmischer Form: „Sch…, Sch…, Sch…, …“.

Hatte ich mir beim Spielen „wehgetan“, mussten alle von meinem Leid erfahren, und ich erwartete von jedem Mitleid und Trost. Meine Mutter tröstete mich und blies den Schmerz, den ich schon längst nicht mehr spürte, weg. Noch Stunden später, wenn eine Bekannte zu Besuch kam, hoffte ich, dass Mutter ihr von meinem Missgeschick erzählte, auf dass erneut mein Leid beklagt würde. Meistens vergaß meine Mutter mein Unglück nach kurzer Zeit. Ich unterbrach dann das wichtige Gespräch der Großen und erinnerte Mutter an meine Schmerzen.

Frau Joosten ist ausgesprochen wehleidig. Kommt jemand in ihre Nähe, jammert und weint sie. Reagiert niemand, stöhnt sie hörbar oder stößt einen lauten Schmerzensruf aus. Aber niemand will ihr Jammern und die Berichte über ihr Leid hören. Das ist alles schon so lange her, und sie habe keinen aktuellen Anlass zu klagen.

Als Kind wusste ich, dass sich im Wald Gespenster aufhielten. Ging mein Vater mit mir durch den Wald, waren die Gespenster immer noch da, aber ich brauchte keine Angst zu haben.

Herr Schnitzler betritt nur unter größten Widerständen die Dusche. Wo sind die Väter und Mütter, die mit ihm unter die Dusche gehen?

Als Kind fragte ich hundertfach nach, wann ich bekäme, was man mir versprochen hatte.

Frau Rissig wird morgens gefragt, ob sie zum Friseur will. Sie will, und bis sie endlich an der Reihe ist, fragt sie jeden, der bei ihr vorbeikommt, ob sie schon dran wäre.

Als Kind wurde ich in den Keller geschickt, um ein Glas Obst heraufzuholen. Ich hatte Angst und wollte nicht alleine in den Keller gehen. Wäre Mutter mit mir in den Keller gegangen, hätte ich voller Stolz ein Glas herauftragen und Mutter überreichen dürfen. Mutter aber war der Meinung, es ginge schneller, wenn sie direkt und alleine in den Keller ginge.

Herr Weber wird nach dem Ankleiden in den Frühstücksraum geschickt.

So, fertig.
Sie können jetzt frühstücken gehen,

sagt Ann-Katrin. Herr Weber bleibt im Flur stehen und lächelt die Pflegerin an.

Na, was ist, Herr Weber.
Keinen Hunger?

fordert Ann-Katrin den alten Herrn auf, sich endlich in den Frühstücksraum zu begeben.

Als Kind liebte ich es, durch Wasserpfützen zu laufen. Mein Vater ermahnte mich, dies zu unterlassen, denn ich würde mich erkälten. Ich aber lief weiter durch Pfützen und behauptete, meine Füße würden nicht nass. Dennoch verbot mein Vater das Spiel, weil er Sorge um die teuren Schuhe hatte.

Herr Kranz zieht sich zigmal am Tag die Schuhe aus. Die Pfleger(innen) ziehen ihm die Schuhe wieder an und ermahnen ihn, sie schön anzulassen. Setzen sie ihm eine Wanne mit Wasser hin, planscht Herr Kranz mit seinen Füßen im Wasser. Er hat Spaß, und die Pfleger(innen) ersparen sich viel Aufregung und Zeit.

Als Kind brauchte ich Übergangsobjekte, die mir halfen, die Zeit ohne Mutters oder Vaters Schutz zu überstehen. Ich hatte ein Schmusetuch und einen Schnuller. Beides musste dabei sein, wenn ich beispielsweise bei Oma übernachten sollte oder wollte. Fehlten meine Begleiter, half kein Zureden, kein Spiel, keine Schokolade von Oma. Ich wollte zu Mama. War ich mit Schnuller und Schmusetuch versorgt, überstand ich die Abwesenheit von den Eltern.

Frau Hinz trägt ein Halstuch, das man ihr auf keinen Fall wegnehmen darf. Tut man es dennoch, weil man sie waschen will, wehrt sie sich mit Händen und Füßen.

Wer sich an Situationen seiner Kindheit erinnern kann, der sollte im Umgang mit „eigenwilligen“ alten Menschen in der Lage sein, sich öfter wie ein(e) mitfühlende Mutter/mitfühlender Vater statt ein(e) reglementierende Mutter/reglementierender Vater zu benehmen. Erinnern Sie sich noch an Frau Riedle und Frau Schmitz, die ich

Ihnen in dem Kapitel „Entlastung durch Erziehung?" (S. 80 ff.) vorgestellt habe?
Frau Schmitz ist die alte Dame, die jammert, manchmal schlägt, regelmäßig die Notrufanlage bedient und von der die Pflegerinnen nicht wissen, wie sie ihr eine Freude bereiten können. Als ich Frau Schmitz besuche, erzählt sie mir, dass die Schwestern sie wie ein Schwein behandelten. Klingele sie, kämen die Schwestern zu ihr und schimpften. Ich frage Frau Schmitz, ob ich mal mit den Schwestern reden solle.

Reden nützt nichts,

entgegnet sie.
Da fällt mir folgende Geschichte aus meiner Kindheit ein: Hatte Mutter mit mir geschimpft und ich suchte Trost beim Vater, hätte es mir so gut getan, wenn Vater mir versprochen hätte, er würde jetzt mal mit der Mutter schimpfen. Stattdessen fragte er mich, was ich denn ausgefressen hätte, denn Mutter würde sicherlich nicht grundlos mit mir schimpfen.
Also frage ich Frau Schmitz, ob ich mal mit den Schwestern schimpfen solle. Frau Schmitz antwortet nicht, dreht sich von mir weg zur Wand hin. Nach kurzer Zeit greift sie zur Klingel und fragt mich wehleidig:

Soll ich mal klingeln?

Angela betritt das Zimmer:

Was haben Sie denn, Frau Schmitz.
Herr Schützendorf ist doch bei Ihnen.
Da können Sie sich doch unterhalten.

Dann lächelt sie uns beiden zu und verlässt uns wieder. Ich hätte Frau Schmitz an diesem Abend eine große Freude bereiten können, wenn ich mit Angelika geschimpft hätte. Dazu mussten sich Angelika und die anderen Mitarbeiter(innen) jedoch zuvor in einer Schleuse an ihre Kindheit erinnern. Danach gelang es ihnen nicht oft, aber doch hin und wieder, Frau Schmitz einen Moment der Freude zu gönnen, wenn sie die alte Dame vor einer Kollegin, über die sich Frau Schmitz gerade beklagt hatte, in Schutz nahmen und sie in ihrem Leid bestätigten.
Frau Riedle ist die alte Dame, die sich ihrer Kleidung entledigt und es genießt, nackt auf dem Flur zu sitzen. Frau Riedle wird an manchen Tagen von einer unerklärbaren Unruhe befallen, und sie muss sich

die Kleider, die sie zu erdrücken scheinen, ausziehen. Nackt sitzt sie ruhig und zufrieden in ihren Lieblingssesseln oder liegt entspannt auf dem Fußboden und suhlt in ihrem Urin und Kot.
Die Pflegerinnen wollen Frau Riedle vor den Blicken anderer Bewohner oder Besucher beschützen und kleiden sie jedesmal, wenn sie sich entblößt hat, an. Dies tun sie wohl auch, weil sie den Zustand der Nacktheit außerhalb einer Pflegesituation schwer ertragen können, weil sie nicht möchten, dass sich eine Frau, die ihnen anvertraut ist, so präsentiert, weil sie sich nicht schämen wollen und weil sie den Gedanken nicht ertragen, dass man sie eines Tages im Alter auch in diesem Zustand von Nacktheit und ekelhaftem Suhlen beließe. Die Pflegerinnen schützen sich und Frau Riedle mit den ihnen vertrauten Mitteln vor der Nacktheit und dem Ausgeliefertsein, nämlich mit Kleidung. Damit aber tun sie weder sich noch Frau Riedle einen Gefallen. Die Pflegerinnen sind es bald leid, Zeit für ein erfolgloses Unternehmen zu verschwenden, und für Frau Riedle bedeutet es eine Quälerei, immer wieder aufs Neue Kleider angezogen zu bekommen, von denen sie sich gerade mühselig befreit hat.
Durch eine Reise in die Kindheit erinnern sich die Pflegerinnen, wie wohlig ihnen zumute war, wenn sie sich aus Decken eine Höhle gebaut hatten. Obwohl sie normalerweise vor Dunkelheit Angst hatten, fühlten sie sich in der dunklen Höhle sicher. Geschützt vor den Blicken und der Kontrolle der Erwachsenen, konnten sie in der Höhle all das tun, wovor sie sich, so hatte man ihnen gesagt, schämen sollten. Sie waren von der Welt mit all ihren Gefahren und Regeln abgeschieden, konnten aber, wenn ihnen danach war, aus der Geborgenheit der Höhle die Welt da draußen beobachten.
Bauen sich die Pflegenden als Erwachsene eine Höhle und kriechen sie in diese Schleuse hinein, stellt sich wieder das angenehme Gefühl einer räumlichen Geborgenheit ein. Die Schleuse erinnert an die Höhlen der Kindheit oder an den Traum vom Himmelbett zweier verliebter Menschen und an die Nacht im Zelt, auf das schwere Regentropfen klatschten. Beim Matschen mit Rasierschaum, beim ausgelassenen Spritzen mit Wasser, beim Durchwühlen von Walderde und beim Berieseltwerden von feinem Sand erleben sie auch wieder das wohlige Gefühl des Suhlens.
Danach sind sie eher in der Lage, Frau Riedle Höhlen zu bauen, in denen Frau Riedle vor den Augen der anderen geschützt ist. Anfangs

sind die Höhlen nichts anderes als Spanische Wände, von denen zwei bis drei Stück über den Flur verteilt werden, so dass sie schnell vor Frau Riedle aufgebaut werden können, wenn die nackte alte Frau von dem einen Lieblingssessel zum anderen gewandert ist oder von einem Lieblingssessel auf ihren Lieblingsplatz auf dem Flurboden gewechselt hat. Später, wenn die Pflegenden nicht mehr fragen:

Wie viel Ver-rücktheit kann und darf ich zulassen?

und sich stattdessen zu fragen angewöhnt haben:

Wie viel kindliche Ver-rücktheit oder wie viel ver-rückte Kindheit kann ich ertragen?

werden sie hoffentlich bereit sein, aus angenehmen abwaschbaren Materialien wirkliche Höhlen zu bauen, in denen sich Frau Riedle und all die anderen alten Menschen, aber auch sie selbst verkriechen können.

Höhlen als Orte räumlicher Geborgenheit können sehr gut menschliche Geborgenheit, die zu verschenken uns Großen Erwachsenen ja leider oft schwerfällt, ersetzen und sind dadurch ein geeignetes Mittel zur Entlastung für die Pflegenden. Und mehr noch, sie können sogar die häufig als unerträglich erlebte Zeit für notwendige Zuwendung in ein angenehmes Erlebnis umwandeln. Wer zu Frau Riedle in die Höhle kriecht oder sich anfangs zu ihr hinter die Spanische Wand setzt, muss sie nicht mehr bitten, sich ankleiden zu lassen, sondern kann sich an ihrer Sanftheit erfreuen. Die Gespräche, sofern sie überhaupt stattfinden müssen, könnten ganz anders als gewohnt verlaufen:

Ohne Höhle:	Mit Höhle:
Sie haben ja schon wieder alles ausgezogen.	*Ist es schön?*
So können Sie hier nicht herumlaufen.	*Darf ich Ihnen ein Bonbon geben?*
Sie werden ganz kalt.	*Warm ist es bei Ihnen.*
Möchten Sie mal dieses Kleid probieren?	*Sie fühlen sich wohl.*

Wo aber finden alte Menschen, die den Verstand verlieren und deswegen die Träume, Gelüste, Ängste, Bösartigkeit und Phantasien nicht mehr kontrollieren können, in ihren Wohnungen oder den Stationen von Pflegeheimen Höhlen? Wo sind die Wasserpfützen, wo ist der Erdmatsch, der Sand, wo sind die Gegenstände, die sie zerstören dürfen, wo sind die Matschecken, die Schreiräume, die Schmuseecken, die Kaputtmachräume? Wo sind die Badewannen, in denen Badefeste mit der Ente vom kleinen Tiger abgehalten werden? Wo sind die Betten, in denen gelebt und gespielt werden darf? Wo sind die Geräusche, Gerüche und Geschmäcker der Kindheit? Wo sind die Väter und Mütter, die mit ihnen durch dunkle Wälder gehen und die es ertragen, dass sie lustvoll mit ihrem Kot spielen? Erfreulicherweise sieht man schon fast überall Schmusetiere und Schmusekissen. Alte Frauen dürfen mit ihrer Puppe spielen. Alten Männern scheint man noch nicht so recht einen Teddy zumuten zu wollen. Die Kindheit, die bei alten Menschen durch die bröckelnde Fassade des Verstandes unübersehbar hindurchleuchtet und die von Großen Erwachsenen gerne als Regression[43] verstanden wird, hat sich erste spärliche Freiräume erobert. Leider wird ein alter Mensch, den man mit seiner Puppe spielen lässt, noch nicht überall ernst genommen. Vielerorts lässt man diese Menschen verrückt sein, begleitet sie aber nicht in ihre Ver-rücktheit. Dort, wo man die mit der Puppe spielende Frau als Kind ernst nimmt, ohne sie wie ein Kind zu behandeln, hört das Verständnis bedauerlicherweise oft auf, wenn die alte Dame ihre Puppe schlägt, zerreißt und zerstört. Scheinbar reicht vielerorts die Toleranz nur für die sanften und friedlichen Seiten der Kindheit aus. Die Frau, die mit ihrer Puppe schimpft, wird ermahnt:

Das tut man aber nicht, Frau Schmitz.
Die Puppe hat Ihnen doch gar nichts getan.

Die Frau, die ihre Puppe lustvoll schlägt oder auseinanderreißt, bekommt ihre Puppe abgenommen und, so meint Maria:

Die hat auch keine neue verdient.

Es wird wohl noch lange dauern, bis die Kinder, die voller Lust böse und zerstörerisch sind, Platz und Räume in der Altenpflege finden, und bis Biotope angelegt werden, in denen ver-rückte Normalitäten gedeihen können.

Exkurs: Verhaltensnormen in der Pflege

Jeder Mensch, der verantwortlich mit anderen Menschen zusammenlebt, orientiert sich in seinem Handeln an Verhaltenskodizes. Er weiß, was „gut“ und „böse“, „richtig“ und „falsch“, tolerierbar und unzumutbar, erlaubt und verboten ist.
Nun sind aber Maßregeln über das „richtige“ Verhalten immer historisch, kulturell und gesellschaftlich bedingt. Was für den Mitteleuropäer selbstverständliches Handeln ist, mag dem Menschen von einem anderen Kontinent fremd und unverständlich vorkommen. Man kann die Grundlagen unserer Verhaltensnormen in Deutschland, Österreich oder Schweiz etc. nicht auch für andere Völker gültig erklären.
Ebenso wenig, so behaupte ich, darf man die Anforderungen an das Verhalten, die für die funktionierenden Menschen unserer Gesellschaft gültig sind, auf die Menschen übertragen, die im Alter in andere Welten ver-rücken. Man würde ihnen überhaupt nicht gerecht. Die andere „Kultur“ der ver-rückten Welten brauchen einen anderen Maßstab. Was für den gesunden, tüchtigen, leistungsfähigen, nützlichen Menschen gut und richtig ist, kann für den alten, hilfsbedürftigen, schwachen und unnützen Menschen falsch sein.
Ich möchte nicht die Errungenschaften der Zivilisation aufs Spiel setzen und meinen Freunden, die mich besuchen, gestatten, dass sie masturbieren, sich entblößen, ihren Kot verschmieren, das Essen mit den Fingern zermatschen, die Servietten zerpflücken, die Blumen zerbröseln, statt daran zu riechen oder während den Mahlzeiten das Gebiss ablecken.
Betrete ich jedoch die Welt der Pflege mit ihren vielfältigen Welten und Normalitäten, die sich so sehr von meiner Normalität unterscheiden, und halte an den Maßstäben für „gut“ und „falsch“, „richtig“ und „böse“, die mir in meiner Welt gute Dienste tun, fest, kann ich den Menschen in den anderen Welten nicht gerecht werden.
Ich kann Frau Müller zum Beispiel kein Recht auf anale Sexualität zugestehen. Spielt die alte Dame lustvoll mit ihrem Kot, kann ich dieses Handeln nicht gut und richtig heißen. Ich will es unterbinden und versuche, Frau Müller Alternativen anzubieten, gebe ihr Schmusetiere, Stoffe, Knetmasse. Stelle ich fest, dass Frau Müller sich von ihrem falschen Handeln nicht abbringen lässt, und haben alle inter-

nistischen Untersuchungen auf Schilddrüsenfunktion etc. zu keiner Heilung geführt, sehe ich mich gezwungen, Frau Müller zu fixieren. Ein sicherlich unbefriedigendes Ende der Bemühungen.
Komme ich nun durch eine Reise in die Kindheit zu der Einsicht, dass das Spielen mit Kot eine angenehme und befriedigende Tätigkeit für Frau Müller ist, gerate ich in einen Konflikt mit meinen moralischen Vorstellungen und mit meinem Rechtsempfinden. Ich muss mich entscheiden. Entweder halte ich an meinen Prinzipien fest und lasse Frau Müller leiden oder ich entwickle eine neue Richtschnur für meinen Umgang mit Frau Müller.
Es liegt auf der Hand, dass ich dafür plädiere, sich in der Pflege von den Verhaltensmaßstäben zu lösen, die für eine Welt gültig sind, aus der die alten Menschen aussortiert wurden, weil sie in ihr nicht mehr bestehen konnten. Wie aber kommt man zu einer neuen Richtschnur für den Umgang mit Menschen, die nicht mehr funktionieren? Zunächst einmal kommt man nicht alleine zu einer solchen Richtschnur, sondern nur im ständigen Dialog mit allen Menschen, die sich den Problemen der Altenpflege nicht verschließen. Dies muss erwähnt werden, weil Altenpfleger(innen) dazu neigen, das in die Tat umsetzen zu wollen, was sie persönlich für gut und richtig erkannt haben.
Damit es nicht nur beim Dialog bleibt, sondern für konkrete Einzelfälle Handlungsalternativen und Kompromisse gefunden werden können, schlage ich die Einrichtung von Ethikkommisionen für ambulante und stationäre Pflegedienste vor. Ethikkommissionen könnten sich aus Vertretern der Pflegekräfte, der Heimbeiräte bzw. Heimfürsprecher, der Angehörigen, von örtlichen Seniorengemeinschaften sowie Honoratioren, die vor Ort eine gewisse Reputation genießen, zusammensetzen. Sie alle treffen sich regelmäßig und beschließen, ob eine bestimmte Vorgehensweise mit einem alten Menschen, die die Grenze der moralischen und rechtlichen Empfindungen überschreitet, für eine gewisse Frist probiert werden darf. Die Beschlüsse der Ethikkommissionen gäben den Pflegenden genügend Sicherheit, endlich Ideen zu verwirklichen, die sie bis heute oftmals nicht auszusprechen wagen, weil sie nicht wissen, ob ihre Empfindungen für einen sinnvollen Umgang mit nicht mehr funktionierenden Menschen statthaft sind.
Der erste Schritt, um Maßstäbe für das Handeln an ver-rückenden alten Menschen zu entwickeln, besteht jedoch darin, dass Pflegende

ethische Selbstverpflichtungen aushandeln und dann öffentlich zur Diskussion stellen. Dieser erste Schritt scheint mir im Moment noch der schwerste zu sein, denn Gespräche über ethische Grundlagen für den Umgang mit Menschen in der Pflege sind vor Ort eine ungewohnte Übung. Pflegende sind noch allzu sehr gewohnt, nach dem Nutzen, der Machbarkeit ihres Handelns zu fragen:

Wie halte ich Frau Fuchs vom Schreien ab?
Wie krieg ich Frau Riedle dazu, dass sie ihr Kleid anbehält?

Ungewohnt ist noch die Behandlung der Fragen:

Wie viel Geschrei kann ich ertragen?
Wo ist die Grenze meiner Belastbarkeit erreicht?
Wie kann ich mich entlasten?
Was muss ich ertragen, was nicht?

Bei der Suche nach Antworten auf diese Fragen geht es nicht um kurzfristige Anwendbarkeit, sondern um den Sinn des Handelns und damit um ein Infragestellen von Handlungssicherheiten. Das erklärt die Blockaden und Abwehrversuche gegen den Dialog über ethische Fragen. Bislang heißt vielerorts das Motto für den Umgang mit alten Menschen in der Pflege:

An Frau Schmitz geh ich kaputt.
Aber das hab ich wenigstens sicher.
Und diese Sicherheit will ich mir durch Nachdenken nicht nehmen lassen.

Die behutsame und langwierige Annäherung
Der Pflegende als „Afrikaforscher“

Wenn wir etwas Neuem begegnen, haben wir immer schon ein Vorverständnis, mit dem wir versuchen, das Neuartige zu begreifen. Aus diesem Vorverständnis entwickeln wir Vermutungen und Thesen über das Fremde, und je länger und sorgfältiger wir dies tun, umso vertrauter wird uns das Neue. Stellen Sie sich vor, Sie fahren als Europäer oder Deutscher in ein afrikanisches Land mit einer Ihnen vollkommen unbekannten Kultur. Die Menschen, deren Sprache, Sitten und Riten sind zunächst rätselhaft für Sie. Sie werden das Ihnen Unbekannte mit dem Verständnis des Europäers interpretieren. Sie stellen Vermutungen an, die Ihnen plausibel erscheinen. Bald verfügen Sie über ein ungefähres Bescheidwissen, das Ihnen ein vorsichtiges Handeln in dem fremden Land erlaubt. Sie können nicht sicher sein, ob Sie die Mentalität der Menschen treffen, aber Sie sind in der Lage, ungefähr einzuschätzen, welchen Sinn die Fremden ihrem Handeln beimessen.
Belassen Sie es bei dem Zustand des ungefähren Bescheidwissens, bleiben Ihnen die fremden Menschen rätselhaft und unbegreiflich. Unverständnis und Missverständnisse werden sich auf Dauer nicht vermeiden lassen. Sie können sich umgekehrt die Tücken des ungefähren Bescheidwissens bei einem Afrikaner, der Deutschland besucht, vorstellen. Nehmen wir an, er besucht die Tochter und den Schwiegersohn von Frau Schmitz, die wir aus dem ersten Kapitel kennen. Er erlebt, wie Karin ihrem Mann beim Ankleiden einer mit Blumen und Zeichen geschmückten Stammestracht (Uniform des Schützenvereins) hilft. Schließlich greift der Mann zu einer rituellen Waffe, wobei sich dem Besucher aus Afrika nicht ganz erschließt, warum an der Spitze des Holzgewehres eine Blume befestigt wird. Der Afrikaner registriert, dass sein Gastgeber sich mit einer Horde Männer zum rituellen Tanz (der allerdings ein wenig steif ausfällt) über die Straße bewegt. Karin erklärt ihm, dass die Schützenbrüder als Zug durch den Ort marschieren. Nach dem Zug findet in einem großen Zelt ein rituelles Besäufnis statt. Der Gast aus Afrika überlegt

vielleicht noch, wie er die Deutschen vor Schaden und Verfall bewahren kann, und sehnt sich in seine Heimat zurück.

Dem Pflegenden geht es oft genug wie dem Afrikaner in Deutschland oder dem Deutschen in Afrika. Er betritt in der Altenpflege immer wieder fremdes Territorium, er trifft auf Menschen, deren Milieu, Umgangsformen, Vorleben, Daseinstechniken, Denkgewohnheiten, Handlungsgewissheiten und Verbalstrategien ihm nicht vertraut sind. Der Pflegende begegnet Verbrechern, Kinderschändern, Betrügern, Gewalttätern, Homosexuellen, Voyeuren, Exhibitionisten, Sadisten, Spießern, Rechthaberischen, Dummen, Alkoholikern, Intelligenten, Belesenen, Analphabeten, Großzügigen, Geizigen, Proleten, Schmutzfinken, Selbstständigen, Asozialen, Skrupellosen, Nachsichtigen, Moralaposteln, Eingebildeten, Mutlosen, Lebensmüden, Fanatikern, Rechtsradikalen, Sanften, Einfältigen, Mystikern.

Auch den Pflegenden gelingt es, sich rasch ein ungefähres Bescheidwissen zu verschaffen, indem sie Vermutungen über die ihnen fremden Menschen anstellen und Thesen für den richtigen Umgang entwickeln. Belassen sie es bei den Anfangskenntnissen, dann bleiben sie auf der Erkenntnisstufe des Touristen stehen. Sie kommen einigermaßen in Standardsituationen zurecht, fühlen sich aber in komplexen Situationen hilflos und überfordert. Die Alten bleiben ihnen fremd. Der Sinnzusammenhang, in dem sich die Alten bewegen, bleibt dem Pflegenden verschlossen. So wird er über die Alten wie der Tourist über die Eingeborenen den Kopf schütteln und sich Gedanken machen, wie er den Menschen Kultur und Zivilisation beibringen kann.

Wer all das Ungewohnte und Unvertraute in der Altenpflege verstehen und sich in der Pflege auf einigermaßen sicherem Terrain bewegen will, der wird zum „Afrikaforscher" werden müssen. Nur wer sich langsam und geduldig in eine fremde Kultur einarbeiten und in einen fremden Menschen hineinversetzen will, kann das Fremde, Neuartige begreifen. Verstehen bedeutet in diesem Zusammenhang nicht nur „Sich-Einfühlen" in den Seelenzustand eines Menschen. Man versteht erst einen Menschen, wenn man dessen Lebenswelt so durchschaut wie die eigene Lebenswelt, in der man aufgewachsen ist.

Verstehen heißt also, sich Sinnzusammenhänge zu erschließen. Damit bedeutet Verstehen nichts anderes als der permanente Versuch,

sich mit der eigenen Gefühls-, Gedanken- und Lebenswelt der Gefühls-, Gedanken- und Lebenswelt eines alten Menschen zu nähern. Dies gelingt nicht auf Anhieb. So wie der Afrikaforscher fängt man einfach irgendwo an und verschafft sich ein ungefähres Bild.
Durch ein geduldiges Einarbeiten werden sich mit der Zeit immer neue Sinnzusammenhänge erschließen. Dabei bewegt man sich ständig in einem Zirkel: Man versteht eine bestimmte Reaktion eines Menschen. Mit diesem neu erworbenen Verständnis erschließt sich der Sinn anderer Reaktionen und Gefühlsregungen. Dieses erweiterte Verständnis wiederum lässt die erste Reaktion in einem neuen Licht erscheinen. Sie muss und kann nochmals neu gedeutet werden. Das ist zugegebenermaßen verwirrend.
Aber nur so ist ein Sich-Einarbeiten und Sich-Hineinfinden in oft ausgedehnteste und komplizierteste Sinnzusammenhänge möglich. Im Übrigen wenden Sie, verehrte Leserin, verehrter Leser, diese Methode, die sich Hermeneutik[44] nennt, auch bei Ihrem Bemühen an, diesen Text zu verstehen.
Natürlich kann keiner die Menschen, die er pflegt, nebenbei erforschen. Er benötigt neben und außerhalb seiner Pflegetätigkeit eine Forschungszeit, die es ihm erlaubt, sich aus der Beziehung zu lösen und von außen – ohne den Zwang, handeln zu müssen – einen Blick auf den alten Menschen und seinen Umgang mit ihm zu werfen. *Supervision* und *Balint-Gruppen* sind in der Pflege bewährte, wenngleich zu selten genutzte Methoden, den Alltag zu erforschen und zu verstehen.
Als eine weitere Möglichkeit für den Pflegenden, forscherisch tätig zu werden, schlage ich Interpretationswerkstätten vor. Als Interpretationswerkstatt bezeichne ich wöchentliche Treffen eines Pflegeteams, das sich etwa 60 Minuten Zeit nimmt, um Videoaufzeichnungen des eigenen Pflegealltags zu interpretieren. *(Achtung:* Wer filmt, braucht das Einverständnis der Personen, die gefilmt werden, oder die Zustimmung der gerichtlich bestellten Betreuer.)
Mit den Videoaufzeichnungen von typischen oder außergewöhnlichen Pflegesituationen oder auch von alten Menschen, die sich außerhalb einer Pflegesituation befinden, wird ähnlich verfahren wie mit einem schwierigen schriftlichen Text, den man mehrfach lesen und interpretieren muss, um ihn zu verstehen. Das gefilmte Abbild des Pflegealltags, das den Vorteil der Authentizität und

zugleich der Verfremdung bietet, wird mehrmals gezeigt, um den Teilnehmer(inne)n Gelegenheit zu geben, sich in die gefilmte Situation oder Person hineinzufinden. Zur Unterstützung dieses Prozesses können einzelne Szenen als Standbild gewissermaßen eingefroren werden. So werden Details sichtbar, die im Alltag in Sekundenschnelle „vorbeihuschen".

Wichtig für die Interpretation und Deutung des Bildmaterials ist, dass das aufgezeichnete Geschehen nicht bewertet, sondern beschrieben und analysiert wird. Es soll nicht benannt werden, ob gut und richtig, schlecht und falsch gehandelt wird. Vielmehr sollen Vermutungen, Hypothesen und Thesen über das Warum und Wieso des Handelns in einer Pflegesituation erarbeitet werden. Es geht also um die Fragen des Forschers: Was passiert genau, wie kommt es zu dem Geschehen, warum wird so und nicht anders gehandelt, welchen Sinn messen die Personen ihrem Handeln zu, auf welche Gedanken, Überlegungen, Phantasien, Gefühle kann bei den Handelnden geschlossen werden?

Der Beginn jeder Interpretationswerkstatt ist mühsam. Viele Pflegende wollen an ihren Denkgewohnheiten, ihren Verbalstrategien und ihren Handlungsgewissheiten festhalten. Sie glauben zu wissen, was sie zu tun haben, wie sie sich und den Alten gerecht werden und wie sie ihr Tun zu begründen haben. Die Videoaufzeichnungen werden in diesem ersten Stadium gerne als amüsante Abwechslung betrachtet. Sobald die ersten neuen Einblicke in das Vertraute gelangen, sobald Details gesehen werden, die den Pflegenden bislang entgangen sind, beginnt das Stadium der Suche. Die Pfleger(innen) – jedenfalls die meisten – fangen an, ihren Pflegealltag neu zu sehen und zu verstehen.

Schnell finden sie (Um-)Deutungen, die ihnen bisher Unerklärliches begreiflich machen. Die Befehle einer alten Dame müssen nun nicht mehr als gegen sie gerichtete Bösartigkeit erlebt werden, sondern können als Ausdruck einer angstmachenden Orientierungslosigkeit interpretiert werden. Sie entdecken, dass sie mit ihren Appellen an die Einsicht bei einem alten Herrn Erregungszustände erzeugen. Sie erkennen, dass sie mit ihren aufmunternden Gesprächen die Traurigkeit einer alten Dame noch verstärken. Sie können sich als (grausame) Erwachsene deuten, die die Alten zu unerwünschtem Verhalten erziehen. Oder sie fangen an zu verstehen,

warum eine alte Dame bei jeder Begegnung mit einer Pflegerin weint oder um sich schlägt.
In diesem Stadium der Suche nach neuen Deutungen und Erkenntnissen beginnt zugleich die Suche nach Handlungsalternativen. Wie kann der tägliche Umgang mit alten Menschen für beide, den Pflegenden und den Gepflegten, erträglicher werden, lautet die Frage. Von diesem Punkt an wird die Interpretationswerkstatt zur eigentlichen Werkstatt. Die Teilnehmer(innen) beginnen Alternativen für ihren Umgang mit den Alten zu „basteln". Haben sie sich auf einen Weg geeinigt, folgt im nächsten Stadium die Phase des Experimentierens. Gewissermaßen im Feldversuch wird erprobt, ob sich die neue Vorgehensweise als tragfähig erweist. Auch diese Experimente werden wenn möglich gefilmt und wiederum zum Gegenstand weiterer Interpretationen in der Werkstatt gemacht. Auf diesem Wege kommt es zu einer allmählichen Annäherung zwischen Pflegenden und Gepflegten.
Da es in der Altenpflege so gut wie keine Lösungen, also keine auf Dauer tragenden Handlungssicherheiten für den Umgang mit alten Menschen gibt, müsste die Interpretationswerkstatt vom Grundsatz eine permanente Einrichtung für ein Pflegeteam darstellen. Pausen tun allerdings der Wirkung der Werkstätten gut. Der Prozess des Verstehens braucht viele schöpferische Pausen, damit sich das Verstandene festsetzen kann. Ein Pflegeteam sollte also spätestens nach sechs Monaten die Werkstatt schließen, um sie nach einer angemessenen Pause wieder für einige Wochen und Monate zu öffnen.
Die Teilnehmer(innen) einer Interpretationswerkstatt sollten sich nicht zu viel vornehmen und glauben, dass neue Erkenntnisse auch schon anderes Handeln nach sich zögen. Erkenntnisse in Handeln und Handeln in Erkenntnisse umzusetzen, ist ein langwieriger Weg, bei dem der „Forscher" nicht geradlinig fortschreitet. Vielmehr bewegt er sich in einer Spirale[45], in der es vor und zurück, auf und ab geht. Auf diesem Weg erweisen sich routinierte Handlungsgewissheiten regelmäßig als hartnäckige Blockaden, die nur schwer zu überwinden sind. Der „Afrikaforscher" bleibt eben doch Europäer; oder anders ausgedrückt: Der Pflegende bleibt, was er durch seine Sozialisation (die ihn nicht auf die vielen anderen Welten, denen er in der Pflege begegnet, vorbereitet hat) geworden ist. Weil dem so ist, muss er sich bei seinen Annäherungen an einen ganz und gar

anderen Menschen (Kontinent) ständig neu besinnen und bemühen. Fühlt er sich im Umgang mit einem anderen Menschen sicher, handelt er leicht vorschnell, was fast immer zum Schaden für ihn und die andere Person führt.

Alleine auf sich gestellt, scheitert jeder Forscher. Und auch der Pflegende braucht Begleiter, meinetwegen eine Art „Dolmetscher", der ihm hilft, sich fremde Sinnzusammenhänge zu erschließen und ihn bei dem nie endenden Prozess der verstehenden Annäherung zu unterstützen. Der Verlauf einer Interpretationswerkstatt, in deren Mittelpunkt Frau Rasch steht, mag meine These verdeutlichen.

Die Videoaufzeichnung zeigt, wie Ines Frau Rasch beim Abendessen hilft. Die alte Dame kann das Essen nicht mehr alleine zum Mund führen. Wird Frau Rasch ein Stück Brot in den Mund geschoben, behält sie den Bissen im Mund, ohne ihn herunterzuschlucken. Aufforderungen der Pflegerin, den Bissen zu schlucken, ignoriert sie. Irgendwann spuckt Frau Rasch den Bissen aus. In dem Film sehen wir, dass sie den Bissen spätestens dann ausspuckt, wenn Ines den nächsten Bissen nachschiebt. Gibt man Frau Rasch einen Schluck aus der Tasse zu trinken, hustet sie den Schluck heraus und bekleckert alles. Die Prozedur ist mühsam und unappetitlich. Nach der Betrachtung der Aufzeichnung kommentiert Ines die Szene:

Frau Rasch isst nur, wann sie will.
Wenn die einmal isst, dann isst die auch.
Aber wenn die nicht will, dann will die nicht.
Dann macht die „Bäh" und hustet.

Wir sehen uns im Team die Aufzeichnung mit Ines und Frau Rasch mehrfach an und versuchen, das Gesehene zu interpretieren. Bald glauben wir zu erkennen, dass Frau Rasch immer wieder vergisst, wie sie schlucken muss. Das Schlucken scheint für sie kein unwillkürlicher Reflex wie bei uns zu sein.

Wir nehmen an, dass sich die alte Dame bei jeder Mahlzeit neu an das Schlucken erinnern muss. Die Erinnerung jedoch scheint ihr schwer zu fallen. Wir werden ihr das Schlucken bei jeder Mahlzeit in Erinnerung rufen müssen. Das bewusste Herunterschlucken unserer Spucke lässt uns ahnen, wie anstrengend und beschwerlich der Akt des Schluckens für Frau Rasch sein könnte.

Eine zweite Videoaufnahme, bei der Katja der alten Dame das Essen reicht, bestätigt unsere Vermutung. In der Videoaufzeichnung sehen wir, wie Frau Rasch nach einigem Zögern einen Löffel Suppe schluckt. Nach dem ersten gelungenen Schluck gelingt es Katja problemlos, Frau Rasch die Suppe zu reichen. Bevor die Suppentasse ausgelöffelt ist, unterbricht Katja ihre Tätigkeit bei Frau Rasch, um einem anderen Bewohner in der Runde behilflich zu sein. Nach kaum einer Minute kehrt Katja zu Frau Rasch zurück, um der alten Dame den nächsten Löffel mit Suppe an den Mund zu führen. Jetzt aber spuckt Frau Rasch die Suppe aus. Dafür zeigt Katja wenig Verständnis. Sie ermahnt Frau Rasch:

Frau Rasch, was ist denn jetzt schon wieder!
Eben haben Sie doch so schön gegessen.

Nach diesen Bildern stellen wir folgende Arbeitsthese auf: Hat man Frau Rasch einmal an das Schlucken erinnert, wird sie sich ohne größere Probleme das Essen reichen lassen. Bei jeder Unterbrechung aber besteht die Gefahr, dass Frau Rasch erneut das Schlucken vergisst. Die langwierige Prozedur des Erinnerns begänne von vorne.
Aus dieser These leiten wir einige Regeln für das Essenreichen an Frau Rasch ab: Sinnvollerweise beginnt man den Essensvorgang nicht mit „harten Brocken“ wie Brot oder Fleisch. Damit zwänge man Frau Rasch, sich schmerzhaft zu erinnern. Ebenso wenig kann man ihr aus einer Tasse zu trinken geben, weil sie sich allzu schnell verschluckt und zwangsläufig das Getrunkene herausprustet. Besser wäre es, mit einem Teelöffel Flüssigkeit, von der man weiß, dass sie ihr schmeckt, zu beginnen. Hat sich Frau Rasch so an das Schlucken erinnert, greift man zu einem Suppenlöffel, um ihr eine größere Menge anzubieten. Auf keinen Fall sollte der Vorgang unterbrochen werden. Man sollte sich beim Essen mit Frau Rasch zu ihr setzen und sich nur in Notsituationen von anderen Tätigkeiten ablenken lassen.
Ines ist von unserem Plan begeistert. Sofort am nächsten Tag will sie die Regeln anwenden. Auch diese Situation wird gefilmt.
Tatsächlich, es klappt. Nach einiger Zeit des Zuredens schluckt Frau Rasch einen kleinen Schluck heißer Schokolade, den ihr Ines mit einem Löffel in den Mund geschoben hat. Ines nimmt einen größeren Löffel und führt ihn der alten Dame zum Mund. Frau Rasch schluckt

zügig die ihr offenbar wohltuende Schokolade. Schnell ist eine Tasse geleert. Ines fragt Frau Rasch, ob ihr denn noch eine zweite Tasse mit Schokolade schmecken würde. Frau Rasch nickt. Ines füllt die Tasse zum zweiten Mal. Frau Rasch ist zufrieden und schluckt. Ines ist glücklich. Sie strahlt und freut sich mit und über Frau Rasch. Nach wenigen Löffeln aber löst Ines ihren Blick von der alten Dame und sieht sich im Zimmer um. Immer aufmerksamer beobachtet sie die anderen Bewohner in dem Speiseraum. Es dauert nicht lange, und Ines redet mit den alten Damen und Herren, die Probleme mit dem Essen haben. Als Herrn Schmitz ein Messer vom Tisch fällt, beruhigt Ines ihn:

Lassen Sie das Messer liegen, Herr Schmitz. Ich heb das auf.

Gesagt, getan. Ines verlässt Frau Rasch und hebt das Messer auf. Zwischendurch richtet sie noch schnell den Wurstbelag von Frau Steffen und sie schneidet die Scheibe Brot von Herrn Kanders klein. Zurück bei Frau Rasch, nimmt sie ihre unterbrochene Tätigkeit wieder auf. Frau Rasch aber hustet den ihr eingeführten Schluck Schokolade heraus und bespritzt sich und Ines mit der Flüssigkeit. Das findet Ines gar nicht schön:

Frau Rasch! Bitte!
So geht es aber nicht, Frau Rasch!
Eben haben Sie doch so schön gegessen.

Ines säubert ihren Kittel, wischt die Schokolade am Mund von Frau Rasch ab und startet einen neuen Versuch:

Noch einen Schluck, Frau Rasch?

Aber Frau Rasch hat das Schlucken schon längst wieder vergessen. Offenbar, so überlege ich, können Pfleger(innen) ihre Vorsätze genauso schnell vergessen, wie eine alte Dame das Schlucken. Als ich unmittelbar nach Beendigung der Mahlzelt mit Ines über das Experiment rede, sagt sie:

Sie haben es selbst gesehen.
Wenn die nicht will, dann will die nicht.
Da kann man es noch so gut meinen.

Erst aus der Distanz, die ihr die Interpretationswerkstatt bietet, erkennt Ines, wie sie in der Hektik des Alltags in ihre alten Handlungs-

gewissheiten zurückgefallen ist. Ines gibt aber zu bedenken, dass sie gezwungen war, auch den anderen Bewohnern zu helfen.
Nach der Wiederholung des Filmes gelingt dem Team eine neue Deutung von Ines unbeabsichtigtem Verhalten. Es fällt allen schwer, die Langsamkeit der alten Dame und das erzwungene Nichtstun zu ertragen. Nur Dasitzen erzeugt in allen eine quälende Langeweile, der sie entfliehen wollen. Den Anlass zur Flucht bietet die Hilflosigkeit der anderen Bewohner(innen), zum Beispiel das heruntergefallene Messer. Die Pfleger(innen) benutzen demnach die Bewohner, um sich ablenken zu lassen. Damit stellt sich in dem Team die Frage, wie lange jeder Einzelne in der Lage ist, die Langsamkeit und Langeweile bei Frau Rasch zu ertragen. Als Kompromiss, der den Pfleger(innen) erträglich erscheint und für Frau Rasch eine ausreichende Nahrungsaufnahme garantiert, einigt man sich für das Abendessen auf zwei Tassen Schokolade.
An diesem Abend ist Katja wieder an der Reihe. Auch diese Situation wird gefilmt. Alles verläuft wie abgesprochen. Frau Rasch wird sanft an das Schlucken erinnert und erhält zwei Tassen Schokolade zum Trinken. Eine dritte Tasse Schokolade, auf die Frau Rasch wohl noch Lust hätte, verweigert ihr Katja. Stattdessen nutzt Katja den Appetit der alten Dame für ein anderes Angebot:

Ich mach Ihnen jetzt ein Brot.
Sie haben noch nichts gegessen.

Während ich diese Szenen filme, hoffe ich, dass dem Team bei der späteren Betrachtung dieselben Deutungen einfallen wie mir. Ich erkenne nämlich in dem Verhalten von Katja, dass manche Erziehungsvorstellungen ganz tief in unseren Köpfen verwurzelt sind, beispielsweise die, dass sich Kinder nicht alleine von Süßem ernähren dürfen. Die orale Lust als solche ist nicht vorgesehen. Allenfalls kann man bockige Kinder und Alte mit Süßem zum Essen verführen, aber anschließend müssen sie „richtige" Nahrung zu sich nehmen.
Nach dieser Deutung müsste es nun zum unvermeidlichen Erziehungsakt kommen, bei dem es nur noch darum geht, dass sich der Erwachsene durchsetzt. Und so kommt es. Katja spricht sehr ernst, fast streng mit Frau Rasch:

Ein Brot. Frau Rasch!
Sie haben noch nichts gegessen.

Katja drückt einen Bissen Brot gegen den verschlossenen Mund der alten Dame. Diese weigert sich hartnäckig. Alles Drücken gegen die Unterlippe hilft Katja nicht weiter. Der Mund bleibt zu. Katja wird ungehalten:

Frau Rasch!
Jetzt ist es gut!
Sie müssen was essen!

Katja ist ratlos. Sie scheint den Kampf verloren zu haben. Noch aber will sie nicht aufgeben. Sie greift mit ihrer linken Hand in den Nacken der alten Dame, schiebt deren Kopf ein wenig nach vorne, um ihr mit der rechten Hand eine Tasse mit Tee an den Mund zu setzen. Frau Rasch prustet den so eingeflößten Schluck aus. Katja spürt einige Spritzer in ihrem Gesicht. Bevor sie sich vergisst, gibt sie den Kampf auf.

Heute ist mal wieder nichts mit ihr anzufangen,

sagt sie mir. Dann bittet sie eine Kollegin, Frau Rasch auf ihr Zimmer zu fahren:

Aber denk dran, sie hat noch keine Tabletten.

Ohne Interpretationswerkstatt würde die Geschichte von Ines, Katja und Frau Rasch wohl ausgehen wie im Märchen: Und wenn sie nicht gestorben sind, dann kämpfen sie noch heute.

„Ich will Frau Käfer an sich nichts Böses, aber sie legt es immer anders aus.“

Mit ihrer Aussage beschreibt Irene exakt die Ursache ihres Konfliktes mit Frau Käfer, die darin besteht, dass beide die Wirklichkeit verschieden deuten, interpretieren und auslegen, jede aber auf der Richtigkeit ihrer Sichtweise der Wirklichkeit besteht.
Bei einem Gespräch mit Irene greife ich ihre Aussage auf. Ich will ihr helfen, ihre Sichtweise verlassen zu können, damit sie Frau Käfer und deren Verhalten anders und für sich entlastender deuten kann. Irene aber bleibt in ihren Deutungsmustern gefangen, sie kann nicht auf Distanz gehen zu ihren Deutungsmustern, ihren Denkgewohnheiten und Handlungsgewissheiten.

Irene, Sie sagten gerade, dass Frau Käfer es immer anders auslegt als Sie. Genauso ist es. Frau Käfer sieht und deutet das, was um sie herum passiert, ganz anders, als Sie es tun. Dadurch entsteht in Ihrem Kopf ein anderes Abbild der Wirklichkeit als in dem Kopf von Frau Käfer.

Irene schüttelt den Kopf:

Nein, so ist es nicht. Sie kennen Frau Käfer nicht.

Dann sprudelt es aus Irene heraus:

Wenn wir abends reingehen und die schmutzige Wäsche rausnehmen, und sie weigert sich und sie sagt dann: „Wenn Sie an der ersten Lüge gestorben wären, wären Sie schon lange verfault." Also: „Das ist eine Unverschämtheit, meine Wäsche wegzunehmen." Und dann erkläre ich ihr, dass die Wäsche sehr schmutzig ist und gewaschen werden muss und dass ich die Wäsche zurückbringe, dass ich nur die Maschine füllen muss. Aber das begreift sie nicht.
Manchmal begreift sie es, und dann ist auch alles gut, aber manchmal ist sie **so** *böse … also … letztens hat sie sogar um Hilfe gerufen.*
Da kommt man nicht gegen an.
Es gibt Zeiten bei Frau Käfer, da kommt man einfach nicht dran, also da kann man es noch so gut meinen, man kann noch so einen guten Draht zu Frau Käfer haben, also, dann schreitet sie aus. Das ist einfach ein Abschalten bei Frau Käfer. Es ist aus. Dann geht das bis hier und nicht weiter.
Das, was Sie im Moment im Kopf hat, das ist richtig.

Ich will Irene veranlassen, sich von ihrer Sichtweise zu distanzieren:

Ja, Frau Käfer rückt nicht von dem ab, was sie im Kopf hat. Das sehen Sie richtig. Aber jetzt frage ich Sie: Rücken Sie von dem ab, was Sie im Kopf haben?

Irene geht auf meinen Gedanken nicht ein, lässt mich allerdings auch nicht weiterreden.

Wie soll man es denn machen? Die schmutzige Wäsche drin lassen?

Ich will meinen Gedanken wieder aufgreifen:

Ja, lassen Sie uns zunächst mal verstehen, was zwischen Ihnen und Frau Käfer passiert. Dann überlegen wir weiter, was man anders machen kann.
Zunächst sagen Sie, Sie nehmen sich sehr viel Zeit, um ihr etwas zu erklären, zum Beispiel: „Die Wäsche ist schmutzig, die bekommen Sie wieder." und so weiter.

Irene unterbricht mich:

Müssen wir ja.

Ich fahre fort:

Ja, warten Sie mal.
Das versteht Frau Käfer nicht, was Sie erklären wollen. Und nun passiert Folgendes: Sie wollen Frau Käfer gut zureden, aber dadurch erregt sich Frau Käfer noch mehr und blockt ab. Sie reden ihr gut zu, aber Frau Käfer deutet Ihre Bemühungen ganz anders, und sie wird böse.

Irene lächelt:

Aber das ist nicht immer so.

Ich gebe ihr recht:

Nein. Sicher.

Irene erklärt mir:

Aber das ist nicht immer so. Es gibt Tage, da sagt sie, ja ist gut, da kann man die Sachen ohne Weiteres rausnehmen.

Ich will Irene an dieser von ihr vorgetragenen konkreten Situation eine Handlungsalternative aufzeigen:

Gut, und an anderen Tagen geht es nicht. Geht es so, ist es gut. Geht es nicht, dann brauchen Sie sich auch nicht die Mühe machen, es ihr zu erklären. Sie bewirken dann das Gegenteil von dem, was Sie wollen.
Es könnte an diesen anderen Tagen, wo sie die Wäsche nicht rausrücken will, sein, dass Sie mit Ruhe mehr erreichen. Sie sprechen das Thema „Wäsche" nicht an, erklären nichts und nehmen die Wäsche einfach bei passender Gelegenheit. Frau Käfer versteht Ihre Erklärungen gar nicht.

Irene kann meine Gedanken nicht einsehen:

Ja, ich bin aber meistens damit (Irene meint ihre Erklärungen) durchgekommen. Die Maschine ist noch nicht voll, und wir tun die Wäsche da rein. Sie ist ja immer bedacht, sparsam zu leben. Sie hat immer ihr ganzes Leben den Pfennig umdrehen müssen. Und das versteht sie auch, wenn man ihr sagt: „Die Maschine ist noch nicht voll, da tun wir Ihre Wäsche noch hinein, dann ist die Maschine voll, dann kann die laufen." Sie versteht das dann auch. Aber ich hab jetzt wirklich den Moment gehabt, wo sie es nicht verstanden hat. Wir sind da immer gut mit durchgekommen. In solchen Momenten kannst du reden, was du willst, da hört die nicht mehr zu.

Ich will Irenes Nachdenklichkeit nutzen, um ihr meine Deutung nahezubringen:

Irene, das muss Ihnen doch einleuchten …

Irene unterbricht mich:

Die können sie dann auch nicht im Zimmer lassen, die Wäsche. Wie ich die mal vorgefunden habe.

Ich appelliere nun nicht länger an Irenes Einsicht, sondern erkläre ihr nochmal meine Deutung:

Gut. Ich denke, Ihre Erklärungen, die bringen Frau Käfer durcheinander, bedrängen sie. Sie versuchen, ihr etwas zu erklären, was sie nicht versteht, das will sie nicht. Frau Käfer lebt in einer anderen Welt als Sie. Sie müssten versuchen, ruhig zu bleiben und abzuschätzen, in welchen Situationen Sie erklären und in welchen Sie es besser bleiben lassen.

Irene stellt kategorisch fest:

Wir haben keine Zeit, um ruhig zu bleiben.

Ich lasse dieses Argument nicht gelten und gebe Irene zu bedenken:

Wenn Sie keine Erklärungen geben, gewinnen Sie aber auch Zeit, die Zeit, die Sie für Ihre Erklärungen benötigen. Ob Sie bei Frau Käfer sind und ihr alles erklären oder ob Sie bei Frau Käfer sind und nichts tun, als auf eine günstige Gelegenheit zu warten, unbemerkt die Wäsche zu nehmen, die Zeit bleibt sich gleich.

Irene will meine Sichtweise nicht gelten lassen:

> *Das geht bei Frau Käfer nicht. Wenn Frau Käfer eingenässt ist und man merkt dann, die Frau ist total nass, und die Frau sitzt da und der Stuhl ist schon nass, dann muss ich diese Frau sauber halten, da fühlt sich niemand wohl. Oder wenn sie voll ist. Und Frau Käfer nässt mittlerweile ein, und die hat die Pampers bis hier unten auf den Knien hängen, und dann muss die Frau sauber gemacht werden. Ich kann die Frau da nicht sitzen lassen und eine Stunde später und dann wieder eine Stunde später noch mal versuchen.*
>
> *Eine Stunde später, dann ist unsere Zeit da, dann haben wir Feierabend. Unsere Zeit ist eingeteilt. Die ist genau eingeteilt, wann wir unsere Leute absetzen, unseren Leuten zu trinken geben. Es ist einfach keine Zeit übrig.*

Das Gespräch zwischen mir und Irene ist ein Spiegelbild der Gespräche zwischen Irene und Frau Käfer. Ebenso wenig wie bei mir ist Irene in der Lage, sich auf die jeweils andere Sichtweise einzulassen. Sie ist nicht bereit, sich zurückzuhalten und eine andere Deutung der Wirklichkeit auf sich wirken zu lassen; sie will und kann die andere Deutung nicht neben der ihrigen stehen lassen. So kommt es zwangsläufig zu einem Streitgespräch zwischen Irene und mir. Irene will mir zeigen, dass ich Unrecht habe und nichts von ihrer Situation verstehe. Sie will ihre Sicht der Dinge behaupten und durchsetzen, ja sie kämpft mit mir darum, dass ich die Dinge so sehen soll wie sie. Gefangen in ihrer Welt, kann sie meine Deutung nicht als Alternative begreifen, sondern erlebt sie als einen Angriff.

Genauso verfährt Irene mit Frau Käfer. Auch deren Sicht der Dinge kann und will Irene nicht neben der ihrigen stehen lassen. Irene führt einen Kampf, den sie nicht gewinnen kann.

Eine Umdeutung würde der Pflegerin sicherlich helfen, gelassener mit Frau Käfer umzugehen und damit ihre Kräfte zu schonen. So hilfreich Umdeutungen von außen betrachtet erscheinen, ihre Vermittlung und Aneignung ist in aller Regel – Irene ist dafür ein Beispiel – ein mühsames und zeitaufwendiges Unterfangen.

Niemand stellt von jetzt auf gleich seine Denkgewohnheiten und Handlungssicherheiten infrage. Und Pflegende tun sich meist noch schwerer mit der Umstellung, weil sie durch die permanent enge und

intime Beziehungsarbeit am Rande ihrer seelischen Kräfte sind. Da fällt es schwer, die Reserven der seelischen und geistigen Kräfte zu mobilisieren, die notwendig sind, sich von seiner Weltvergegenwärtigung vorübergehend zu trennen.
Der Pflegende, der am Ende seiner Belastung angelangt ist, befindet sich in einer vergleichbaren Situation wie ein alter Mensch. Beide sind nicht in der Lage, ihre Reserven zu mobilisieren.

Das Aushandeln von Kompromissen
In der Beziehungsarbeit gibt es keine Lösungen

In der Altenpflege stellt sich immer wieder die Frage, wie man mit Menschen umgehen soll, mit denen niemand mehr umgehen kann oder will. Was macht man mit einem Menschen, der Ekel erregt, der ohne Unterlass schreit, der sich besäuft, einnässt und sich nicht waschen lässt, der schlägt, mit Gegenständen schmeißt oder den ich als Pflegender einfach nicht mag? Was kann man tun, wenn alle Pflege- und Gesprächstechniken erschöpft und alle Standards und Erziehungsprogramme gescheitert sind?

Es bleibt nur noch das Bemühen um einen möglichst anständigen Umgang, bei dem weder der Pfleger noch der zu Pflegende einseitig und auf Dauer leidet. Es versteht sich von selbst, dass ein solcher Weg nur als Kompromiss zwischen den Wünschen, Bedürfnissen und der Belastbarkeit des Pflegenden und des Gepflegten möglich ist. Mal wird der eine, mal der andere zurückstecken, nachgeben und einstecken müssen. Mal wird der Pflegende eingreifen und lenken, mal wird er den alten Menschen ein Stück begleiten, und mal wird er ihn mit seinen Eigenheiten aushalten müssen.

Ohne Leiden auf beiden Seiten geht es nicht. Wer pflegt, greift immer in das Leben eines anderen Menschen ein und muss auch gegen dessen Widerstand an ihm handeln. Es kommt darauf an, die unvermeidlichen Übergriffe einigermaßen anständig zu bewerkstelligen und die überflüssigen zu vermeiden. Die besondere Problematik bei der Kompromissfindung in der Altenpflege besteht darin, dass viele alte Menschen nicht bereit oder in der Lage sind, sich an der Aushandlung eines Kompromisses zu beteiligen, und so muss der Pflegende ohne aktive Mitsprache des alten Menschen einen gangbaren Weg für beide finden.

Wie kommt man angesichts der Tatsache, dass zwei Menschen, die unterschiedliche, aber jeder für sich gleichrangige Bedürfnisse haben (und bei denen der eine für den anderen mitentscheiden muss und die unausweichlich miteinander umgehen müssen), zu einem Kompromiss, der keinem ganz, dafür aber beiden entgegenkommt?[46]

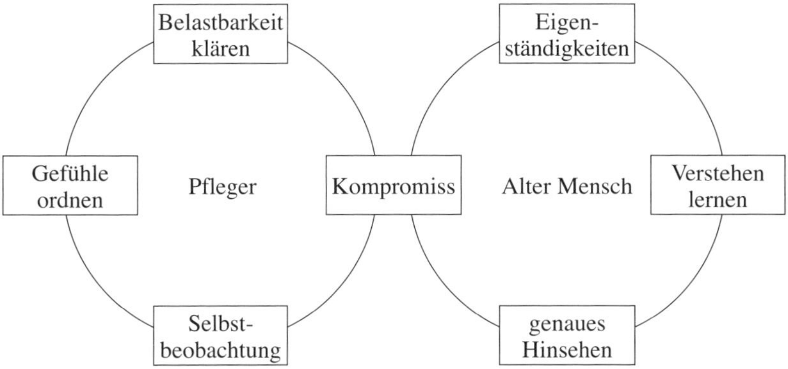

Abb. 5: Das Kompromissmodell

Wie kann es einem Pflegenden gelingen, seinen Machtvorsprung nicht zur Unterdrückung der Bedürfnisse des alten Menschen auszunutzen, andererseits sich aber auch nicht aufzuopfern, um den Bedürfnissen des alten Menschen gerecht zu werden? Bei der Findung und dem Aushandeln von Kompromissen habe ich gute Erfahrungen mit dem in Abbildung 5 skizzierten Modell gemacht.
Bei diesem Modell geht es um die Beobachtung von sechs Punkten, die die Grundlage für die Aushandlung eines Kompromisses bilden. Was den alten Menschen betrifft, so soll der Pflegende folgende drei Aspekte beachten:

1. Genaues Hinsehen
Der Pflegende versucht, den alten Menschen gewissermaßen fotografisch zu beobachten. Er versucht, detailliert zu beschreiben, was er sieht, möglichst ohne sein Wissen und seine Meinungen über den Menschen in seine Beschreibung einfließen zu lassen. Zur Beobachtung bietet sich eine bestimmte Pflegesituation oder das Verhalten des alten Menschen während eines festgelegten Zeitraumes (15 bis 30 Minuten) an.

2. Verstehen lernen
Auf der Grundlage der genauen Beobachtungen wird das Verhalten des alten Menschen neu gedeutet und interpretiert. Die Pfleger(innen) lösen sich von ihren bisherigen Deutungen und versuchen, den Sinn zu verstehen, der hinter dem Verhalten des alten Menschen steht.

Sie orientieren sich dabei an dem vorgestellten Prinzip des „Afrikaforschers“, der die ihm unbekannten Sitten, Sprachen und Gebräuche verstehen will.

3. Eigenständigkeiten
Der Pflegende forscht nach Eigenständigkeiten bei dem alten Menschen, die ihm unnütz und verrückt erscheinen mögen, für die der alte Mensch jedoch eine Vorliebe hat. Er sucht nach den Eigenheiten und Eigen-sinnigkeiten des alten Menschen, indem er sich fragt, was dieser gerne tut, was ihn ablenkt, was ihn zufrieden macht. Eigenständigkeiten sind nicht mit funktionalen Selbstständigkeiten zu verwechseln, wie sie der Große Erwachsene liebt. Es geht allenfalls darum, entdeckte Eigenständigkeiten als Selbstständigkeiten zu begreifen und zuzulassen.

Bei sich selbst erforscht der Pflegende ebenfalls drei Aspekte:

4. Beobachtung des eigenen Verhaltens
Der Pflegende versucht sein eigenes Verhalten zu beschreiben, und zwar in der Art und Weise wie ein Außenstehender sein Verhalten sehen würde. Die Motive seines Handelns versucht er dabei auszublenden. Er beschreibt nur das, was er bei sich sieht, hört oder riecht.

5. Beobachtung der eigenen Gefühle und Gedanken
Der Pflegende versucht die Gefühle zu beschreiben, die ein alter Mensch bei ihm in einer bestimmten Situation auslöst. Er versucht alles zu benennen, was ihm in einer Pflegesituation durch den Kopf geht. Diese Aufgabe ist nicht ganz einfach. Sie verlangt ein nahezu schonungsloses Offenlegen jener extremen Gefühle, die in der Altenpflege vorkommen, aber versteckt werden, weil sie den Idealen der Altenpflege zu widersprechen scheinen. Wer diesen Aspekt mit anderen erforschen will, muss sicher sein, dass er sich in einem geschützten Forschungsraum befindet.

6. Belastbarkeit
Der Pflegende nennt und begründet seine Bedürfnisse, ohne Rücksicht auf den alten Menschen, den er pflegt. Er sagt, was er leisten kann und was er auszuhalten bereit ist. Er beschreibt die Grenzen seiner Belastbarkeit und überprüft, wie oft und wie weit er diese Grenzen überschreiten kann.

Am Ende der sechs Stationen sollte ein Kompromiss ausgehandelt werden können: Der Kompromiss ist niemals eine Lösung, sondern immer ein zeitlich begrenzter Versuch, den Umgang mit einem als schwierig und unerträglich erlebten Menschen einigermaßen erträglich zu machen. Manchmal gelingt selbst das nicht. In solchen Ausnahmefällen kann der Kompromiss auch in einer Trennung bestehen. Es ist allemal besser, einen alten Menschen an andere Pfleger oder an andere Heime abzugeben, als ihm Gewalt anzutun.

Am Beispiel von Herrn Kranz will ich die Erforschung der sechs Punkte und die dabei auftauchenden Erkenntnisse, Einsichten, Überlegungen und Blockaden einmal im Detail nachzeichnen.
Herr Kranz lebt in einem Pflegeheim. Sein ständiges „Hallo-Heidi"-Rufen nervt die ganze Station. Als ich die Rufe von Herrn Kranz zum ersten Mal höre, sitze ich mit den Mitarbeiter(innen) der Station in einer Besprechung. Das Geschrei hindert mich daran, mich auf das Gespräch zu konzentrieren. Die Pfleger(innen) scheinen von dem Rufen unbeeindruckt.

Stört Sie das Rufen nicht?

frage ich die Mitarbeiter(innen). Sie grinsen mich an.

Ach, das ist doch noch gar nichts,

sagt Maria. Und tatsächlich, Herr Kranz kann seine Lautstärke noch steigern. Irgendwann sagt dann Maria zu Erika:

Geh du mal, ich war eben schon.

Also verlässt Erika das Besprechungszimmer, greift sich den schreienden Herrn Kranz unter den Arm und ermahnt ihn:

Sie können hier nicht so rumschreien.
Wie sollen die anderen Bewohner schlafen?

Tatsächlich hört Herr Kranz mit dem Geschrei auf. Er sieht Erika an und fragt sie:

Wer schreit denn hier?

Erika findet diese Frage nicht spaßig:

Also bitte, Herr Kranz, wer schreit denn hier.

Dann führt sie den beruhigten Herrn Kranz in dessen Zimmer und setzt ihn vor den Fernsehapparat:

Schön Fernseh gucken.
Und nicht mehr schreien, Herr Kranz.

Herr Kranz lächelt. Es ist jenes Lächeln, das die Pfleger(innen) an ihm mögen.

Wenn man sieht, wie er so nett lächelt, kann man ihm nicht mehr böse sein,

sagen sie. – Herr Kranz streichelt den Po der Pflegerin und sagt:

Ich schrei nicht.

Erika ist sich da nicht so sicher:

Ja, das hören wir ja dann.

Richtig, alle wussten es und haben darauf gewartet: Es vergeht keine Stunde, da brüllt Herr Kranz schon wieder über den Flur:

Hallo Heidi! Hallo Heidi! Hallo Heidi! Hallo Heidi!

Sehen wir uns Herrn Kranz und die Pfleger(innen) genauer an.

1. Genaues Hinsehen – die Person fotografisch wahrnehmen

Spricht man mit Herrn Kranz auf einer Ebene, die es ihm gestattet, ungefähr und nicht zu genau zu antworten, dann ist ein oberflächliches Gespräch möglich. Die Form des Gesprächs erinnert mich an Thekengespräche, die ich führe, wenn ich und mein Gesprächspartner schon reichlich Alkohol genossen haben. Wir reden solala, ohne das Gespräch in eine Richtung zu lenken, die es verkomplizieren würde. Kommt es doch dazu, dass wir uns in Überlegungen verwickeln, die unsere volle Konzentrationsfähigkeit überfordern, dann beschließen wir irgendwann das Thema zu wechseln und wieder auf eine Ebene zu bringen, der wir folgen können.
Herr Kranz scheint das genauso zu handhaben. Frage ich ihn, wie es ihm gehe, antwortet er, es gehe ihm gut. Frage ich ihn, ob das Essen geschmeckt hat, bejaht er die Frage. Frage ich ihn aber, was genau er gegessen hat, sagt er, dass es ihm geschmeckt hat. Frage ich dann nochmal, was genau er gegessen hat, bewegen sich seine Augen

unruhig hin und her, und er beginnt langsam und leise „Hallo Heidi" zu sagen. Die präzise Frage ist ihm wohl zu kompliziert oder sie strengt ihn zu sehr an. Jedenfalls beschließt er, das Thema zu wechseln. Herr Kranz wechselt aber nicht nur das Thema, sondern seine ganze Wirklichkeit. Er driftet weg in eine andere Welt, eben die „Hallo-Heidi"-Welt.

Unternehme ich nichts, gerät er immer heftiger in den Sog der „Hallo-Heidi"-Welt. Er schreit immer erregter, immer lauter, bis er nach 30–40 Minuten so erregt ist, dass er nicht mehr still in seinem Stuhl sitzen kann. Er steht auf, geht zur Tür und schreit dort sein „Hallo Heidi" in den Flur hinein. Dieser Ablauf vollzieht sich in der immer gleichen Weise. Es spielt keine Rolle, ob ich Herrn Kranz alleine lasse oder ob ich passiv in seiner Nähe bleibe.

Steht Herr Kranz rufend auf dem Flur und eine Pflegerin ermahnt ihn, Ruhe zu geben, dann hört Herr Kranz von einem Augenblick auf den anderen mit seinem Rufen auf. Er sieht die Pflegerin an und fragt sie:

Wer schreit denn hier?

Das gleiche Phänomen beobachte ich bei kleinen Experimenten. Ich lasse Herrn Kranz nach einem kurzen Gespräch alleine zurück und warte im Flur, bis ich ihn „Hallo Heidi" rufen höre. Ich betrete dann wieder sein Zimmer, gehe auf ihn zu und sage ihm, dass ich wieder da bin. Er sieht mich mit ängstlichen Augen an, lächelt dann und fragt mich:

Wie viel Uhr ist es jetzt?

Ich unterhalte mich dann mit Herrn Kranz ein wenig über die Uhrzeit. Verhalte ich mich anschließend ruhig und sage nichts mehr, vergisst Herr Kranz meine Anwesenheit. Ängstlich rollt er seine Augen hin und her wie jemand, der auf der Suche ist. Dann ertönt sein leises „Hallo Heidi". Ich lasse Herrn Kranz ein wenig in diese andere Welt wegdriften, warte ab, bis sein Rufen lauter und erregter wird, und zeige ihm dann ein Foto mit seinen Töchtern. Ich halte ihm das Foto vor seine Augen und frage ihn:

Kennen Sie die?

Herr Kranz lächelt:

Das sind ja meine Töchter. Alle drei.

Dann nennt er ihre Namen und zählt die Wohnorte auf, in denen seine Töchter leben. Offenbar kann Herr Kranz abrupt zwischen zwei Welten hin und her ver-rücken, und zwar in einer Weise, dass er in der einen Welt nichts von der anderen Welt weiß. Ist er in der Welt, in der er freundlich lächelt, dann weiß er nichts von der „Hallo-Heidi"-Welt. Erinnert man ihn an diese Welt, indem man ihn ermahnt, nicht zu schreien, dann weiß er nicht, wovon die Rede ist. Er weiß nicht, dass er in der anderen Welt schreit.

2. Verstehen lernen – das Beobachtete deuten und interpretieren

Für einen Menschen, der gewohnt ist, „normal"-psychologisch zu denken, ist es schwer, sich vorzustellen, dass ein Mensch in mehreren Welten leben kann, und zwischen diesen Welten ver-rücken kann. Die Pfleger(innen) von Herrn Kranz waren deshalb überzeugt, dass Herr Kranz sie an der Nase herumführen will. Sie behaupten, dass Herr Kranz genau wisse, was er tue. Sie nehmen an, dass Herr Kranz mit voller Absicht „Hallo Heidi" ruft, weil er die Zuwendung des Personals haben will.

Der schreit ja nicht, wenn wir bei ihm sind.
Bleiben wir bei ihm, dann ist er ja ruhig.
Der schreit nur, wenn er zu lange alleine ist.
Der macht das extra, der weiß genau, was er will, kommen wir, hört er auf.

All diese Beobachtungen sind richtig. Aber die Pfleger(innen) deuten sie aus der Perspektive des Touristen, der sich in dem Land von Herrn Kranz nur oberflächlich auskennt. Bleiben sie bei ihrer Interpretation, müssen sie Herrn Kranz als bösen alten Mann erleben, der sie mit seinem unerfüllbaren Verlangen nach Zuwendung schikaniert.
Hilfreicher wäre es, wenn sich die Pfleger(innen) in die Situation von Herrn Kranz versetzen und nachempfinden könnten, dass Herr Kranz nicht in der Lage ist, längere Zeit in der Welt des freundlichen Lächelns zu verharren. Es dauert nie lange, und Herr Kranz verliert den Bezug zu unserer Wirklichkeit, zu dem Gegenstand, der Person, die ihn kurze Zeit festhalten konnte. Die Umgebung geht ihm verloren, er weiß nicht mehr, wo er ist, kennt sich nicht mehr aus, wird

unsicher und bekommt Angst. Also macht er sich auf die Suche nach einem Rettungsanker und schreit so lange, bis ihn jemand erlöst.
Ist niemand da, der ihn festhält, ihn gewissermaßen durch leichte Reize an die Welt des Lächelns bindet, findet er keinen Anker, und er driftet weg in eine Welt, die ihn ängstigt, in eine Welt, in der er sich verlassen fühlt, in der er ständig auf der Suche nach jemandem ist, der ihn rettet. Eine Tochter von Herrn Kranz heißt tatsächlich Heidi. Sie ist es auch, die ihn fast täglich besucht. Aber sie wird sicherlich nicht die Person sein, nach der er ruft. Sein Rufen nach Heidi ist eher als Symbol zu verstehen für eine Person, die ihm Sicherheit gibt und ihm die Angst nimmt. Herr Kranz benötigt keineswegs die dauernde Anwesenheit einer Person. Es reicht vollkommen aus, wenn ihn jemand aus der beängstigenden Welt herausholt; er kann sich danach allein beschäftigen, wenngleich auch nur eine sehr befristete Zeit.

3. Eigenständigkeiten

Herr Kranz liebt die Abwechslung. Länger als 10, 15 oder allenfalls 20 Minuten kann er sich nicht mit einer Person oder einem Gegenstand beschäftigen. Danach gleitet er in die „Hallo-Heidi"-Welt ab. Herr Kranz lässt sich gerne ablenken und mit irgendetwas beschäftigen. Gibt man ihm ein Buch, eine Illustrierte, dann blättert er darin, ohne zu lesen; reicht man ihm ein Stofftier, Kissen oder Tücher, sagt er: „Tu das weg!" Drückt man ihm Salmiakpastillen auf den Handrücken, leckt er diese vergnügt ab, gibt man ihm eine Flasche, in der sich Lakritz und Wasser befinden, schüttelt er die und leckt den entstehenden Schaum ab. Herr Kranz freut sich über jedes Bonbon, jedes Stückchen Schokolade. Er riecht gerne an mit Parfüm getränkten Tüchern. Überreicht man ihm eine Blume, zerdrückt er diese oder isst die Blätter. Setzt man ihn vor einen Fernsehapparat, versucht er, die sich schnell bewegenden Bilder zu verfolgen. Er entspannt sich, wenn er Musik hört. Setzt man ihn zu einer Gruppe von Bewohnern, lacht er diesen freundlich zu und unterhält sich mit ihnen, indem er floskelhafte Bemerkungen macht, die manchmal passen und manchmal nicht passen.
In kurzer Zeit fanden sich etwa 30 Angebote, mit denen man Herrn Kranz schnell aus seiner „Hallo-Heidi"-Welt herausholen und damit

sein Rufen beenden konnte. Mit jedem Angebot war Herr Kranz 5 bis maximal 10 Minuten beschäftigt. Nach dieser Frist verlor jeder Gegenstand und jede Person allen Reiz. Herr Kranz begann leise „Hallo Heidi“ zu rufen und steigerte sich bald. Da Herr Kranz die Abwechslung liebte, hatte es wenig Sinn, ihn zwei- oder dreimal mit demselben Gegenstand zu beschäftigen. Das galt auch für Personen. Weder Bewohner noch Pflegekräfte noch die Tochter Heidi waren in der Lage, Herrn Kranz auf Dauer in der „Lächel“-Welt festzuhalten. Man tat sich, den anderen und Herrn Kranz keinen Gefallen, wenn man ihn längere Zeit in einer Bewohnergruppe verweilen ließ oder ihn zum ruhigen Verbleib bei Festen überredete. Nach wenigen erfolgreichen Versuchen war er spätestens nach einer Stunde dort nicht mehr aus der „Hallo-Heidi“-Welt herauszubekommen.

4. Beobachtung des eigenen Verhaltens

Wie verhielten sich die Pfleger(innen) gegenüber Herrn Kranz, wenn er „Hallo Heidi“ rief? Stand der laut rufende Herr Kranz vor seinem Zimmer, fasste ihn für gewöhnlich eine Pflegerin unter den Arm und sprach ihn auf sein unerwünschtes Verhalten an:

Was gibt es denn zu rufen?
Herr Kranz, Sie können hier nicht so laut sein.
Die anderen Bewohner können nicht schlafen.
Jetzt ist aber Ruhe, Herr Kranz!

Befand sich Herr Kranz in einer Bewohnergruppe oder auf einem Bewohnerfest, reagierten die Pfleger(innen) bei den ersten leisen Rufen. Sie ermahnten ihn, nicht zu stören und forderten ihn auf, sich mit den anderen Bewohner(innen) zu unterhalten oder seinen Kuchen zu essen.
Waren die Pfleger(innen) Zeuge, dass Herr Kranz nach seiner Tochter rief, obwohl diese neben ihm saß, versuchten sie, der hilflosen Tochter beizustehen, indem sie den alten Herrn korrigierten und reglementierten:

Herr Kranz, hier ist die Heidi.
Wenn Sie immer nur schreien, braucht die Heidi ja nicht mehr zu kommen.

Die Mitarbeiter(innen) begegneten Herrn Kranz, als verstünde er die Wirklichkeit so wie sie. Sie begaben sich nicht auf seine Ebene, nahmen sich keine Zeit zum Verharren, sondern sprachen und handelten sofort (Normalitätsreflex).
Da sie sich nicht auf die andere Welt von Herrn Kranz umstellten, schätzten sie die Wirkungen ihres Verhaltens falsch ein. Tatsächlich gelang es ihnen, Herrn Kranz aus der „Hallo-Heidi"-Welt herauszuholen, wenn sie ihn ansprachen. Durch ihr Eingreifen verrückten sie Herrn Kranz in die „Lächel"-Welt. Dann aber sprachen sie ihn in der „Lächel"-Welt auf sein Verhalten in der „Hallo-Heidi"-Welt an:

Herr Kranz, mit Ihrem Rufen stören sie alle anderen Bewohner.

Die Verwunderung des alten Herrn über diese Äußerung blieb ihnen verborgen, oder sie deuteten sie als dessen Versuch, sein störendes Verhalten zu leugnen und abzustreiten. Die Nachfrage von Herrn Kranz

Wer ruft denn hier?

löste bei den Mitarbeiter(innen) Kopfschütteln oder weitere Zurechtweisungen hervor:

Sie, Herr Kranz, Sie rufen hier.

Manchmal erregten sich einzelne Pfleger(innen), wenn Herr Kranz nach ihrer Einschätzung sein Rufen leugnete, so sehr, dass sie heftig mit ihm schimpften:

So geht das nicht, Herr Kranz.
Ständig rufen Sie.
Das hält kein Mensch aus.
Jetzt bring ich Sie in Ihr Zimmer, und dann sind Sie schön ruhig!

Damit lösten sie fast automatisch ein sofortiges Ver-rücken des alten Herrn aus der gerade wiedergefundenen „Lächel"-Welt in die „Hallo-Heidi"-Welt aus. Die Erregung war perfekt.
Die Pfleger(innen) hatten längst entdeckt, dass es Möglichkeiten der Ablenkung gab, mit denen sie Herrn Kranz eine Zeitlang vom Rufen abhalten konnten. Eine dieser Möglichkeiten bestand darin, den Fernsehapparat einzuschalten. So waren sie dazu übergegangen, Herrn Kranz nach dem morgendlichen Waschen und Ankleiden vor den Fernsehapparat zu setzen, was der alte Herr durchaus genoss.

Nach allem, was wir bisher über Herrn Kranz wissen, ist klar, dass der Fernseher nur einen Reiz für eine gewisse Dauer haben konnte. Der Apparat lief jedoch, einmal eingeschaltet, den ganzen Tag, und er wurde immer wieder als Lockmittel benutzt, Herrn Kranz vom Rufen abzuhalten:

Herr Kranz, das ist die Heimatmelodie.
Sie mögen doch die schönen Lieder.
Hören Sie mal hin.

Trotz aller Bemühungen blieben sie erfolglos. Das Fernsehprogramm hatte längst den Reiz verloren, Herrn Kranz aus der „Hallo-Heidi"-Welt herauszuholen. Die Pfleger(innen) griffen also immer wieder auf ein bewährtes Mittel zurück und sie wunderten sich, dass dieses Mittel einmal funktionierte und dann wieder nicht. Da alle ihre auf Verständigung abzielenden Bemühungen bei dem hin und her verrückenden Herrn Kranz scheiterten, waren sie dazu übergegangen, sich Herrn Kranz neben der notwendigen Versorgung nur noch dann zu nähern, wenn sein Schreien unerträglich wurde. Sie begegneten ihm also fast ausschließlich in Konflikt- und Stresssituationen.

5. Beobachtung der eigenen Gefühle und Gedanken

Die Pfleger(innen) sind gereizt, wenn Herr Kranz ruft. Zunächst wollen sie sein Rufen überhören, sich nicht aus der Ruhe bringen lassen. Bald aber merken sie, wie es in ihnen zu brodeln und zu kochen anfängt. Der Druck in ihnen wird immer größer, und kurz bevor sie zu platzen drohen, gehen sie zu Herrn Kranz. Leider verpassen sie manchmal den rechtzeitigen Moment und dann explodieren sie in Gegenwart von Herrn Kranz. Sie ärgern sich über sich, weil sie die Beherrschung verloren haben, und über den Bewohner, weil er sie dazu gebracht hat.
Eigentlich, finden sie, hat Herr Kranz keinen Grund, so zu schreien, denn sie tun alles, was in ihrer Macht steht, ja sie kümmern sich wegen seines Rufens sogar mehr um ihn als um andere Bewohner. Sie können sich deshalb nicht des Eindrucks erwehren, dass Herr Kranz sie ärgern will, dass er „extra" schreie, damit sie sich noch mehr um ihn kümmern sollen. Sie sehen sich gezwungen, Herrn Kranz immer das zu geben, was er verlangt. Denn gegen das Rufen haben sie kein anderes Mittel,

als den Besucher aufzusuchen. Sie glauben, sich in einer ausweglosen Situation des Ausgeliefertseins zu befinden.
Die Gefühle der Mitarbeiter(innen) sind jedoch nicht einseitig negativ gefärbt. Sie mögen beispielsweise Herrn Kranz, weil er so freundlich lächeln kann.

Er kann ja so nett sein,

sagen sie. Aber das Lachen, so behaupten sie zugleich, benutze er, um die Pfleger(innen) freundlich zu stimmen. Er wisse genau, was er mit seinem Rufen angestellt hat, und glaube mit seinem Lächeln wieder alles in Ordnung bringen zu können.

Er weiß, wie er uns um den Finger dreht.
Also, er hat schon seine angenehmen Seiten.

Die Gefühle der Mitarbeiter(innen) schwanken hin und her. Wut und Mitleid, Ablehnung und Bewunderung wechseln sich ab, je nachdem, ob sie sich als Täter oder als Opfer fühlen. Sie sind wütend auf Herrn Kranz, weil sie sich als Opfer fühlen und zugleich auf sich, weil sie mit ihm schimpfen. Sie haben Mitleid mit Herrn Kranz, weil er sich ja nur mit seinem Rufen helfen und wehren kann, und mit sich, da sie doch alles für ihn tun, er aber noch nicht einmal zugeben will, dass er unerträglich laut ruft.
Sie würden schon gerne Herrn Kranz die Zuwendung geben, von der sie annehmen, dass er sie durch sein Rufen verlangt. Aber gerade weil er ruft, können sie ihm die Zuwendung nicht geben. Sie wüssten auch ohne sein Rufen, was er will, da müsse er sie nicht auch noch dauernd daran erinnern, sagen sie. Ihre Gefühlswelt ist verworren, ja sie befinden sich in einem totalen Chaos der Gefühle, wie die folgenden Aussagen belegen:

Ich ärgere mich über Herrn Kranz, aber ich finde ihn auch toll. Der setzt sich wenigstens mal durch bei uns. Wenn man sieht, wie die anderen Bewohner alles mit sich machen lassen. Ich find' das gut, wie Herr Kranz das macht, der lässt sich nicht unterkriegen, eher gehen wir kaputt.

Ich weiß ja, was er will, wenn er ruft. Da sag ich mir: Jetzt gehst du hin und bleibst bei ihm. Aber dann lächelt der so. Wissen Sie: „Siehste Mädchen, ich hab's geschafft." Dann kann ich nicht mehr bei ihm bleiben.

Ich mag das Lächeln von Herrn Kranz. Wie ein Lausbub. Ehrlich. Man kann ihm nicht mehr böse sein. Aber wie der manchmal lacht! Da weiß man genau, was der denkt.

Solange aber die Pfleger(innen) ihre Gefühle nicht beschrieben und geordnet haben, werden sie keinen Kompromiss eingehen können. Ein Kompromiss setzt voraus, dass die Pfleger(innen) einem Gefühlsstrang für eine gewisse Zeit den Vorrang geben, um überhaupt überprüfen zu können, ob ein bestimmter Umgang mit einem alten Menschen zu einer Entlastung führt. Bleibt es bei dem ungeordneten Chaos der Gefühle, wird es kaum einen Ausweg aus einer verfahrenen Beziehung geben. Dann bleibt es beim Leiden und Leidenlassen.
Im Gespräch mit den Pfleger(innen) stelle ich deren Annahme, der Bewohner sei ständig auf persönliche Zuwendung erpicht, infrage. Ich behaupte, er brauche keine Zuwendung, sondern irgendeinen Reiz, der ihn aus der angstmachenden „Hallo-Heidi"-Welt herausholt – und zwar den ganzen Tag über. Dies ließe sich auch ohne großen Zeitaufwand und ohne persönliche Zuwendung bewerkstelligen.
Mein Vorschlag gefällt den Pfleger(innen) überhaupt nicht. Sie argumentieren, es sei unmenschlich, Herrn Kranz einfach einen Gegenstand in die Finger zu drücken und ihn sofort zu verlassen. So seelenlos wollen sie nicht mit dem alten Mann umgehen.

Es ist ja nicht so, dass wir ihn nicht mögen,

sagen sie. Es ist das Chaos der ungeordneten Gefühle, das sie vorläufig hindert, einen Kompromiss einzugehen.

6. Belastbarkeit

Niemand erträgt auf Dauer das Rufen von Herrn Kranz. Den Pfleger(innen) fällt es allerdings nicht leicht zuzugeben, dass auch sie mit dieser Belastung überfordert sind. Sie behaupten lange Zeit, ihnen mache das Geschrei nichts aus, ja sie würden es überhaupt nicht mehr hören, weil sie sich daran gewöhnt hätten. Als ich ihnen gestehe, dass mich das Rufen nervt, wundern sie sich über meine geringe Belastbarkeit.

Mit so einer Einstellung kommen Sie in der Pflege nicht weit,

sagen sie. Ich glaube, die Pfleger(innen) leiden unter dem Geschrei

sehr viel mehr, als sie zugeben können. Sie leugnen ihr Leiden, weil sie keinen Ausweg sehen und deshalb etwas schaffen wollen, was nicht zu schaffen ist, nämlich das Rufen hinzunehmen.
Meinen Vorschlag, sie könnten sich entlasten, wenn sie Herrn Kranz alle 40 bis 50 Minuten aufsuchten, um ihn mit irgendeinem Reiz aus der „Hallo-Heidi"-Welt herauszuholen, lehnen sie lange Zeit ab.

Dann hätte er ja, was er will,

entgegnen sie mir. Sie wollen sich durch sein Geschrei nicht zwingen lassen, ihm die Zuwendung zu geben, die er herbeizurufen scheint. Und sie haben noch einen Grund für ihre Ablehnung meines Kompromissvorschlages: Stellen Sie sich vor, wir geben dem den ganzen Tag zu essen und Süßigkeiten. Der wird doch immer dicker.
Die Reaktion der Mitarbeiter(innen) zeigt deren ganze Ohnmacht, Hilflosigkeit und Überforderung. Sie haben schon viel zu lange unter dem Geschrei gelitten, als dass sie Herrn Kranz vorbehaltlos etwas Gutes tun können. In ihrem Zustand können sie nicht einsehen, dass sie sich ändern müssen, um für sich eine Entlastung zu erreichen. Sie können nicht schon wieder nachgeben, sondern müssen sich Herrn Kranz noch eine gewisse Zeit böse halten, damit sie nicht ganz an sich und ihren Fähigkeiten verzweifeln.

Der Stress mit der negativen Konditionierung

Unser neuer Hund war nur schwer an der Leine zu führen. Hatte ich ihn von der Leine befreit, lief er wie verrückt durch das Feld. Er war dann lange Zeit nicht bereit, an die Leine zurückzukehren. Je länger er sich weigerte, bei Fuß zu kommen, je wütender wurde ich. Wenn ich ihn endlich eingefangen hatte, war ich so böse auf ihn, dass ich ihn mit der Leine schlug. Er sollte spüren, dass er nicht folgsam gewesen war, und meine Strafe sollte ihn für die Zukunft daran erinnern zurückzukehren, wenn ich es verlangte. Irgendwie schien der Hund mich nicht zu verstehen, meine ganze Straferei blieb erfolglos. Blöder Hund.
Seitdem ich ihn nicht mehr bestrafe, sondern ihn mit einem Stück Hundekuchen oder einer Wurst belohne, wenn er zu mir zurückkommt, gehe ich wieder gern mit ihm spazieren.

Ich musste selber hinter diese Erkenntnis steigen. Dem Hundetrainer, der mich schon früher auf meinen Fehler hingewiesen hatte, hatte ich nicht geglaubt. Ich war überzeugt, dass dieser Theoretiker keine Ahnung von meinem Hund hatte.

Ein Kompromiss wird erst gelingen, wenn die Pfleger(innen) gelernt haben, ihre Person und ihre Bedürfnisse ernst zu nehmen und beim Aushandeln eines Kompromisses einbringen zu können. In einer Pflegebeziehung haben Pflegende und Gepflegte grundsätzlich den gleichen Anspruch auf Unversehrtheit. Auch der Pflegende braucht die Grenzen seiner Belastbarkeit nicht zu überschreiten. Dazu muss er sie aber erkennen und benennen können. Gelingt ihm dies, kann er einen Kompromiss aushandeln, der auf Dauer seine Kräfte nicht übersteigt. Dann wird er in der Lage sein, die Grenzen seiner Belastbarkeit bei passender Gelegenheit kurzfristig zu überschreiten, und er wird zugleich in der Lage sein, den alten Menschen ohne Gewissensbisse befristet leiden zu lassen.
Im Falle von Herrn Kranz kam es erst zu einem Kompromiss, nachdem die Pfleger(innen) in einer Hierarchie geordnet hatten, was sie am meisten und was am wenigsten störte. Hatten sie mir anfangs gesagt, das Rufen würden sie gar nicht mehr hören, so war es am Ende genau umgekehrt. Das laute Rufen konnten sie am wenigsten ertragen. Am ehesten glaubten sie akzeptieren zu können, wenn Herr Kranz sein Bett mit Speisen bekleckert, wenn er Blumen oder Zeitungen zerrupft, wenn er sie anlächelt.
Die Pfleger(innen) hatten die Grenze ihrer Belastbarkeit in vielen Punkten erkannt, und nun konnten sie der entscheidenden Belastung entgegenwirken.

Der Kompromiss

Nachdem die Pfleger(innen) alle sechs Stationen durchlaufen und sich dabei mehrfach im Kreis bewegt hatten, versuchten sie folgenden Kompromiss:
Sie ließen Herrn Kranz in dessen Zimmer eine Zeitlang „Hallo Heidi“ rufen. Bevor das Rufen zu laut wurde und bevor Herr Kranz den höchsten Grad seiner Erregung erreicht hatte, gingen sie routi-

nemäßig etwa alle 45 Minuten zu ihm und holten ihn mit irgendeinem Angebot aus der „Hallo-Heidi“-Welt heraus, aus der er selbst keinen Weg fand. Herr Kranz war dann mit dem Angebot etwa 5 bis 20 Minuten beschäftigt. Danach begann er erwartungsgemäß wieder mit seinen leisen „Hallo-Heidi“-Rufen. Er steigerte sich allmählich in diese Welt, bis er nach weiteren 45 Minuten wieder durch ein Angebot herausgeholt wurde. So ging das Stunde für Stunde, Tag für Tag. Irgendwann, das ist sicher, taugt dieser Kompromiss nicht mehr, spätestens, wenn Herr Kranz in eine andere Welt ver-rückt. Bis dahin aber profitieren sowohl die Pfleger(innen) als auch Herr Kranz von der kurzen, routinemäßigen Zuwendung.

Probieren geht über Studieren
Übungen und Reflexionen

Genaues Hinsehen

1. Was stellt diese Zeichnung dar? (Die Lösung finden Sie im „Kleinen Prinzen“.)

2. Man nimmt leicht an, dass man das Alltägliche genau kennt und in seiner Bedeutung mühelos durchschaut. Wo fängt die Treppe an, wo hört sie auf?

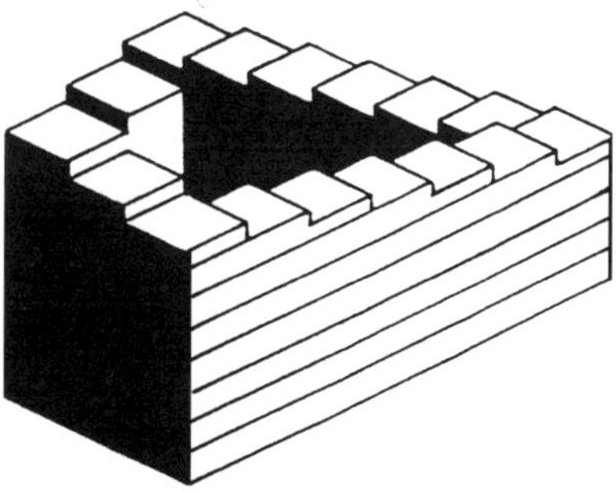

3. Wechseln Sie die Perspektive

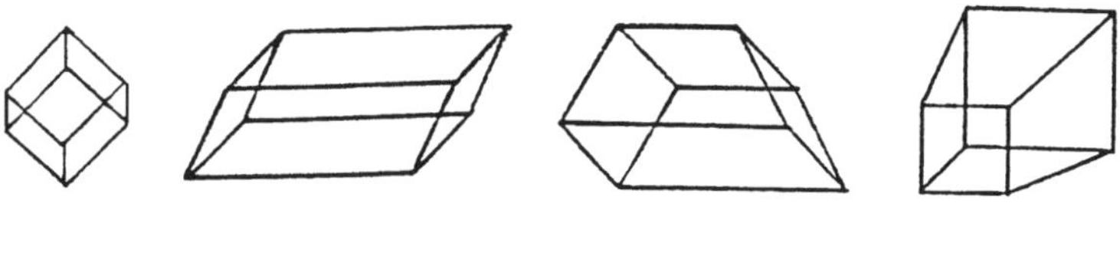

4. Fotografieren Sie einen alten Menschen. Was erkennen, entdecken Sie auf dem Foto?

5. Beobachten Sie einen Menschen, den Sie pflegen, etwa 15 Minuten und beschreiben Sie detailliert, was diese Person tut. Orientieren Sie sich an folgenden Fragen[47]:

- Was genau tut er?
- Wie tut er es?
- Wodurch wird sein Tun ausgelöst?
- Wie lange tut er es?
- Was genau sagt er?
- Was macht er mit seinen Augen, Mund, Händen …
- Wann beendet er seine Handlung?
- Was kann er erkennen?
- Was nimmt er wahr?
- Welche Reihenfolge hält er bei seinem Tun ein?

Nennen Sie eine Beobachtung, die Ihnen für den Umgang mit der beobachteten Person hilfreich erscheint, z.B.:

- Herr Schmitz beruhigt sich, wenn er eine Zigarette raucht.
- Frau Sude antwortet auf jede Frage oder Bitte mit „Nein“.
- Herr Lustig hört auf zu weinen, wenn man ihm etwas in die Hand gibt.
- Frau Mickrig beginnt mit langgezogenen „Aua“-Rufen, wenn man ihr in die Augen sieht.

Methoden des verstehenden Zuganges[48]

6. Versetzen Sie sich in die Situation eines alten Menschen, den Sie pflegen. Schreiben Sie eine seiner Verhaltensweisen in die Spalte „handle ich …“. Versuchen Sie spekulativ in der Spalte „weil ich …“ einzutragen, was sein Verhalten ausgelöst haben könnte, und in die Spalte „damit ich …“, was er mit seinem Verhalten erreichen möchte.[49]

„weil ich …“	„handle ich …“	„damit ich …“
	spiele ich mit Kot	
	bedanke ich mich jedesmal	
	sage ich jeder Pflegerin, sie sei mir die Liebste	
weil ich nicht weiß, was mit dem Essen gemacht worden ist,	verweigere ich die Nahrung,	damit ich nicht vergiftet werde.
weil ich vergessen habe, wie man schluckt,	spucke ich alles aus,	damit ich nicht ersticke.
weil ich weiß, dass die Pfleger(innen) mich gerne warten lassen,	klingele ich,	damit ich in meiner Annahme bestätigt werde.
weil ich mein Essen und meine Medikamente benötige,	will ich sofort mein Essen, meine Medikamente,	damit ich keine Angst haben muss, dass man mich vergisst.
weil ich gereizt bin,	schreie ich,	damit ich mich abreagieren kann.

7. Suchen Sie gefühlsmäßige Analogien zu dem Verhalten und Erleben eines alten Menschen, den Sie pflegen.[49]

   Beispiele:

   Auch ich kann kaum klar denken, wenn mich plötzlich eine Angst befällt. Ich höre eine Unfallsirene und kann mich nicht mehr von dem Gedanken frei machen, dass einem meiner Kinder etwas zugestoßen ist. Ein Freund, der zu Besuch ist, meint, ich soll mir keine Sorgen machen, es wäre schon nichts passiert. Lieber wäre mir, wenn er mir anböte, mir beim Suchen nach den Kindern zu helfen. Vielleicht käme ich alleine durch das Angebot wieder zur Ruhe.

Auch ich werde wütend und unbeherrscht, wenn man mir eine Fußballübertragung im Fernsehen wegzappt. Ich beruhige mich erst, wenn ich meine Sendung wieder sehen kann.

Auch ich erzähle immer wieder dieselben Witze und Geschichten und freue mich, wenn man mir zuhört oder über meine Witze lacht.

Auch ich schäme mich, wenn ich bei einer Lüge überführt werde.

Auch ich kann nur schwer zugeben, etwas nicht zu wissen.

8. Spüren Sie den Symbolcharakter von Aussagen und Handlungen auf.

   Beispiele:

   Frau Brenner, die Sie aus dem Kapitel „Die Schätze der Kindheit heben" (s. S. 161) kennen, sagt: *Erhebe dich du schwacher Geist mit deinen kaputten Fenstern.* Auf den ersten Blick klingt der Ausspruch unsinnig und verworren. Deutet man ihn symbolhaft, erkennt man, dass Frau Brenner exakt ihren Zustand beschreibt. Ihr Verstand hat sie verlassen, er ist schwach geworden. Die Brücke zwischen ihrer inneren und der äußeren Welt, die Fenster, sind zerstört. Sie sieht nicht mehr, was um sie herum vorgeht und begreift nicht mehr, was in ihrem Kopf geschieht.

   Frau Schmitz will nach Hause. Sie will aber nicht in ihre alte Wohnung. Brächte man sie dorthin, würde sie auch dort nach Hause wollen. Zuhause ist kein konkreter Ort, sondern der Wunsch nach Geborgenheit.

   Frau Meier zerknäuelt oder zerreißt eine Serviette oder Zeitung. Mehrere Deutungen sind möglich:

- Sie wiederholt mit den Händen ihren Zustand im Kopf, sie zerbröselt das Papier so wie ihr Verstand zerfällt.
- Sie geht der kindlichen Lust am Zerstören, Kaputtmachen nach.
- Sie liebt die Geräusche, die durch das Reißen entstehen.
- Sie arbeitet, geht einer hausfraulichen (z.B. Salatlesen) oder beruflichen Tätigkeit (z.B. Sortieren) nach.
- Sie füttert Enten am Teich.

Eigenständigkeiten erkennen

9. Versetzen Sie sich in die Person eines alten Menschen, den Sie pflegen, und ergänzen Sie die folgenden offenen Aussagen an seiner Stelle:

   Ich möchte gerne …
   Ich liebe es …
   Es bereitet mir ein Wohlgefühl …
   Ich darf nicht …
   Es gelingt mir nicht …
   Mich beruhigt …
   Ich fühle mich gut, wenn …

10. Erinnern Sie sich an Situationen, in denen Sie sich geborgen fühlten.

    Welche Personen fallen Ihnen ein?
    Welche Räume tragen zu Ihrer Geborgenheit bei?
    Wann fühlen Sie sich in sich selbst wohl?

11. Überlegen Sie mal, was Sie so treiben.

    Wenn ich alleine bin oder mich unkontrolliert fühle, …

    … bohre ich in der Nase,
    rülpse ich,
    furze ich hemmungslos und mit Genuss.
    Ich reiße mir Zehennägel ab,
    onaniere,
    esse mit den Fingern,
    lecke die Marmelade vom Messer ab,
    taste mit meinen Fingern die Zähne ab,
    reiße mir Haare aus,
    kaue an den Fingernägeln.

12. Wo und in welchen Situationen fühlen Sie sich „sauwohl"?

13. Wie und wodurch entspannen Sie sich?

14. Bauen Sie sich eine Höhle aus Decken. Begeben Sie sich in einen Raum der Stille und Dunkelheit und genießen Sie es, nichts zu sehen und zu hören.
Oder: Fahren Sie mal, wenn Sie dazu Gelegenheit haben, in das Snoezelen-Zentrum in Holland:
De Hartenberg – Ede, Apeldoornseweg 60, Postbus 75,
NL-6710 BB Ede (Gld.), Tel. Nr. 00 31 (0)3 18 59 35 80

15. Legen Sie ein „Biotop" für ver-rückte Kindheit und für kindliche Ver-rücktheiten an. Malen Sie dazu einen Teich mit klarem Wasser in der Mitte und mit Sumpfbereichen an den Rändern. Bringen Sie in dem Biotop bedrohte Eigenarten und Eigenheiten zum Blühen, indem Sie Symbole, Bilder, Zeichnungen, Collagen, Gegenstände in den Teich legen.

16. Vertrauen Sie auf Ihre Phantasie. Denken Sie nicht so funktional wie die Großen Erwachsenen. Schmücken Sie beispielsweise die Toiletten als „Stilles Örtchen" aus, in denen sich alte Menschen behaglich zurückziehen können, die Küche als Spielplatz, die Badewanne als Wasserpfütze oder das Bett als Sandkasten oder Mehrzweckraum. Wer sagt, dass man nur in Betten schlafen oder ruhen kann? Stellen Sie sich einen Mann vor, der im Bett fixiert nach Mama schreit und dabei vor lauter Verzweiflung versucht, seinen Körper über das Schutzgitter zu wuchten. Warum liegt der nicht ebenerdig auf einer Matratze? Da kann er nicht herunterfallen.

Beobachtung des eigenen Verhaltens

17. Lassen Sie sich beobachten, wenn Sie einen alten Menschen pflegen, und hören Sie sich an, was der Beobachter gesehen hat.
Oder Sie lassen sich bei der Pflege filmen und sehen sich den Film in Ruhe an.

18. Nehmen Sie sich eine bestimmte Pflegehandlung vor. Nachdem Sie sie ausgeführt haben, versuchen sie den Vorgang zu protokollieren. Benutzen Sie dazu folgende Fragen:

- Was genau sage ich?
- Wie laut sage ich es?
- Welche Informationen, Anweisungen gebe ich?
- Was tue ich als Erstes?
- Wie viel Zeit habe ich für jede Verrichtung benötigt?
- Wie spreche ich die Person an, wie nehme ich Kontakt auf?
- Wie reagiert die Person auf mein Verhalten?
- Was sage, tue ich bei Störungen?
- Woran denke ich bei meiner Tätigkeit?
- Was lenkt mich ab?

Gefühle

19. Suchen Sie sich einen Gegenstand aus, der für Ihre Arbeit mit alten Menschen eine besondere Bedeutung hatte oder hat (Bücher, Bilder, Geräte, Alltagsgegenstände, Hilfsmittel, Kleidung ...). Erforschen Sie sich:

    - Was verletzt mich im Umgang mit alten Menschen?
    - Wozu bin ich zu stolz?
    - Was macht mich wütend?
    - Wann habe ich Mitleid?
    - Wann wird mir ganz warm um's Herz?
    - Was irritiert mich?
    - Was macht mich hilflos, ohnmächtig?
    - Was macht mich verliebt?

20. Überlegen Sie: Welche alten Menschen, die Sie pflegen, erinnern Sie an Ihre Mutter, Ihren Vater, Ihre Geschwister, Freunde oder andere Bezugspersonen?

21. Beschreiben Sie Ihre Gewaltphantasien. Wie sehen sie aus und in welchen Situationen tauchen sie auf?
    Beispiele:
    Manchmal möchte ich einem in die Fresse hauen: Neulich drängelte mich ein Verkehrsrowdy von hinten, überholte mich rechts und zeigte mir einen Vogel. Ich war stinksauer.

Neulich fragte mich ein alter Mann, dem ich den Hintern abputzte, ob ich keinen besseren Beruf hätte finden können.

Neulich grinste mich ein alter Mann herablassend an, den ich von früher kannte und der mir damals schon zuwider war.

Die unerträglichen Alten und die Gewaltphantasien von Pflegenden

Die Engländerin Anthea Cohen hat mehrere Kriminalromane geschrieben, die in der Welt der Krankenpflege spielen. Die Autorin hat selbst 25 Jahre als Krankenschwester gearbeitet, und ich bin sicher, dass sie ihre Gewaltphantasien in ihren Romanen verarbeitet hat.
Wer jemals ein niederträchtiges altes Weib pflegen musste, das so lange bohrte, bis es seinen schwachen Punkt entdeckt hatte und dann gnadenlos auf dieser Schwäche herumritt, der wird sich in die Gefühlswelt von Schwester Agnes Carmichael hineinversetzen können. Schwester Agnes ist eine Figur aus dem Krimi „Tatmotiv Liebe".[50] In der folgenden Szene versorgt sie die alte Mrs. Jones. Die alte Dame hat Durchfall. Agnes säubert sie, und dann wird sie von der alten Dame beschimpft. Agnes schreit Mrs. Jones an, sie soll gefälligst ruhig sein. Mrs. Jones keift zurück und beschimpft die Schwester als dürre, häßliche alte Jungfer. Plötzlich wird Agnes sehr sanft und verspricht, Mrs. Jones ein Glas Milch zu holen. Wie das in Kriminalromanen so ist: Agnes schüttelt eine tödliche Dosis Nembutal in die Milch. Dann setzt sie sich auf die Bettkante, legt den Arm fest um die Schulter der alten Frau und sagt: *Schöne warme Milch, von einer hässlichen alten Jungfer für eine verblödete, senile alte Frau.*

---

22. Beschreiben Sie Ihre Gefühle, die Sie bei einem Menschen haben, den Sie pflegen.

Mich stört …
Ich mag …
Ich hasse …
Es macht mich traurig …
Ich bin verlegen …

Es geht mir schlecht …
Ich bin verärgert …
Es macht mich krank …
Ich werde erinnert …
Ich bin hilflos …
Ich schäme mich …

23. Interpretieren Sie folgende Aussagen:

Bei alten Menschen, die ich pflege, gebe ich mich meistens nicht echt.

Es macht mich wütend, wenn ich sehe, dass ein Mensch alles selber geregelt hat, und jetzt sitzt er da und macht nichts.

Diese gespielte Freundlichkeit, wenn ich schon höre „Da sind Sie ja, mein Sonnenschein", dann habe ich schon keine Lust mehr.

Ich bin schließlich kein Dienstbote.

Ich bin schließlich kein kleines Kind.

Ich kenn die von früher, die wollte immer etwas Besseres sein.

Dauernd erzählt sie, wie toll ihre Kinder sind. Aber besuchen kommen die sie nie.

Die glaubt, man müsse ihr alles von den Augen ablesen.

Die will immer nur im Mittelpunkt stehen.

Belastbarkeit

24. Beschreiben Sie einen alten Menschen, den Sie pflegen, und versuchen Sie, folgende Fragen über sich selbst zu beantworten:

Ich kann nicht ertragen …
Es ekelt mich …
Ich werde krank …
Mir dreht sich der Magen um …
Mein Magen zieht sich zusammen …
Ich kann nicht über meinen Schatten springen …

25. Was macht es Ihnen aus,

- wenn Sie das Bettuch mit dem Samen von Herrn Schmitz, der onaniert hat, entfernen,
- wenn Frau Schmitz mit kotverschmierten Händen nach Ihnen greift,
- wenn Ihnen beim Katheterwechsel Urin ins Gesicht spritzt,
- wenn Sie Kot von den Kacheln im Waschraum entfernen,
- wenn sie den Rotz, den „Gelben“, der noch zuckt, entfernen,
- wenn Ihnen Schleim aus der Trachealkanüle am Kittel kleben bleibt,
- wenn Sie Schamlippen auseinanderziehen, um die Scheide zu säubern,
- wenn Sie angefasst werden,
- wenn Sie ein Gebiss reinigen,
- wenn Sie geküsst werden,
- wenn Sie zum Objekt sexueller Lust gemacht werden,
- wenn ein alter Mensch weint, schreit, schimpft.

Fragen Sie sich nicht, was und wie viel Sie an Belastungen zulassen dürfen, sondern was Sie aushalten können.

26. Interpretieren Sie das Märchen „Das Mädchen ohne Hände“ von den Gebrüdern Grimm[51]

Kurzfassung:

Der Teufel verspricht einem armen Müller Reichtum, wenn der ihm als Gegenleistung das verspricht, was hinter seiner Mühle steht. Der Müller glaubt einen Apfelbaum gegen den neuen Reichtum einzutauschen, tatsächlich aber steht seine Tochter hinter der Mühle. Drei Jahre später schickt der Teufel sich an, die ihm versprochene Tochter abzuholen. Mehrfach gelingt es der Tochter, die ein frommes Leben führt, den Teufel fern zu halten. Endlich aber verlangt der Teufel vom Müller: „Hau ihr die Hände ab, sonst kann ich ihr nichts anhaben! Wo du es nicht tust, so bist du mein, und ich hole dich selber.“
Der Vater versprach dem Teufel zu gehorchen, und so ging er zum Mädchen und sagte: „Mein Kind, wenn ich dir nicht beide Hände abhaue, so führt mich der Teufel fort, und in der Angst

habe ich es ihm versprochen. Hilf mir doch in meiner Not und verzeihe mir, was ich Böses an dir tue!" Sie antwortete: „Lieber Vater, macht mit mir, was Ihr wollt, ich bin Euer Kind." Darauf legte sie beide Hände hin und ließ sie sich abhauen.
Der Teufel kann die Tochter dennoch nicht abholen. Der dankbare Vater verspricht ihr, nun alles für sie zu tun. Sie aber antwortet: „Hier kann ich nicht bleiben, ich will fortgehen."

27. Was bedeutet für Sie Erfolg?

28. Welche Gefühle stellen sich bei Ihnen ein, wenn Sie mit einer Verrichtung nicht fertig werden?

29. Richten Sie sich Schleusen ein, die Ihnen helfen, zu sich, zu Ihrem Eigenrhythmus zu finden, wenn das „Meer der Ver-rücktheit" unerträglich wird: Entspannungsschleusen, Rückzugsschleusen, Belobigungsschleusen.[52]

30. Bringen Sie Bilder an den Wänden an, die Sie an die Brüchigkeit von Zeit erinnern.

31. Basteln oder malen Sie einen Baum, in dessen Stamm das Wort „lassen" steht. Ergänzen Sie bei Gelegenheit Assoziationen in den Ästen:

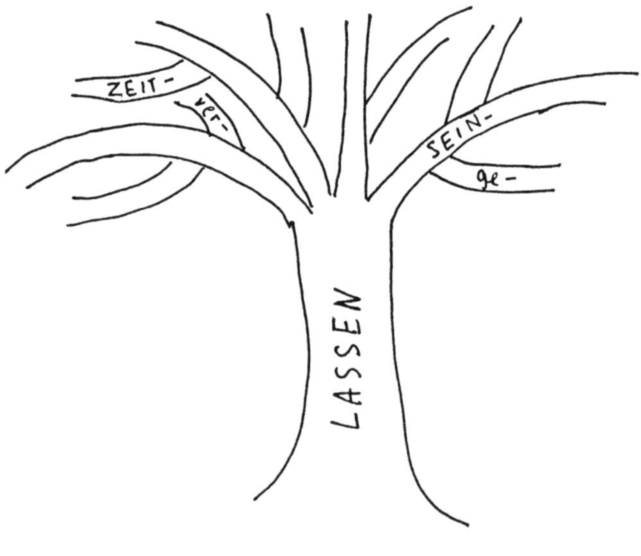

32. Probieren Sie mal,
   - sich 1, 3 oder 5 Minuten nur mit sich selbst zu beschäftigen.
   - 10 Sekunden zu warten, bis Sie ihrem Gesprächspartner eine Antwort geben,
   - in einem Himmelbett zu schlafen,
   - ihre Hände und die eines Partners mit Rasierschaum einzureiben,
   - ihre Personaltoilette zu einem gemütlichen „Stillen Örtchen" einzurichten,
   - aus Holzklötzchen einen Turm zu bauen, um ihn sofort nach der Fertigstellung umzuschmeißen,
   - aus Ton ein Gebilde zu modellieren, um es anschließend zu einem Klumpen zusammenzudrücken.

33. Hängen Sie sich an Türen eine Eieruhr, die sie auf 1 bis 5 Minuten einstellen können, und betreten Sie das Zimmer erst, wenn Sie sich auf den alten Menschen hinter der Tür eingestellt haben.

Wer pflegt, braucht Pflege

Wer sich auf einen alten Menschen, der nicht mehr funktioniert, einlässt, betritt eine steile Treppe ohne Handlauf. Jederzeit besteht die Gefahr, dass er abstürzt. Um dieser Gefahr zu entgehen, wünschen sich viele Pflegende sichere Handläufe, an denen sie sich in Sicherheit wiegend entlanghangeln können. In der Beziehungsarbeit gibt es jedoch keine Sicherheiten. Jeden Tag aufs Neue begegnet der Pflegende dem Eigen-Sinn des Eigen-Falles. Keine Regeln, keine Standards, keine Ideale können ihm die unerlässliche Aufgabe abnehmen, jeden Einzelfall neu zu verhandeln und individuelle und situationsbezogene Vorgehensweisen auszuhandeln und immer wieder zu überprüfen.
Natürlich ließen sich Standardprogramme für immer wiederkehrende typische Pflegesituationen beschreiben.

Ein alter Mensch wird geweckt.

Ein alter Mensch wird gewaschen.

Ein alter Mensch wird „gefüttert“.

Ein alter Mensch soll zum Masseur, Arzt, zur Gruppenstunde …

Ein alter Mensch wird gebadet.

Ein alter Mensch wird zur Toilette begleitet.

Ein alter Mensch wird ins Bett gebracht.

Ein alter Mensch will keine Ruhe geben.

Ein alter Mensch will nicht trinken.

Ein alter Mensch will keine Medikamente einnehmen.

Was aber wäre dadurch gewonnen? In den Händen der ungebildeten Pfleger(innen), die nie angefangen oder schon lange aufgehört haben, sich zu bilden, bleiben standardisierte Handlungsanleitungen ohnehin ungeeignet. Sie wären in der Lage, jede noch so gut gemeinte Regel gnadenlos anzuwenden und somit in ihr Gegenteil zu verkehren. Sie benötigen jemand, der sie begleitet, anleitet und ihnen das

Abenteuer schmackhaft macht, kritisch zu denken, sich und sein Handeln infrage zu stellen sowie sich und die Welt und die Beziehungen zwischen sich und der Welt zu verstehen.
Wer sich auf dieses Abenteuer nicht einlassen kann oder will, sollte die Altenpflege möglichst schnell verlassen. Für sie findet sich außerhalb der Pflege bestimmt einiges, das sie kaputt machen können.
Pfleger(innen), die nie aufhören, sich zu bilden, werden auch ohne vorgegebene Standards Vorgehensweisen für einen individuellen und situationsbezogenen Umgang aushandeln können. Gewohnt, sich auf das Abenteuer des Denkens und Nachdenkens einzulassen, sind sie in der Lage, eine Zeit der Unsicherheit und Ungewissheit zu ertragen, bis sie neue Sicherheiten entdecken.
Auch diesen Pfleger(innen), die ahnen oder wissen, dass der Umgang mit Menschen ein schwieriges und permanentes Bemühen um angemessene Kompromisse, mit denen man auch schon mal abstürzen kann, bedeutet, wünsche ich jemanden, der sie pflegt, der sie bei der mühsamen, nie endenden Aufgabe begleitet und der sie auffängt, wenn sie abstürzen. Vor allem aber benötigen diejenigen, die individuell und situationsbezogen pflegen, viele qualifizierte Kolleg(inn)en, eine Bezahlung, die ihrer Leistung entspricht, sowie mehr freie Zeit, in der sie über Pflege nachdenken, statt direkt an Menschen zu handeln.
Wenn diese Wünsche erfüllt werden, geht es den Pflegenden gut. Und wenn es den Pflegenden gut geht, geht es den Alten sowieso gut.

Zur Vertiefung:

Erich Schützendorf: Wer pflegt, muss sich pflegen. Belastungen in der Altenpflege meistern. Wien. New York. 2006

Anmerkungen

1 Luhmann 1990, S. 17
2 Kundera 1992, S. 139
3 Vgl. auch Eiken 1990
4 Vocking 1993
5 Eiken 1990, S. 59
6 Schachtner 1988, S. 221
7 Pressemitteilung der Deutschen Verkehrswacht vom 20.3.1993, zit. nach den Niederrhein Nachrichten vom 4.3.1993
8 Eiken 1990, S. 52
9 Interessant ist auch die Tatsache, dass unsere Gesellschaft sehr viel Geld ausgibt für ein flächendeckendes Rettungssystem entlang den Autobahnen. Wer wegen seiner Schnelligkeit verunglückt, hat ein Recht darauf, möglichst schnell versorgt zu werden. Ist er dann allerdings wegen einer Querschnittlähmung zwangsweise zur Langsamkeit verurteilt, fehlt das Geld, um ihn optimal zu pflegen.
10 Glaeske 1991
11 Vgl. auch Gronemeyer 1989
12 Vgl. Tews 1991
13 Lehr 1979
14 Therapie mit Verwirrten 1990
15 Presse- und Informationsdienst der Bundesregierung 1991, S. 11–12
16 Bei meinen Ausführungen zu den Erziehungsstilen und Erziehungszielen beziehe ich mich auf Kriterien, die entwickelt wurden bei Klafki 1970, Bd. 1, S. 86f.
17 Vgl. Goffman 1973 und Schick 1978
18 Rutschky 1988
19 Grünewald (1989) zit. in Rutschky 1988, S. 423–424
20 Villaume (1787) zit. in Rutschky 1988, S. 316
21 Schreber (1858) zit. in Rutschky 1988, S. 354
22 Rutschky 1988, S. 102
23 Miller 1980, S. 318
24 Kundera 1992, S. 300
25 de Saint-Exupéry 1989, S. 46
26 Hebel 1980
27 Holzwarth/Erlbruch 1989
28 Vgl. Schützendorf 1994
29 Vgl. Knobling 1985, S. 20: „Aus dem Blickwinkel einer kommunikativen Ethik gehen wir dann human miteinander um, wenn wir den anderen als individuelle Persönlichkeit respektieren und seinen Bedürfnissen und Interessen grundsätzlich dieselbe Berechtigung zubilligen wie den unsrigen. Auch und gerade im Konfliktfall, wenn unterschiedliche Bedürfnisse und Interessen aufeinander prallen, gilt es dieses Prinzip der grundsätzlichen Gleichheit und Wechselsei-

tigkeit (Reziprozität) aufrechtzuerhalten, ein Prinzip, das als moderne Version des Kant'schen Imperativs oder als säkulare Fassung des christlichen Nächstenliebegebotes gelten kann. Das heißt: Konflikte sind in offener Kommunikation zu regeln, in der jeder die Möglichkeit bekommt, seine Bedürfnisse und Interessen zu artikulieren; in der jeder mit der Bereitschaft des anderen rechnen darf, auch den kontroversen Standpunkt gelten zu lassen; in der jeder eine Lösung anstrebt, die auch vom anderen akzeptiert werden kann. Konflikte human zu regeln heißt also, sich auf das mühselige Aushandeln einer Kompromisslösung einzulassen, die keiner Seite ganz, dafür aber beiden Seiten entgegenkommt."

30 Sacks 1991, S. 160–161

31 Seligman 1991, S. 28ff.

32 Vgl. Schachtner 1988, S. 122ff. (Die Welt vom Ich aus betrachten)

33 Herzog Anton Ulrich-Museum 1993, S. 18

34 Das Bild vom Bastler, das auf Levi-Strauss zurückgeht, wird beschrieben von Geißler 1989, S. 154f.

35 Mitarbeiter(innen) in ambulanten Diensten haben durch die Anfahrtswege gewissermaßen eine eingebaute Schleuse. Während der Fahrt zum nächsten alten Menschen können sie zur Ruhe kommen, sich sammeln und auf den nächsten alten Menschen einstimmen.

36 Die Idee des „Snoezelens", die in den Niederlanden für die Arbeit mit stark geistig behinderten Jugendlichen entwickelt wurde und die in deutschen Pflegeheimen immer mehr Anhänger findet, wendet sich vielen praktikablen Formen des Sich-Wohlfühlens zu: Schnüffeln, Schmusen, Kuscheln, in ungewohnten Elementen Wohlfühlen. Hulsegge en Ad Verheul 1986

37 Nowotny 1993

38 Neumann u.a. 1993

39 Grimm, Deutsches Wörterbuch, Bd. 13, S. 2126

40 Janosch 1978

41 Vgl. auch den Eltern-Ich-Zustand, wie er in der Transaktionsanalyse verwendet wird und bei der zwischen kritischem und unterstützendem Eltern-Ich unterschieden wird. Hier passen besser die Begriffe „reglementierend" und „nachempfindend". Berne 1970, vgl. auch Verdult 1993.

42 Laporte 1991. – Museum der Stadtentwässerung Zürich 1994. – Wayne von Königslöw/Slupetzky 1994

43 Mit dem Begriff „Regression" wird in der Psychoanalyse das Zurückfallen auf frühere, kindliche Stufen der Triebvorgänge bezeichnet. Dem Ausdruck „Regression" liegt die Vorstellung zugrunde, dass die kindlichen Entwicklungsstufen zugunsten höherer, reiferer Stufen überwunden werden. Der Rückfall alter Menschen in kindliche Verhaltensformen erhält somit einen negativen Beigeschmack. Da ich der Kindheit, die der Mensch nicht überwinden kann und nicht hinter sich lassen muss, zu ihrem Recht verhelfen will, schlage ich vor, auf den Begriff „Regression" als Erklärung für kindliche Verhaltensweisen alter Menschen zu verzichten.

44 In meinen Ausführungen über das „Verstehen als Sich-Einarbeiten" beziehe ich mich auf Seiffert 1971, S. 122ff.

45 Interessante Überlegungen zum Symbol der Spirale finden sich in Purce 1988.

46 Vgl. Knobling 1985, S. 20–21

47 Vgl. Zgola 1989, S. 24

48 Auf den biografischen und validierenden Zugang gehe ich hier nicht ausdrücklich ein.
49 Schumacher 1985, S. 13–14
50 Cohen 1988, S. 28–32
51 Grimmsche Märchen, S. 199 ff.
52 Schützendorf 1996

Literatur

Barn, E., Sack, A., Shore, H. (1973): Guidelines to treatment approaches. The Gerontologist, 514

Berne, Eric (1970): Spiele der Erwachsenen. Hamburg

Cohen, Anthea (1988): Tatmotiv Liebe. Frankfurt/M.

de Saint-Exupéry, Antoine (1989): Der Kleine Prinz. 3. Aufl. München

Eiken, Barbara von u.a. (1990): Fürsorglicher Zwang. Bundesanzeiger, Köln

Geißler, Karl Heinz A. (1989): Zeit leben. Vom Hasten und Rasten, Arbeiten und Lernen, Leben und Sterben. 3. Aufl. Weinheim, Berlin

Geißler, Karl Heinz A. (1992): Schlusssituationen. Weinheim, Basel

Glaeske, Gerd (1991): Arzneimittelverbrauch von Menschen im höheren Lebensalter unter besonderer Berücksichtigung von Arzneimitteln mit Abhängigkeitspotential. MAGS (Hrsg.), Düsseldorf

Goffman, E. (1973): Asyle – über die soziale Situation psychiatrischer Patienten und anderer Insassen. Frankfurt/M.

Grimm, Jacob und Wilhelm (1922): Deutsch Wörterbuch. 13 Bände. Leipzig

Grimm, Jacob und Wilhelm (o.J.): Kinder- und Hausmärchen. Lizenzausgabe des Dt. Bücherbundes. Stuttgart

Gronemeyer, Reimer (1989): Die Entfernung vom Wolfrudel. Düsseldorf

Hebel, Johann Peter (1980): Schatzkästlein des Rheinischen Hausfreundes. Herausgegeben von Hannelore Schlaffer. Tübingen

Herzog Anton Ulrich-Museum Braunschweig (Hrsg.) (1993): Bilder vom alten Menschen in der niederländischen und deutschen Kunst 1550–1750. Braunschweig

Holzwarth, Werner, Erlbruch, Wolf: Vom kleinen Maulwurf, der wissen wollte, wer ihm auf den Kopf gemacht hat. 11. Aufl. Wuppertal

Hulsegge en Ad Verheul, Jan (1986): Snoezelen. Een andere Wereld. Nijkerk

Janosch (1978): Oh, wie schön ist Panama. Weinheim, Basel

Klafki, Wolfgang u.a. (1970): Funk-Kolleg. Erziehungswissenschaft. Frankfurt/M.

Knobling, Cornelia (1985): Konfliktsituationen im Altenheim. Freiburg

Kundera, Milan (1992): Die Unsterblichkeit. Frankfurt/M.

Laporte, Dominique (1991): Eine gelehrte Geschichte der Scheiße. Frankfurt/M.

Lehr, Ursula (Hrsg.) (1979): Interventionsgerontologie. Darmstadt

Luhmann, Niklas, Shorr, Karl Eberhard (Hrsg.) (1990): Zwischen Anfang und Ende. Fragen an die Pädagogik. Frankfurt/M.

Miller, Alice (1980): Am Anfang war Erziehung. Frankfurt/M.

Museum der Stadtentwässerung Zürich: Cloaca Maxima. Katalog zur Ausstellung vom 10.6.–30.10.1994. Cantz

Neumann, Eva-Maria u.a. (1993): Selbständigkeit im Alter. Ein Trainingsprogramm für Pflegende. Trainerband, Teilnehmerband und Video-Kassette. Huber, Göttingen.

Nowotny, Helga (1993): Eigenzeit. Frankfurt/M.

Presse- und Informationsdienst der Bundesregierung (Hrsg.) (1991): Gemeinsam statt einsam. 4. Aufl. Bonn
Purce, Jill (1988): Die Spirale – Symbol der Seelenreise. München
Rutschky, Katharina (Hrsg.) (1988): Schwarze Pädagogik. Frankfurt/M., Berlin
Sacks, Oliver (1991): Der Tag, an dem mein Bein fortging. Hamburg
Schachtner, Christel (1988): Störfall Alter. Frankfurt/M.
Schick, Ingrid (1978): Alte Menschen in Heimen. Diss. Köln
Schützendorf, Erich, Wallrafen-Dreisow, Helmut (1991): In Ruhe verrückt werden dürfen. Frankfurt/M.
Schützendorf, Erich (1994): Die alltägliche Gewalt in der Pflege. Die Schwester/Der Pfleger 1, S. 54 ff.
Schützendorf, Erich (1996): Schleusen im Meer der Ver-rücktheit. Altenpflege, Jg. 21, H. 4, S. 260–265
Schumacher, J. (1985): Schwerstbehinderte Menschen verstehen lernen. Geistige Behinderung, Jg. 24, S. 13–14
Seiffert, Helmut (1971): Einführung in die Wissenschaftstheorie. Band 2. 3. Aufl. München
Seligman, Martin E. (1991): Pessimisten küßt man nicht. München
Tews, Hans Peter (1991): Altersbilder. Hrsg. vom Kuratorium Deutsche Altenhilfe. Köln
Therapie mit Verwirrten (1990). Dreiteilige Videoreihe. Teil 1. Vincentz, Hannover
Verdult, Rien (1993): Dement worden. Een Kindertijd in beeld. Uitgeveriy Intro, Nijkerk
Vocking, Frans C. (1993): Gerontopsychiatrisch veränderte Senioren im Alten- und Pflegeheim – Segen oder Fluch. Vortrag am 11. November 1993 im Kreishaus Viersen.
Wayne von Königslöw, Andrea, Slupetzky, Stefan (1994): Geschichten vom Klöchen. Berlin
Zgola, Jitka M. (1989): Etwas tun! Bern

Leseprobe

Leseprobe aus
Fritz Riemann: Die Kunst des Alterns

Die vielleicht größte Chance des Alters liegt in der geistigen Freiheit. In unserer Gesellschaft – wie wohl in jeder sozialen Gemeinschaft – muss der Einzelne in verschieden großem Ausmaß Rücksichten nehmen, aus Klugheit, Diplomatie oder Pragmatismus, aus Opportunismus, Notwendigkeit oder Konvention. Im Alter sind wir im Allgemeinen unabhängiger und können es uns leisten, einfach wir selbst zu sein. Wir sind anderen Menschen weniger verpflichtet und für weniger verantwortlich, unterliegen den Forderungen der äußeren Realität in geringerem Maße, sind wohl auch weniger in eigene Probleme verstrickt. Die „Welt" tritt dadurch weiter zurück und entlässt uns Ältere, aber nicht nur in eine größere Einsamkeit, sondern auch in eine größere Freiheit. Aus ihr heraus können wir Erlebtes, Erfahrenes und Erkanntes weitergeben ohne Führungs- und Machtanspruch, wir brauchen damit nichts mehr zu erreichen.

Diese Gelassenheit, die aus der Distanz der „Entpflichtung" kommt – man braucht keine Rollen mehr zu übernehmen –, kann sich positiv etwa auch im Verhältnis zu den eigenen Enkeln auswirken. Nicht mehr eingebunden in die direkte Verantwortung als junger, unerfahrener Elternteil und bereichert durch die eigene Lebenserfahrung, frei von Alltagshektik und beruflichem Stress, entwickelt sich ein unterstützendes Klima des Gewährenlassens. Man kann sich nun viel intensiver und ausgiebiger auf die Enkel einstellen und ist dort großzügiger, wo man früher viele Ängste und Vorbehalte gehabt hätte. Dies alles geht natürlich nur, soweit nicht ein zu schwacher Erziehungsstil der Eltern (etwa die Unfähigkeit, sich einzufühlen, die Kinder zu fördern, oder sich durchzusetzen) dafür sorgt, dass nun die Großeltern umfassend einspringen müssen. Ist dies der Fall, können sich sogar auf Seiten der Großeltern Depressionen einstellen, wenn sie sich ihren Ruhestand anders vorgestellt haben. Sie müssen dann etwa erkennen, dass die Enkel vielleicht abgeschoben werden und sie jetzt eher eine „Verwahrfunktion“ übernehmen sollen, dabei zudem nicht „Nein“ sagen können und nicht in der Lage sind, sich kritisch auseinander zu setzen und das, was ihnen missfällt, auch nur zu äußern. Diese häufiger anzutreffenden Konstellationen durchkreuzen natürlich die Möglichkeit einer entspannten Zuwendung zu den Enkeln. Ist aber eine „heitere Distanz“ möglich, dann sind die Voraussetzungen für ein gedeihliches Miteinander zwischen den Generationen günstig.